现代教育技术课程与教材研究

乔爱玲◎主编

首都师范大学出版社
CAPITAL NORMAL UNIVERSITY PRESS

图书在版编目(CIP)数据

现代教育技术课程与教材研究 / 乔爱玲主编. -- 北京：首都师范大学出版社，2025.3. -- ISBN 978-7-5656-7930-8

Ⅰ.G633.672

中国国家版本馆 CIP 数据核字第 2025WJ7342 号

XIANDAI JIAOYU JISHU KECHENG YU JIAOCAI YANJIU
现代教育技术课程与教材研究
乔爱玲　主编

责任编辑　钱　浩
首都师范大学出版社出版发行
地　址　北京西三环北路 105 号
邮　编　100048
电　话　68418523（总编室）　68982468（发行部）
网　址　http://cnupn.cnu.edu.cn
印　刷　北京印刷集团有限责任公司
经　销　全国新华书店
版　次　2025 年 3 月第 1 版
印　次　2025 年 3 月第 1 次印刷
开　本　710mm×1000mm　1/16
印　张　20.25
字　数　374 千
定　价　59.00 元

版权所有　违者必究
如有质量问题　请与出版社联系退换

前　言

当今世界科技进步日新月异，网络新媒体迅速普及，人们生活、学习、工作的方式不断改变，人才培养面临着更多挑战。信息科技作为当今先进生产力的代表，已经成为我国经济发展的重要支柱和网络强国的战略支撑。它深刻影响着社会的经济结构和生产方式，加快推动了全球范围的知识更新和技术创新，促进了社会数字化、网络化、智能化的发展。

科教兴国、人才强国。在全新的数字化环境下，提升中国公民的数字素养与技能，增强个体在信息社会的适应力和创造力，对个人乃至社会发展有着十分重要的意义。当前，数字科技深刻改变着人类的思维、生活、生产、学习方式，全民数字素养与技能日益成为国际竞争力和软实力的关键指标。《中共中央关于制定国民经济和社会发展第十四个五年规划和二〇三五年远景目标的建议》提出了"提升全民数字技能，实现信息服务全覆盖"的任务。因此，我们要面向数字时代经济、社会和文化发展要求，吸纳国内外信息技术的前沿成果，基于数字素养与技能培育要求，遴选课程内容。从信息科技实践应用出发，注重帮助学生理解基本概念和基本原理，引导学生认识信息科技对人类社会的贡献与挑战，提升学生知识迁移能力和学科思维水平，体现"科"与"技"并重。我们鼓励教育者在信息技术教育中积极应用相关技术来创造多样化的学习场景，激发学生的创造力和创新精神。同时，注重培养学生的数字素养，使他们能够在信息社会中自如地应对各种挑战。对此，学校教育必须担负起相应的责任，成为数字素养教育和信息技术课程的主阵地。

本书的定位是作为广大一线教师、学生或者教育科研人员理解和运用相关理论进行信息技术教育的配套用书，希望本书能够为学习者提供有益的指导和启示，帮助他们更好地了解和开展信息技术教育工作。

在具体内容上，本书侧重介绍信息技术教育的理论与方法。第一章对义务教育及高中阶段的信息技术课程标准进行了解读，从目标、内容到特点与变化，将课程标准的发展历程梳理明晰；第二章结合学科核心素养对国内中小学信息课程各版本教材进行对比分析，并对部分国外的中小学信息技术教材进行分析，希望学习者能够了解不同教材的优势和不足，辩证地看待问题；第三章主要聚焦于典型的信息技术教学方法与教学原则，通过丰富的案例引导学习者深入理解教学，旨在为教师提供适当的课堂教学方法；第四章至第七章以信息时代为主题背景，向学习者阐述不同教学模式、教学环境、教学设计和教学评价的构成与内涵，帮助学习者在信息化教育环境中，全面了解信息技术相关的教学形式与要素，助力他们以整体性视角掌握信息技术课程的完整教学体系，从而更好地理解与应用这些教学理念与实践方法，深刻体会信息技术为学习带来的价值和意义。

  本书的整体设计结构重点突出了"以问题促思考，理论融合实践"的教学理念，在每一小节后均设置不同的思考板块，旨在激发学习者从不同角度思考相关概念，注重促进知识和技能的有效转化，并将知识应用于实际情境中。此外，在一些章节后以实践活动、自主学习、反思提升等板块来帮助学习者将所学知识融入具体情境之中，借助文献理论与方法支撑，提升掌握知识的效果。

  《现代教育技术课程与教材研究》的撰写，先后得到北京市教育科学规划重点项目"基于数据驱动的高校混合式教学质量保障体系研究"（编号：CDAA21048）、首都师范大学研究生教育立项资助出版的支持，在此对支持本书的单位表示衷心感谢。同时，在编写过程中我们还广泛听取了高校教师和中小学教师的意见建议。

  本书由乔爱玲担任主编，负责全书的总体规划、编写和统稿工作。先后参与书稿撰写工作的老师有刘菁、万海鹏、王梦倩、吴陶、王怀波等，本书编委会成员有陈佳均、杨玲、熊露莹、梁文豪、杜晴、田昕、郝梦姗、杨萍、龚鑫、滕晓菲、张颖、王妍、杜静等。郝心然、严雨柔、李林芳、程玉梅、苏海阔、刘于于、张佳梅、王鑫鑫、曹雪婷、杨佳锐、翟羽然参与书稿的修订工作，最后由严雨柔、郝心然完成全书统稿。对于他们在不同阶段为本书所做的贡献，表示衷心感谢。

  另外，本书在编写过程中参阅和引用了大量专著和文献资料，其中的主要来源已在书中标明，若有遗漏，恳请原谅，在此对各位作者深表谢意。我们深知，书中谬误在所难免，欢迎各位老师和同学以及读者对此提出批评与指正，不胜感谢。

编　者
2024 年 3 月

目 录

第一章 中小学信息技术课程标准和解析 ………………………… 1
第一节　我国教育信息化发展的相关政策 ……………………… 2
第二节　中小学信息技术课程标准发展历程 …………………… 6
第三节　义务教育阶段信息科技课标和解读 …………………… 11
第四节　高中阶段信息技术课标和解读 ………………………… 28

第二章 国内外中小学信息技术教材分析 ……………………… 38
第一节　国内中小学信息技术教材分析 ………………………… 38
第二节　国外中小学信息技术教材分析 ………………………… 73

第三章 信息技术课程的教学方法与教学原则 ………………… 88
第一节　信息技术课程教学方法概述和分类 …………………… 89
第二节　信息技术课程的教学方法 ……………………………… 99
第三节　信息技术教学方法选择及原则 ………………………… 116

第四章 信息技术课程的教学模式 ……………………………… 123
第一节　任务驱动教学模式 ……………………………………… 124
第二节　项目式教学模式 ………………………………………… 144
第三节　WebQuest 教学模式 …………………………………… 159
第四节　翻转课堂教学模式 ……………………………………… 168

第五章 信息化教学环境 ………………………………………… 194
第一节　信息化教学环境 ………………………………………… 195
第二节　智慧教室学习环境 ……………………………………… 204
第三节　创客空间学习环境 ……………………………………… 214

第六章 信息化教学设计 …………………………………………… 229
　第一节　教学设计概述 …………………………………………… 229
　第二节　教学设计的一般过程 …………………………………… 237
　第三节　信息化教学设计的应用 ………………………………… 256
第七章 信息技术课程教学评价 ………………………………… 284
　第一节　信息技术课程教学评价概述 …………………………… 284
　第二节　信息技术课程教学评价的原则与方法 ………………… 292
　第三节　信息技术课程教学评价案例与分析 …………………… 299
　第四节　信息化教学评价中存在的问题及发展方向 …………… 315

第一章 中小学信息技术课程标准和解析

📁 学习目标

1. 了解中小学信息技术课程标准的四个发展阶段及发展背景。
2. 结合解读理解义务教育阶段信息科技课标①，能够创新性地灵活规划教学内容、设计教学活动。
3. 结合解读理解高中阶段信息技术课标，能够合理设计教学并应用适宜的教学方法开展教学。

🔍 知识导图

```
                          ┌─ 我国教育信息化发展的相关政策
                          │
                          │                              ┌─ 试点起步阶段
                          │                              ├─ 逐步普及阶段
                          ├─ 中小学信息技术课程标准发展历程 ┤
                          │                              ├─ 全面普及阶段
                          │                              └─ 纵深发展阶段
                          │
中小学信息技术课程标准和解析 ┤                              ┌─ 课程目标
                          │                              ├─ 课程内容
                          ├─ 义务教育阶段信息科技课标和解读 ┤
                          │                              ├─ 课程特点
                          │                              └─ 课程变化
                          │
                          │                              ┌─ 课程目标
                          │                              ├─ 课程内容
                          └─ 高中阶段信息技术课标和解读   ┤
                                                         ├─ 课程特点
                                                         └─ 课程变化
```

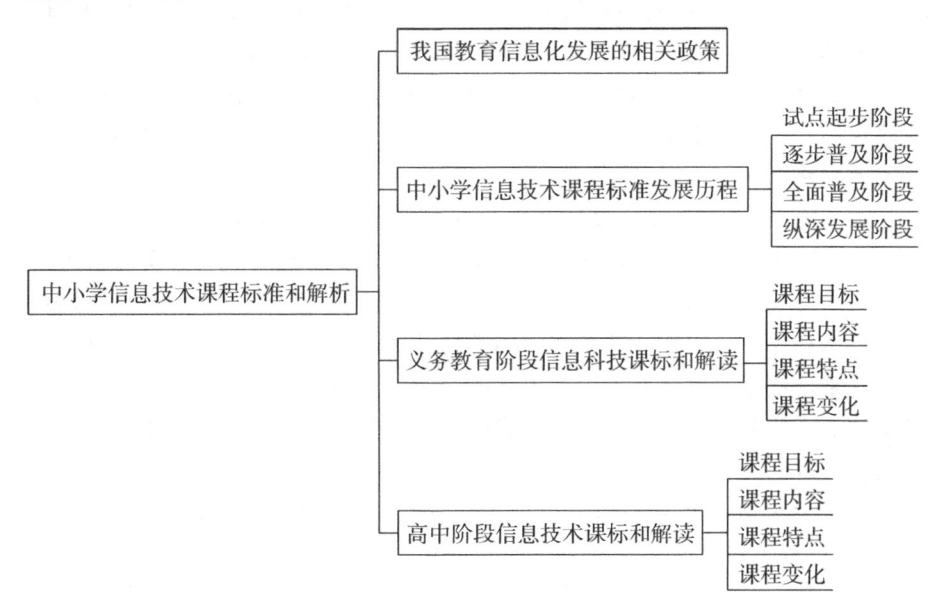

① 我国义务教育阶段称"信息科技"，高中阶段称"信息技术"，书中两词均有出现。

第一节　我国教育信息化发展的相关政策

为了迎接快速发展的新时代的挑战，加速实现我国教育现代化，党和国家及相应的教育主管部门对我国教育信息化进行了一系列的相关政策规划。1999年1月13日，国务院提出实施"现代远程教育工程"，形成开放式教育网络，构建终身学习体系。6月13日，中共中央、国务院颁布《关于深化教育改革全面推进素质教育的决定》（以下简称《决定》），明确提出了教育信息化的要求。《决定》指出："大力提高教育技术手段的现代化水平和教育信息化程度"，"在高中阶段的学校和有条件的初中、小学普及计算机操作和信息技术教育，使教育科研网络进入全部高等学校和骨干中等职业学校，逐步进入中小学。"6月14日，教育部在北京召开了全国教育信息化工作座谈会，全面推进教育信息化工作，旨在进一步落实国务院批转的《面向21世纪教育振兴行动计划》，全面启动现代远程教育工程，推进素质教育。11月26日，教育部基础教育司发布《关于征求对〈加快中小学信息技术课程建设的指导意见（草案）〉修改意见的通知》。12月3日，教育部召开了中小学信息技术教育研讨会，讨论了中小学信息技术建设专家组起草的《关于加快中小学信息技术课程建设的指导意见（草案）》。

2000年10月25日，教育部在北京召开了中小学信息技术教育工作会议，这是国家积极推进新世纪教育信息化的一次具有重大现实意义与深远历史意义的会议，明确21世纪初我国在中小学普及信息技术教育的指导思想、主要目标和任务；研究、部署在中小学普及信息技术教育的措施。信息化社会的到来，使学习方式发生了根本性的变革，终身学习和学习化社会成为信息化社会下的新的学习内涵。结合我国教育实际，相关部门制定了各个阶段的信息技术课程目标。

2001年6月，教育部印发《基础教育课程改革纲要（试行）》（以下简称《纲要》），对于教学过程，《纲要》指出，要大力推进信息技术在教学过程中的普遍应用，促进信息技术与学科课程的整合，逐步实现教学内容的呈现方式、学生的学习方式，教师的教学方式和师生互动方式的变革，充分发挥信息技术的优势，为学生的学习和发展提供丰富多彩的教育环境和有力的学习工具。

2002年9月，教育部颁布了《教育信息化"十五"发展规划（纲要）》，认为教育信息化的地位和作用突出表现在"教育信息化是国家信息化、国民经济"和"社会发展的客观要求"和"教育信息化是实现教育现代化和跨越式发展的基础"两个方面，指出教育信息化应采取"统筹规划、需求导向，加强合作、注重实效，人才为本、项目示范，因地制宜、协调发展"的原则，到2010年完成系列发展目标，采取建立科学的教育信息化管理体制、加大对教育信息化的投入、开列运转维持费、实施人才战略、加强管理战略研究，制订有利于教育信息化发展的法律法规等主要策略。

2010年，根据党的十七大关于"优先发展教育，建设人力资源强国"的战略部署，为促进教育事业科学发展，全面提高国民素质，加快社会主义现代化进程，国家制定了《国家中长期教育改革和发展规划纲要（2010—2020年）》。其中提到，要加快教育信息化进程，包括加快教育信息基础设施建设、加强优质教育资源开发与应用、构建国家教育管理信息系统等举措。

2012年，教育部颁布《教育信息化十年发展规划（2011—2020年）》，提出到2020年，全面完成《国家中长期教育改革和发展规划纲要（2010—2020年）》所提出的教育信息化目标任务，形成与国家教育现代化发展目标相适应的教育信息化体系，基本建成人人可享有优质教育资源的信息化学习环境，基本形成学习型社会的信息化支撑服务体系，基本实现所有地区和各级各类学校宽带网络的全面覆盖，教育管理信息化水平显著提高，信息技术与教育融合发展的水平显著提升的目标。

2013年10月，教育部发布了《教育部关于实施全国中小学教师信息技术应用能力提升工程的意见》，建立教师信息技术应用能力标准体系，完善顶层设计；整合相关项目和资源，采取符合信息技术特点的新模式，到2017年底完成全国1000多万名中小学（含幼儿园）教师新一轮提升培训，提升教师信息技术应用能力、学科教学能力和专业自主发展能力；开展信息技术应用能力测评，以评促学，激发教师持续学习动力；建立教师主动应用机制，推动每个教师在课堂教学和日常工作中有效应用信息技术，促进信息技术与教育教学融合取得新突破。

2014年5月，《中小学教师信息技术应用能力标准（试行）》指出，为贯彻落实国家教育信息化总体要求，充分发挥"三通两平台"效益，全面提升教师信息技术应用能力，提出建立教师信息技术应用能力标准体系，完善顶层设计；整合相关项目和资源，采取符合信息技术特点的新模式，到2017年底完成全国1000多万名教师新一轮提升培训，提升教师信息技术应用能力、学科教学能力和专业自主发展能力；开展信息技术应用能力测评，以评促学,激发教师持续学习动力;建立教师主动应用机制,推动每个教师在课堂教学和日常工作中有效应用信息技术,促进信息技术与教育教学融合取得新突破。8月,教育部发布《教育部关于实施卓越教师培养计划的意见》,提出要充分利用信息技术变革教师教学方式和师范生学习方式,提升师范生信息素养和利用信息技术促进教学的能力。

2016年6月,教育部印发《教育信息化"十三五"规划》,提出要以"构建网络化、数字化、个性化、终身化的教育体系,建设'人人皆学、处处能学、时时可学'的学习型社会,培养大批创新人才"为发展方向,按照"服务全局、融合创新、深化应用、完善机制"的原则,稳步推进教育信息化各项工作。推动形成基于信息技术的新型教育教学模式与教育服务供给方式,提升教育治理体系和治理能力现代化水平,形成与教育现代化发展目标相适应的教育信息化体系,充分发挥信息技术对教育的革命性影响作用。

2017年1月19日,国务院印发《国家教育事业发展"十三五"规划》,确定了"十三五"时期教育改革发展的指导思想、主要目标、战略任务和保障措施,是近期我国教育改革发展的行动纲领和指导性文件。其中提出:"积极发展'互联网+教育'","利用信息技术提升教学水平、创新教学模式,利用翻转课堂、混合式教学等多种方式用好优质数字资源"。

2018年,国务院发布《关于全面深化新时代教师队伍建设改革的意见》,提出教师要主动适应信息化、人工智能等新技术变革,积极有效开展教育教学。为加快教师适应新技术所引发的教育变革,4月教育部出台了《教育信息化2.0行动计划》(以下简称《计划》),其中提出:发挥技术优势,变革传统模式,推进新技术与教育教学的深度融合;大力推进智能教育;推动教师主动适应信息化、人工智能等新技术变革。《计划》指出:大力提升教师信息素养;推动教师主动适应信息化、人工智能等新技术变革,积极有效开展教育教学;推动人工智能支持教师治理、教师教育、教育教学、精准扶贫的新路径,推动教师更新观念、重塑角色、提升素养、增强能力。教学设计能力是教育技术学的核心能力,在教育信息化新时代新背景下,教师必须紧跟时代步伐,不断提升自己的专业素质以达到新时代下的新要求。

2019年2月23日,中共中央、国务院印发了《中国教育现代化2035》,系统勾画了我国教育现代化的战略愿景,明确了教育现代化的战略目标、战略任务和实施路径。加快信息化时代教育变革作为《中国教育现代化2035》的战略任务之一,具有重要的现实意义。其实质就是推动教育组织形式和管理模式的变革创新,以信息化推进教育现代化。教育信息化的表征在于把信息技术手段有效应用于教育管理与科研，其核心是教学信息化。具体到课堂上，是指以信息化教育理念为指导，运用现代教育技术，采用现代教学方法进行教学，从而提升教学质量和效率。教师作为教学的主体，在推进教育信息化中发挥着重要作用。3月，教育部发布了《教育部关于实施全国中小学教师信息技术应用能力提升工程2.0的意见》，要求：探索跨学科教学、智能化教育等教育教学新模式；打造"技术创新课堂"，提高应用信息技术进行学情分析、教学设计、学法指导和学业评价等的能力。由此发现，这些都指向培养高素质教师，以提高教师技术整合应用能力，促进信息技术与教育教学融合创新。

2021年11月，《提升全民数字素养与技能行动纲要》指出数字素养与技能是数字社会公民学习工作生活应具备的数字获取、制作、使用、评价、交互、分享、创新、安全保障、伦理道德等一系列素质与能力的集合。提升全民数字素养与技能，是顺应数字时代要求，提升国民素质、促进人的全面发展的战略任务，是实现从网络大国迈向网络强国的必由之路，也是弥合数字鸿沟、促进共同富裕的关键举措。12月，中央网络安全和信息化委员会印发《"十四五"国家信息化规划》，基于大数据背景关注数字素养与技能提升行动。这一规划从侧面反映了教师需要增强自身数据素养和具有培养学生的能力。教育信息化的发展特点由1.0时代应用为主推进向2.0时代的融合创新转变，要求教师不仅要有在教育教学中应用信息技术的能力，更要探索基于信息技术的教学新模式，实现从提升技术应用的基础能力向高阶能力的发展，助推信息化发展阶段的"融合"转向"创新"。新型智能技术的涌现与发展，提供了创设信息化教学的"智慧环境"技术方面的软硬件条件支撑，给教学情境的多样化创设增加可能性。

2022年9月，怀进鹏部长出席联合国2030年教育高级别指导委员会会议时指出，要"以数字化为杠杆，撬动教育整体变革""赋能教师和学习者，实现教育更加包容公平更高质量发展"。联合国教育变革峰会2022年发布的《关于教育变革的愿景声明》也指出，要"利用数字革命助力公共教育"，强调教师在这个变革系统中的关键支柱作用，提出需"促使教师自身转变，成为变革的推动者"。中国共产党第二十次全国代表大会首次明确提出，推进教育数字化，建设全民终身学习的学习型社会、学习型大国。我们将深化实施教育数字化战略行动，一体推进资源数字化、管理智能化、成长个性化、学习社会化，让优质资源可复制、可传播、可分享，让大规模个性化教育成为可能，以教育数字化带动学习型社会、学习型大国建设迈出新步伐。

世界数字教育大会于2023年2月召开，大会指出：2022年，我国全面实施国家教育数字化战略行动，构建智慧教育平台体系，聚合起高质量、体系化、多类型的数字教育资源，为在校学生、社会公众提供不打烊、全天候、"超市式"服务，极大推动了教育资源数字化与配置公平化，满足了学习者个性化、选择性需求，更为全民终身学习提供了强大广阔的数字支撑。

第二节　中小学信息技术课程标准发展历程

我国义务教育信息技术课程正面临着一个空前的转折发展期，每次课程的变革与转折都有其背后的社会政治经济因素的考虑。任何事物的发展都要经历对历史的继承与批判，才能够有所发展。站在智能化新时代背景下，回顾我国义务教育信息技术课程发展历史，梳理总结不同的历史发展阶段及其特征，挖掘深层次影响因素，必将有助于我们通过对历史的回溯与反思，把握我国义务教育信息技术课程与教材发展的来龙去脉，以期为课程未来改革与发展提供相应思考与启示。

一、试点起步阶段

我国从改革开放初期开始注意计算机的教育应用。1981年，教育部派代表团参加了由联合国教科文组织与世界信息处理联合会在瑞士洛桑举行的第三届世界计算机教育应用大会（WCCE）。之后，教育部根据世界中小学计算机教育发展需求，在听取参会专家意见基础上，于1982年决定在5所大学的附属中学（高中）进行中学计算机教育实验工作，从而开始了我国中小学计算机教育的历程。到1982年底共有19所中学开展了计算机教育活动。1983年教育部在总结试点学校经验的基础上，制定了计算机选修课的教学大纲。1984年颁布了《中学电子计算机选修课教学纲要（试行）》，文件重点提出：通过该课程的学习，学生掌握基础的编程语言，能够读得懂、写得出、会调适一种编程语言。1986年，全国中学计算机教育工作会议在福州召开，制定了发展我国中学计算机教育的指导方针："积极、稳妥，从实际出发，区别不同的情况，注重实效，在试点的基础上逐步扩大。"并决定在教学大纲中增加部分计算机应用软件的内容，如文字处理、数据库初步及电子表格等，并在有条件的地区和学校逐步开展计算机辅助教学，组织力量开发教育软件。为充分提高现有设备的利用率，适当扩大对初中学生进行初级的计算机教育，1987年教育部正式颁布了《普通中学电子计算机选修课教学纲要(试行)》。

二、逐步普及阶段

1991年至1999年是信息技术飞速发展的9年，同样也是我国中小学计算机教育发生质变的9年，社会各界对中小学计算机教育的认知和重视程度已经远远超越了20世纪80年代。1992年，国家教委发布了《关于加强中小学计算机教育的几点意见》，成立全国中小学计算机教育领导小组，多数省市也建立了中小学计算机教育领导机构，在政策和体制上保证了中小学计算机教育的顺利发展。这个阶段发生了很多中小学计算机教育历史上的第一次，开启了诸多实践尝试，我国中小学计算机教育真正走向了稳步发展的阶段。除了计算机单独设科并逐渐成为一门必修课程以外，以计算机辅助教学和辅助管理为主的计算机普及应用已经开启了课程整合的思想，对师资队伍建设重要性的认识和落实则体现出国家在计算机教育实践层面的坚实步伐，包括《中小学计算机课程指导纲要(修订稿)》《中小学教育工作者"计算机培训"指导纲要》《中小学计算机教育五年发展纲要(1996—2000)》《中小学计算机教育软件规划(1996—2000)》在内的一系列重要文件的相继出台，提出要培养学生们利用计算机面对问题、思考问题、处理问题的能力，进一步将学习内容拓展为五个方面，分别是：计算机的基础知识、基本操作与使用、常用软件的介绍、程序语言设计、计算机对现代及社会的影响。重要文件的颁发实施、理论研究的深入以及实验成果的交流推广，都标志着我国中小学计算机教育日趋成熟，在制定发展战略和加强法规建设方面日趋完善。

20世纪最后10年，是计算机学科教育、计算机辅助教学和辅助管理日益走向成熟的10年，是我国中小学计算机教育承前启后的重要发展阶段。这10年的波澜起伏，实则预示着21世纪初信息技术教育全面发展时期的到来，为以信息化带动教育现代化，实现基础教育跨越式发展做了理念和实践的铺垫。

三、全面普及阶段

我国中小学信息技术教育自2000年起迈入了一个快速发展的崭新阶段。中小学信息技术教育从理论到实践都有了新的突破。不但信息技术教育基础设施得到了快速发展，而且基于信息技术的教与学观念和方式也发生了变化。信息技术课程、信息技术与课程整合、网络学习等领域都发生了变革，信息技术教育已经向多元化、多样化和成熟化方向发展。

2000年，我国教育部中小学信息技术教育工作会议决议：不断普及中小学信息技术教育，培养全体学生的信息素养。会上颁布了《中小学信息技术课程指导纲要(试行)》,标志着我国"信息技术学科"的诞生,并首次将培养学生信息素养作为重要目标,提出分阶段、分区域将信息技术课程列入中小学生的必修课程。会后还连续发布了《关于中小学普及信息技术教育的通知》等三个重要文件。2001年6月,教育部颁布《基础教育课程改革纲要(试行)》,其中规定"从小学至高中设置综合实践活动并作为必修课程,其内容主要包括:信息技术教育、研究性学习、社区服务与社会实践以及劳动与技术教育"。在2001年下半年启动的高中课程标准制定中,明确将信息技术作为一个独立的科目进行课程标准制定。《普通高中信息技术课程标准》的制定使信息技术教育又进入了一个新的发展阶段。2003年印发的《普通高中课程方案(实验)》明确了将信息技术纳入技术课程进行独立开设的要求,并同期印发《普通高中技术课程标准(实验稿)》,将信息的获取、加工、处理、管理和分享作为学科主线,进一步明确在高中阶段独立开设信息技术课程,并作为全体高中生的必修课程,在知识与技能维度上强调"信息技术课程教材目前要以计算机和网络技术为主,让学生了解和掌握信息技术的基本知识和技能"。随着素质教育的进一步深化,自主、合作、探究深入人心。在全国各省市地区,信息技术课程的落地,为将所有学生培育成为"具有信息素养的人"奠定了重要的共同基础。

四、纵深发展阶段

近十年来,从以计算机为中心,转变为以互联网为中心,再到以数据为中心,信息技术的一系列变化接踵而至。为应对这些挑战,信息技术(信息科技)教育在课程标准、教材、教师培训等方面不断迭代。

经过2014年至2017年历时3年的修订工作,教育部正式颁布了《普通高中信息技术课程标准(2017年版)》,明确指出信息技术学科核心素养可以界定为信息意识、计算思维、数字化学习与创新能力、信息社会责任,并使用学科核心素养来表述学业要求。学科核心素养的提出指明了高中生应具备敏锐的信息意识,能用信息技术学科思维和方法全面认识和思考复杂的信息社会,做出科学、专业的信息化判断,负责任地应用信息技术,从而更好地在信息化社会中生存、创新和发展。

2019年,义务教育信息科技课程标准的研制工作正式启动。结合我国具体情况以及科技变化与世界各国课程发展趋势,本着立德树人的教育理念,历经3年研制与修订,经过线上线下50余次专家组会议、30余次调研与标准测试工作会议,《义务教育信息科技课程标准》于2022年完成并颁布,这标志着我国首次确立了义务教育阶段信息科技课程的国家级统一标准，是基础教育对信息时代变革的适时回应，小学、初中、高中一体化贯通的信息科技教育，对我国提升全民数字素养、夯实科技人才培养基础具有里程碑意义。

《义务教育信息科技课程标准（2022年版）》的颁布实现了信息科技课程在义务教育阶段从"0"到"1"的进步，但这只是信息科技课程建设的起点。课程标准关注立德树人和素质教育，去知识中心化，去知识单调化，去知识孤岛化，符合学生的认知水平，与原来在地方运行的、综合实践课程里的信息技术课程有根本不同。可以说，义务教育信息科技课程是一门全新的课程。由此，我国在国家层面首次正式确立了信息科技课程的国家统一标准，标志着培养全体中小学生的数字素养，培育学生们面向数字时代的关键能力、必备品格与价值观念进入了新阶段。

表1-1　我国不同阶段的信息技术课程内容指导性文件及课程价值

阶段	时间	教学大纲（指导纲要、课程标准）	备注	课程内容与目标
试点起步阶段	1983年	制定了《中学计算机选修课教学大纲》	第一次全国中学计算机教育工作会议	掌握基本的BASIC语言；培养逻辑思维和问题解决的能力。主要观点是"程序设计是人类的第二文化"
	1984年	颁发了《中学电子计算机选修课教学纲要（试行）》	全国青少年计算机教育研讨会	
	1986年	讨论、修订了《普通中学电子计算机选修课教学大纲（试行）》	第三次全国中学计算机教育工作会议	
	1987年	颁布《普通中学电子计算机选修课教学大纲（试行）》		
逐步普及阶段	1991年	讨论了《中学计算机课程指导纲要》	第四次全国中学计算机教育工作会议	强调计算机的应用价值；强调学习应用软件，特别是几个常用软件的学习，包括数据库、字处理和电子表格等。主要观点是"计算机是一种工具"
	1994年	印发《中小学计算机课程指导纲要》	教基司〔1994〕51号文件	
	1997年	印发《中小学计算机课程指导纲要（修订稿）》	教基厅〔1997〕17号文件	

续表

阶段	时间	教学大纲（指导纲要、课程标准）	备注	课程内容与目标
全面普及阶段	2000年	印发《中小学信息技术课程指导纲要（试行）》	全国中小学信息技术教育工作会议，教基〔2000〕35号文件	突出了培养学生获取信息、传输信息、处理信息和应用信息的能力。主要观点是"信息素养是社会公民必备的基本素养"
	2003年	印发《普通高中技术课程标准（实验稿）》	包含信息技术和通用技术两部分，信息技术课程为其中一部分	
纵深发展阶段	2017年	颁布了《普通高中信息技术课程标准（2017年版）》	教材〔2017〕7号	培养学生信息技术学科核心素养：信息意识、计算思维、数字化学习与创新和信息社会责任。主要观点是培养学生从"技术消费者"变为"技术创造者"
	2022年	颁布了《义务教育信息科技课程标准（2022年版）》	教材〔2022〕2号	

从1982年国家决定在5所部属高校附属高中开设计算机选修课至今，我国信息技术课程经历了40年的艰辛探索和努力奋斗，经历了初创时的欣喜、过程中的艰辛、前进中的反复等。我国义务教育信息技术课程必须适应世界的趋势和时代的发展，只有持续地进化才能够生存。信息技术课程不能停下发展的步伐，要努力在时代大潮中奋力前行，在变与不变中执着地探索。我们要从当下的社会需要和未来的个人发展两方面综合地考虑，动态而又平衡地设计义务教育信息技术课程体系，让信息技术课程理念真正落地生根。诸多的问题仍需今后进一步的研究和实验，面向未来，信息技术课程发展始终在路上。

请你思考

基于中小学信息科技课程标准发展背景，请谈一谈你认为未来信息科技课程具体会有哪些方面的变化？作为中小学信息科技教师，要如何适应这些变化，开展信息科技教学？

第三节 义务教育阶段信息科技课标和解读

一、义务教育阶段信息科技课程目标

(一)课程总目标

1. 树立正确价值观，形成信息意识

认识到数据对社会发展的作用和价值，自觉辨别数据真伪，判断和评估所获取信息的价值，增强信息交流的主动性和友善性，树立正确的信息价值观。根据解决问题的需要，有意识地寻求恰当方式检索、选择所需信息。掌握和运用信息科技手段表达、交流与支持自己的观点，根据信息价值合理分配注意力，提高学习信息科技的兴趣；增强数据安全意识，认识到原始创新对国家可持续发展的重要性。

2. 初步具备解决问题能力，发展计算思维

知道数据编码的作用与意义，掌握信息处理的基本过程与方法，体验过程与控制的场景，验证解决问题的过程，初步具备应用信息科技解决问题的能力。了解算法在解决问题过程中的作用，领会算法的价值。能采用计算机科学领域的思想方法界定问题、分析问题、组织数据、制定问题解决方案，并对其进行反思和优化，使用简单算法，利用计算机实现问题的自动化求解。能有意识地总结解决问题的方法，并将其迁移到其他问题求解中。

3. 提高数字化合作与探究的能力，发扬创新精神

围绕学习任务，利用数字设备与团队成员合作解决学习问题，协同完成学习任务，逐步形成应用信息科技进行合作的意识。适应数字化学习环境，针对问题设计探究路径，通过网络检索、数据分析、模拟验证、可视化呈现等方式开展探究活动，得出探究结果。利用信息科技平台，开展协同创新，在数字化学习环境中发挥自主学习能力，主动探索新知识与新技能，采用新颖的视角思考和分析问题，设计和创作个性化的作品。

4. 遵守信息社会法律法规，践行信息社会责任

领悟网络空间命运共同体对信息社会发展的重要意义，具备自觉维护国家信息安全、网络安全的意识，认识到自主可控技术对国家安全的重要性。采用一定的策略与方法保护个人隐私，尊重他人知识产权，安全使用数字设备，认识信息科技应用的影响。正确应对人工智能对社会的影响，认识到人

工智能对伦理与安全的挑战。能遵循信息科技领域的伦理道德规范，明确科技活动中应遵循的价值观念、道德责任和行为准则。按照法律法规与信息伦理道德进行自我约束，积极维护信息社会秩序，养成在信息社会中学习、生活的良好习惯，能安全、自信、积极主动地融入信息社会。

（二）义务教育阶段信息科技课程目标分析

1. 总目标：细化核心素养

核心素养是学生通过该课程学习逐步形成的正确价值观、必备品格和关键能力。为建立核心素养与课程教学的内在联系，信息科技课程总目标围绕核心素养，对知识与技能、过程与方法、情感态度与价值观进行整合，强调课程内容结构化，以主题为引领，促进学生数字素养与技能的发展。

（1）对应核心素养的四个方面

信息科技课程总目标中的每一项要求分别对应核心素养的四个方面——信息意识、计算思维、数字化学习与创新、信息社会责任，并界定学生经过本课程学习后的预期学习结果。例如，在"树立正确价值观，形成信息意识"的要求中有"根据解决问题的需要，有意识地寻求恰当方式检索、选择所需信息。掌握和运用信息科技手段表达、交流与支持自己的观点，根据信息价值合理分配注意力，提高学习信息科技的兴趣"。结合学生年龄特征，对应信息意识的"能根据解决问题的需要，评估数据来源，辨别数据的可靠性和时效性"。从问题解决需要、技能、方法等方面进一步细化学生核心素养相关方面的发展要求，集中体现了信息科技课程的育人价值。

（2）体现独特的育人价值

课程总目标紧扣数据、算法、网络、信息处理、信息安全、人工智能六条逻辑主线，把信息科技的基本概念与原理逐步融入与学生认知水平相符的学习活动中。例如，在"初步具备解决问题的能力，发展计算思维"的要求中强调学生"了解算法在解决问题过程中的作用，领会算法的价值。能采用计算机科学领域的思想方法界定问题、分析问题、组织数据、制订问题解决方案，并对其进行反思和优化，使用简单算法，利用计算机实现问题的自动化求解。能有意识地总结解决问题的方法，并将其迁移到其他问题求解中"。课程总目标结合信息科技课程中的数据、算法等逻辑主线，将课程内容结构化，引导学生通过多种学习方式发展数字素养与技能，体现信息科技课程独特的育人价值。

（3）指明核心素养的落实路径

义务教育信息科技课程强调合作学习、自主探究的学习方式。例如，在

"提高数字化合作与探究的能力，发扬创新精神"的要求中，强调"针对问题设计探究路径，通过网络检索、数据分析、模拟验证、可视化呈现等方式开展探究活动，得出探究结果。利用信息科技平台，开展协同创新，在数字化学习环境中发挥自主学习能力主动探索新知识与新技能，采用新颖的视角思考和分析问题，设计和创作具有个性化的作品"。其中的"协同创新""主动探索"等要求都注重学生核心素养发展的过程与方法，强调学生在体验、理解、合作、交流中达成课程目标。

2. 学段目标：关注阶段性发展

义务教育信息科技学段目标是课程总目标在各学段的具体化，旨在指导教师在遵循学生身心发展的阶段性特征的基础上进行教学。义务教育分为四个学段，分别为1—2年级、3—4年级、5—6年级、7—9年级。分学段制订学习目标，一方面可将课程总目标具体化，分学段逐步达成课程总目标的要求，另一方面加强了学段目标与模块内容的一致性，明确了学段之间的衔接关系。

(1) 学段目标是总目标的具体化

在课程标准研制过程中，为有效达成课程总目标的预期学习结果，设置了与学生认知发展特征相适应的学段目标，旨在通过分阶段、分层次的方式达成课程目标，提高课程实施的可操作性。例如，在"初步具备解决问题的能力，发展计算思维"的要求中有"能采用计算机科学领域的思想方法界定问题、分析问题、组织数据制订问题解决方案，并对其进行反思和优化，使用简单算法，利用计算机实现问题的自动化求解"。在学段目标中，1—2年级为"对于给定的简单任务，能识别任务实施的主要步骤，用图符的方式进行表达"，3—4年级为"在简单问题的解决过程中有意识地把问题划分为多个可解决的小问题，通过解决各个小问题，实现整体问题解决"，5—6年级为"在问题解决过程中，能将问题分解为可处理的子问题，了解反馈对系统优化的作用"，7—9年级为"能根据需求，设计和搭建简单的物联系统原型，体验其中数据处理与应用的方法与过程"。学段目标结合学科内容，将计算机科学领域的思想方法分别渗透至不同学段中，对总目标进行了具体化，加强了学习内容的递进性，以期循序渐进地达成课程总目标。

(2) 有助于指导内容设计

学段目标将学科核心素养渗透到各个学段中，明确不同学段需要达到的学习要求，用于指导课程标准中模块内容的设计，保持课程目标与模块内容的一致性。例如，1—2年级在数字化学习与创新方面的学段目标有"通过对数字设备的合理使用，了解数字设备的应用过程和方法，激发对信息科技的好奇心和学习兴趣，产生对信息科技的求知欲"，对应"信息交流与分享"模块的"通过数字设备辅助学习、交流与分享，激发对信息科技的好奇心和学习兴趣，产生对信息科技的求知欲"；3—4年级在计算思维方面的学段目标有"在简单问题的解决过程中，有意识地把问题划分为多个可解决的小问题，通过解决各个小问题，实现整体问题解决"，对应"在线学习与生活"模块的"结合学习需要能将问题进行分解，并用文字或图示描述解决问题的顺序，利用在线方式分派任务交流讨论、表达观点、发布成果，在解决问题的过程中体验协作带来的效率提升"。课程的学段目标界定了学生在相应学段的预期学习结果，依据学段目标设计的模块内容要求对学段目标进行具体化，进一步明确学段目标落实的年级和相应的学习内容。

(3)明确学段间的衔接关系

课程学段目标实现了不同年级预期学习结果的衔接，低年级的学习目标为高年级学习目标的开展打下了基础，高年级的学习目标是低年级学习目标的进阶，有助于学生循序渐进地开展学习。例如，信息社会责任的学段目标中关于信息安全的要求：1—2年级为"自觉保护个人隐私，能在家长和教师的帮助下确定信息真伪"，强调家长和教师指导下的信息安全；3—4年级为"认识到数字身份的唯一性与信用价值，增强保护个人隐私的意识，提升自我管理能力，形成在线社会生存的安全观"，目标要求上升到学生的自我保护、自我管理的高度；5—6年级为"认识到自主可控技术对保障网络安全和数据安全的重要性"；7—9年级为"了解自主可控对国家安全以及互联网和物联网未来发展的重要意义"，突出强调自主可控技术对国家安全的重要性。学段目标逐层递进，切合学生认知发展的规律，也明确了学段之间的衔接关系。

二、义务教育阶段信息科技课程内容

依据核心素养和学段目标，按照学生的认知特征和信息科技课程的知识体系，围绕数据、算法、网络、信息处理、信息安全、人工智能六条逻辑主线，设计义务教育全学段内容模块，组织课程内容，体现循序渐进和螺旋式发展。

1. 数据：数据来源的可靠性—数据的组织与呈现—数据对现代社会的重要意义。

2. 算法：问题的步分解—算法的描述、执行与效率—解决问题的策略或方法。

3. 网络：网络搜索与辅助协作学习—数字化成果分享—万物互联的途径、原理和意义。

4. 信息处理：文字、图片、音频和视频等信息处理—使用编码建立数据间内在联系的原则与方法—基于物联网生成、处理数据的流程和特点。

5. 信息安全：文明礼仪、行为规范、依法依规、个人隐私保护—规避风险原则、安全观—防范措施、风险评估。

6. 人工智能：应用系统体验—机器计算与人工计算的异同—伦理与安全挑战。

义务教育信息科技课程各模块内容和跨学科主题是在课程结构设置的基础上，按照学生认知发展特征，结合学生的生活经验，选择和组织学习内容，通过学习活动促进学生数字素养与技能的提升。按"六三"学制设计了四个学段的内容。

如图1-1所示，具体学习内容由内容模块和跨学科主题两部分组成。学制第一学段包括"信息交流与分享""信息隐私与安全""数字设备体验"，第二学段包括"在线学习与生活""数据与编码""数据编码探秘"，第三学段包括

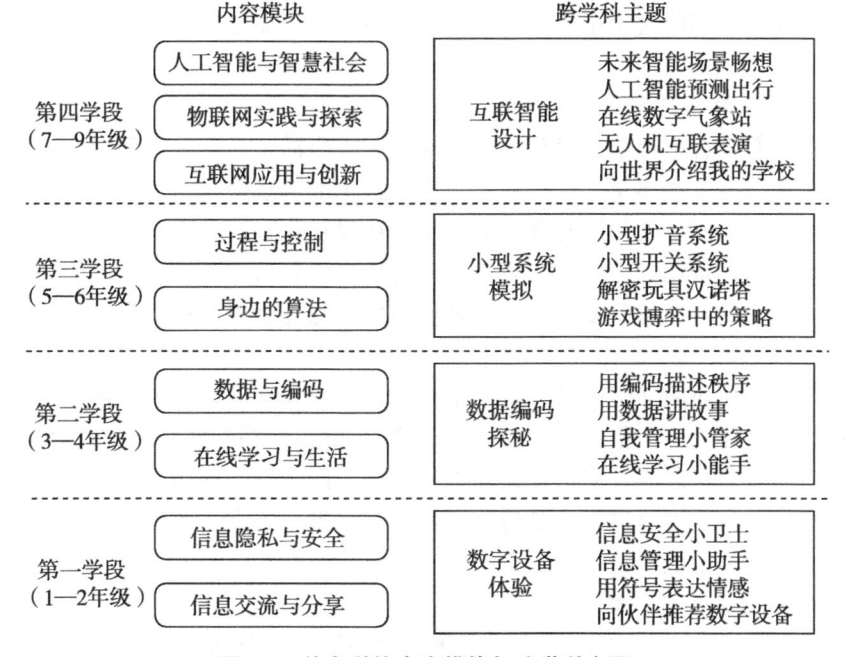

学段	内容模块	跨学科主题
第四学段（7—9年级）	人工智能与智慧社会；物联网实践与探索；互联网应用与创新	互联智能设计：未来智能场景畅想、人工智能预测出行、在线数字气象站、无人机互联表演、向世界介绍我的学校
第三学段（5—6年级）	过程与控制；身边的算法	小型系统模拟：小型扩音系统、小型开关系统、解密玩具汉诺塔、游戏博弈中的策略
第二学段（3—4年级）	数据与编码；在线学习与生活	数据编码探秘：用编码描述秩序、用数据讲故事、自我管理小管家、在线学习小能手
第一学段（1—2年级）	信息隐私与安全；信息交流与分享	数字设备体验：信息安全小卫士、信息管理小助手、用符号表达情感、向伙伴推荐数字设备

图1-1 信息科技内容模块与跨学科主题

"身边的算法""过程与控制""小型系统模拟",第四学段包括"互联网应用与创新""物联网实践与探索""人工智能与智慧社会""互联智能设计"。

3—8年级单独开设课程,其他年级相关内容融入语文、道德与法治、数学、科学、综合实践活动等课程。

(一)第一学段(1—2年级)

该学段课程按照学生的学习经验,通过课程整合的方式引导学生感受信息科技在学习和生活中的作用,理解信息科技对个人成长的影响,认识保护个人隐私的重要性。课程内容主要包括三个部分。

1. 信息交流与分享

信息科技的发展创造了全新的数字化环境。它在改变人们信息交流与分享方式的同时,也改变着人们的思维方式。本模块帮助学生认识信息交流与分享内容、方式、方法的丰富性、便捷性和独特性,并了解与之相适应的行为规范。信息交流与分享模块旨在引导学生养成数字设备使用的好习惯。

通过本模块的学习,学生能在日常学习与生活中借助数字设备与数字资源完成简单交流活动辅助学习,提升效率;能在成人帮助下,通过数字设备交流、分享个人感受,发表想法,初步产生学习和使用信息科技的兴趣;在信息交流与分享的过程中知道基本的礼仪与规范,能健康、文明地使用数字设备。

2. 信息隐私与安全

在信息社会中,信息隐私与安全对于个人生活、社会稳定和国家安全都是至关重要的。本模块针对学生学习和生活中的信息隐私与安全问题,阐明保障个人信息安全的重要意义,让学生养成保护个人信息和安全使用数字设备的好习惯,认识到健康、负责任地使用数字设备的重要性。信息隐私与安全模块强调学生在纷繁复杂的信息环境中学会保护个人隐私、安全使用数字设备。

通过本模块的学习,学生能了解信息隐私与安全常识,初步体验使用信息科技手段保管个人信息的优势,认识到信息隐私与安全的重要性;能在日常学习与生活中健康、安全地使用数字设备;能懂得在网络空间与他人交流和分享信息时,需要遵守信息行为规范,逐步形成安全、负责任地使用信息科技的态度和价值观。

3. 跨学科主题:数字设备体验

第一学段跨学科主题"数字设备体验"包括"向伙伴推荐数字设备""用符号表达情感""信息管理小助手""信息安全小卫士"等内容。在课程实施中,通过综合运用信息科技、语文、数学、道德与法治等知识开展主题活动，提升学生的信息意识和数字化学习与创新能力。

(二)第二学段(3—4年级)

伴随高质量网络的飞速发展，以及大数据、云计算、人工智能的逐步普及，在线行为已经成为人们学习、生活、工作不可分割的一部分。为了让学生更好地适应信息社会，提高应用数据管理事务的能力，课程面向该学段学生设计了三个部分的内容。

1. 在线学习与生活

本模块包括"在线生活""在线学习""在线安全"三部分内容，针对在线社会对人类的重要作用，阐明科技是推动在线社会发展的有效助力，培养学生利用在线方式解决问题的能力，逐步帮助学生适应在线社会的学习、生活方式，了解在线行为的安全准则。

通过本模块的学习，学生能认识到在线社会存在的意义与积极影响，能利用在线方式解决学习与生活中遇到的问题，体验信息对解决问题的帮助，初步了解在线社会的伦理规范、行为准则、道德观念和价值取向，树立正确的安全观。

2. 数据与编码

信息社会每时每刻都产生大量的数据，人们期待能依靠数据提高生产效率，改善生活质量。因此，数据学与数据科学越来越受到关注。本模块包括"数字与编码""数据与数据安全""数据的组织与呈现"三部分内容，针对数据这种信息社会中的新型生产要素，强调数据在信息社会中的重要作用，阐明数据编码让信息得以有效利用的意义，培养学生利用信息科技解决问题的能力。本模块是信息科技课程后续学习的基础。

通过本模块的学习，学生能认识数据在信息社会中的重要作用，针对简单问题分析数据来源，应用数据解决简单的信息问题，掌握数据编码的基础知识，根据需要运用不同的编码对信息进行表达，认识数据编码的价值与意义；关注数据安全，在社会公认的信息伦理道德规范下开展活动。

3. 跨学科主题：数据编码探秘

第二学段跨学科主题"数据编码探秘"包括"在线学习小能手""自我管理小管家""用数据讲故事""用编码描述秩序"等内容。通过综合运用信息科技、数学、科学、语文等知识，帮助学生掌握在线学习的基本方法与策略，体会数据与编码在真实情境中的应用，进一步理解编码对世界秩序的影响。

(三)第三学段(5—6年级)

算法是信息科技课程的一个重要概念,也是计算机科学的核心。在信息社会中,认识与了解身边的算法可以更好地提高学习和生活的质量。学生也接触过"输入—计算—输出"场景。为了更好地适应和应用这些场景,学生需要了解其中的一些信息科技的原理知识,知道系统中过程与控制的重要作用。

1. 身边的算法

算法是计算思维的核心要素之一,也是人工智能得以普遍应用的三大支柱(数据、算法和算力)之一。本模块包括"算法的描述""算法的执行""算法的效率"三部分内容,强调了应用计算思维解决问题的独特价值,以身边的算法为载体使学生了解利用算法求解简单问题的基本方式,培养学生初步运用算法思维的习惯,并通过实践形成设计与分析简单算法的能力。

通过本模块的学习,学生能熟悉一些常用的算法描述风格与方式,理解算法执行的流程;能利用自然语言、流程图等方式,描述求解简单问题的算法,并对算法的正确性与执行效率进行讨论和辨析。

2. 过程与控制

生活中广泛存在着"输入—计算—输出"的计算模式,从外界获得的输入经过计算产生输出,进而作用于外界再影响输入,从而形成反馈系统。理解系统实现过程与控制的原理,对于理解生活中广泛存在的过程与控制系统至关重要。本模块包括"系统与模块""反馈与优化""逻辑与运算"三部分内容,通过学习生活中的过程与控制系统,帮助学生了解过程与控制的特征及实现方式,理解利用计算机解决问题的手段,进一步认识过程与控制系统自身的特点和规律。

通过本模块的学习,学生能认识到过程与控制广泛存在于日常生活中,知道其中的反馈、环路、优化等概念,针对简单的过程与控制系统,能通过编程进行验证。

3. 跨学科主题:小型系统模拟

本学段跨学科主题"小型系统模拟"包括"游戏博弈中的策略""解密玩具汉诺塔""小型开关系统""小型扩音系统"等内容。在教学实践中,通过综合运用信息科技数学、科学等知识开展跨学科主题活动,提升学生运用过程与控制的系统方法发现问题、解决问题的能力。

(四)第四学段(7—9年级)

互联网、大数据、人工智能的发展加快了物理空间和数字空间的深度融合，创生出一个全新的数字化生存环境，推动着人们的学习、生活和工作由线下到线上、由物理空间向数字空间逐步迁移，标志着人类社会由工业社会向信息化、智慧社会的一次全球性大迁徙。为了更好地适应数字化生存环境，提高数字化学习与创新能力，学生需要学习一些互联网、物联网和人工智能的知识与技能，能应用相关的知识与技能解决学习、生活中的简单问题。

1. 互联网应用与创新

互联网已经成为当今信息社会的重要基础设施。基于互联网的创新创造是推动数字时代社会进步和国家发展的重要力量。本模块包括"互联网及其影响""互联网基本原理与功能""互联网创新应用""互联网安全"四部分内容，从互联网视角关注信息科技对学生学习、生活和未来发展的影响，强调学生适应互联网环境发展的新形态、新业态，抓住社会变革带来的机遇，提升对"没有网络安全就没有国家安全"的认识。

通过本模块的学习，学生能加深对互联网及相关新技术本质的认识，初步具备利用互联网基础设施和计算思维方法解决学习和生活中各种问题的能力，增强自觉维护网络安全与秩序的意识和责任感，全面提升数据安全意识。

2. 物联网实践与探索

物联网的基本含义是"万物互联"，即在互联网的基础上，将人与人的互联延伸扩展到人与物、物与物的互联。物联网的出现极大地扩展了人们的生活、学习和工作空间，推动了物理世界与数字世界的相互融合。物联网是继互联网之后的新型信息基础设施，是推动大数据和人工智能等信息科技发展与普及不可或缺的重要组成部分。本模块包括"从互联网到物联网""物联网基本原理与功能""物联网创新应用""物联网安全"四部分内容。

通过本模块的学习，学生能初步理解万物互联给人类信息社会带来的影响、机遇和挑战；了解物联网（特别是传感器系统）是连接物理世界与数字世界的纽带和媒介；了解物联网与互联网的异同、主要物联网协议，以及典型物联网应用的特点；能在信息科技与其他学科的学习中，有效利用基本物联网设备与平台；能设计并实现具有简单物联功能的数字系统。

3. 人工智能与智慧社会

人工智能是研究和开发用于模拟、延伸和扩展人的智能的理论方法、技术及应用系统的一门新的技术科学。本模块包括"人工智能的基本概念和常见应用""人工智能的实现方式""智慧社会下人工智能的伦理、安全与发展"三部分内容,旨在在分析人工智能技术对社会各领域影响的基础上,提高学生与人工智能"打交道"的能力,介绍人工智能的基本概念和术语,通过生活中的人工智能应用,让学生理解人工智能的特点、优势和能力边界,知道人工智能与社会的关系,以及发展人工智能应遵循的伦理道德规范。智慧社会是在智慧城市普遍发展基础上形成的一种新型社会形态。智慧社会包括社会经济、政府治理和能源环境等领域,通过人工智能技术的广泛应用,智能化将全面渗透到社会的各个领域。

通过本模块的学习,学生能认识和感受到人工智能的魅力,知道人工智能发展必须遵循的伦理道德规范,也能认识到智慧社会这一新型社会形态下的新机遇与新挑战。

4. 跨学科主题:互联智能设计

本学段跨学科主题"互联智能设计"包括"向世界介绍我的学校""无人机互联表演""在线数字气象站""人工智能预测出行""未来智能场景畅想"等内容。在教学活动中,通过综合运用信息科技、数学、物理、化学、生物学等知识,引导学生跨学科学习,形成综合思维与创新意识,并能迁移到其他更多相似的应用场景中。

三、义务教育阶段信息科技课程特点

(一)基础性

以计算机和网络为核心的信息技术飞速发展,信息科技学科将在很长一段时间里处于高速发展与高速淘汰并存的发展状态。那么,如何在中小学阶段为学生打好基础,使学生学到信息技术知识和技能,尽可能地对学生的长远发展起作用,又不因信息技术的发展而很快过时,使学生终身受益,是中小学信息科技课程教学所要解决的突出问题。

义务教育信息科技课程是为中小学生具备在数字化经济和在线社会中生存的能力而做准备的一套奠基性的学习体系。在中小学开设信息科技课,需着眼于基础教育在培养人才方面的重要作用。在信息时代,信息素养已变得与读、写、算等基本能力一样重要,成为现代社会每个公民必须具备的基本素质。通过信息科技教育培养学生的信息意识、信息能力,是提高学生现代科学文化素质的重要途径。心理学研究表明,越是基础的东西越具有普适性和迁移性,扎实的信息科技基础教育,有利于学生掌握基础知识和基本操作，培养能力，起到举一反三、触类旁通的作用。

当代学生在入学时已经具备一定的数字学习的基础或生活经验，在课程中需要衔接学生的已有经验，引导学生通过课程学习从日常经验中形成信息科技的基本概念；初步学会从数据和信息的视角，运用信息科技的语言，认识并描述自然现象与社会现象；用计算思维分析、解决学习与生活中的问题，用数字化工具改进自己的学习。课程既需要关注学生使用数字设备的基本技能，也更要重视技能操作背后的抽象、分解、建模、算法设计等计算思维的初步养成，"为什么做""在什么条件下做""为谁而做"等批判性思维的初步养成，模拟仿真、验证等问题解决能力的养成，以及"还能怎么做""如何更优"等创新能力、创造力的初步养成。

无论是数字素养与技能中的基础知识、数字环境中的问题解决，还是在线社会中的信息伦理与道德，都需要从小抓起。在信息科技产品高度普及的今天，孩子一出生就开始接触各种数字设备，智能手机、网络游戏、在线课堂等成了孩子们日常生活的一部分。然而，"会用数字设备"并不等同于"具备数字素养"。计算思维是与科学思维、实验思维并列的思维方式。依据此原理，如果学生不在关键的发展阶段接受严谨的关于数据、计算的底层逻辑的教育，他们的计算思维是不会自动发生的。更何况，由于地区或家庭的经济条件和社会条件的差异，不同学生进行数字学习的条件千差万别。因此，在义务教育阶段设置信息科技的国家课程，关乎全体儿童在信息时代的全面发展，关乎信息时代的教育公平。

(二) 实践性

课程的实践性反映在课程的内容来源、教学方式和评价方式三个方面。课程的模块设计和跨学科主题贴近当代数字经济和在线社会的生活实践，尽可能关照不同学段学生的认知发展特征和社会生活经验。教师需要注意从学生的实际生活与学习中提取素材，解决学生遇到的实际问题，促使学生把信息科技应用到日常的学习和生活实际，鼓励学生积极参与实践活动。在教学的过程中，要挖掘教学内容，有意识地适时渗透信息道德教育，养成学生使用信息技术的良好习惯，综合提高学生信息素养。

教师可以从这些经验出发创设真实的学习情境和丰富多元的学习资源。课程要求在实施过程中遵循认知形成的情境性和具身性原理，把信息科技的基本知识和基本技能的学习嵌入各种类型的教学活动中，在真实性问题的解决中开展学习，让学生"做中学""用中学""创中学"，将学习和实践紧密结合。在信息科技课程教学过程中应该注重实践教学，在教师的指导下，增加学生的动手实践机会。教师要打破传统的教学模式，充分发挥信息技术学科的实践性特点。义务教育阶段信息科技课程教学应该"面向应用"，以实践为主，精讲多练。"精讲"是指教师要讲出内容的基本知识点和精华；"多练"是指让学生有足够的上机时间，进行有目标、有实际效果的操作，并培养学生的信息技术操作意识和应用意识，不能搞"纸上谈兵"和"无机教学"。上机操作是实现中小学生信息素质教育的基本手段，是培养学生操作技能的主要途径，也是发展学生非智力因素的一个重要环节。上机时，学生可以综合应用自己所学到的各学科知识和方法指挥计算机工作，来实现自己的创意，完成自己的各项任务。在这个实践过程中，可以有效地培养观察能力、想象能力、审美能力、逻辑思维能力、以抽象化的形式描述问题的能力、规划能力、创造能力、分析问题和解决问题的能力、与别人合作的能力，以及自信、自强、自立的精神，使学生的综合素质全面得到提高。

相应地，课程评价也应符合学习活动和学习结果的特征，注重采集学生学习的实践证据，鼓励学生针对学习成果或作品开展总结与反思，在概念学习、动手实践和迭代改进的循环中不断提升核心素养。

(三) 应用性

培养学生应用信息手段解决实际问题的能力是信息科技课程的核心目标之一。在以往的计算机教育中，曾一度把计算机本身作为学习对象，让学生掌握计算机的构造和程序设计语言，后来又转向文字处理、表格计算、数据库、计算机通信等应用软件的运用，使学生为学计算机而学计算机。随着信息技术教育不断深入向前发展，如何在教学中培养学生应用信息技术的能力，培养学生适应信息时代的基本技能，具备在信息社会生存的能力成为关注的问题。人们逐渐认识到，在信息技术教育中要重视培养学生信息活用的能力，也就是应用信息技术及其方法解决问题的能力。学生学习信息技术不仅仅是为了"知"，更重要的是为了"用"，他们需要学的是如何面对浩如烟海的信息进行检索、筛选、鉴别、使用、表达和创新，如何用所学的信息技术知识来提出、解决学习和生活中的各种问题，如何积极、负责任地参与信息社会的创建等。

教师在信息科技课程教学过程中，首先是培养学生运用信息工具的能力，掌握从图书资料的检索到计算机信息处理软件和网络浏览器、网络通讯工具的灵活使用；其次是培养学生主动获取信息的能力，具有敏感的主动的信息意识，能够根据自己的学习目的去发现信息，收集整理必要的信息；再次是培养学生善于处理信息的能力，包括检索、鉴别、使用、表达和输出信息的能力，能够从丰富的信息中选择和鉴别自己所需的信息，能够简单通俗地表达自己的研究成果并将信息传递给他人，能够充分利用信息工具进行学科知识的学习和研究。

(四) 综合性

《义务教育信息科技课程标准》的颁布实现了学校信息科技教育1—9年级课程要求的贯通化和系统化，进而与《普通高中信息技术课程标准》共同构成了我国基础教育阶段完整的信息科技教育体系。同时，考虑减轻学业负担推进课程协同等多种因素，信息科技课程在1、2、9年级与其他课程融合开设。结合其他课程与信息科技在知识、工具和学习任务方面的关联性，教师可以合理设计教学方案，落实课程标准规定的学业要求。在《义务教育课程方案(2022年版)》的总体指导下，每个学段都设置了跨学科主题，将信息科技与其他课程的跨学科学习有序纳入课程内容中，确保课程之间的知识关联和整合。

信息科技课程目标是综合性的，开设信息科技课程的目的在于培养学生的信息素养，而信息素养本身就是一个综合性极强的概念，它包括信息意识、信息伦理道德、信息基础知识和信息能力等方面内容。而且，信息素养的培养不能局限于信息技术内容的教学，还应与其他学科进行整合与综合培养。

信息科技课程内容的综合性体现在学科的交叉性和它支持知识联系的整体性。它涉及众多的边缘学科和基础学科，综合了哲学、美学、文学、数学、物理、化学、生物学、心理学等学科的研究成果。信息科技课程本来就不具备严格意义上的所谓计算机学科性，它兼有基础文化课程、劳动技术教育和职业教育的特点，也兼有学科课程、综合课程和活动课程的特点。

信息科技课程的学习方式也是综合性的，开展信息技术教育，学生不能按照学习一门学科的老办法(即教师讲、学生听)去学习。学生在利用信息技术进行学习、创作完成一件作品的过程中，都需要开动脑筋、大胆想象、自己动手。

基于此，在中小学，特别是在小学阶段，应淡化信息技术课程的学科性，强调它的综合性，主要是体验和使用计算机，把计算机作为工具，与其他学科或活动整合在一起，在信息技术教学中有意识地渗透和融合其他学科的内容。这样既可减轻学生的学业负担，又可扩展学生的知识面，使学生在计算机文化综合应用的熏陶中提高信息素质。

(五) 趣味性

义务教育阶段信息科技课程是一门趣味性很强的学科，这一特点是与信息科技课程的学科特点以及中小学生的心智发展水平密切相关的。一方面，计算机软件能提供图形、图像、动画、声音、文字等多种媒体信息，作用于人的眼、耳、口、手等感官，还具有非线性、交互性等特点。这些信息图、文、声并茂，可以充分发挥学习者各个感官的功能，符合学生的思维习惯，更容易激发学习兴趣，使人集中注意力，提高学习效率。另一方面，中小学生，特别是小学生具有好玩、好动、好问、好奇的特征，在教学中要抓住他们的特点，引导、激发和培养学生对信息技术的兴趣。中小学生对信息科技课程的内容越感兴趣，学习动力就越大，学习效果也越好。在中小学阶段，尤其是在小学阶段，能否培养起小学生对信息技术的兴趣，对其一生形成对信息技术的正确态度有着重要的影响。应让小学生接触计算机，熟悉计算机，并由此自然而然地产生对信息技术的兴趣。

信息技术课程的教学要突出趣味性。无论从教学内容还是教学形式上，都应重视挖掘和体现信息技术课的趣味性，重视激发、培养和引导学生对计算机的学习兴趣。在教学中，创设情境，将学习内容以直观形象、生动活泼、新颖多彩的形式展示出来，吸引学生对信息技术产生兴趣，激发学生主动探索的愿望，引导学生的想象和思维，寓教于乐，让"趣味"贯穿整个教学过程。此外，将信息技术的应用与学生的生活实际密切联系，与其他课程教学内容整合起来，可以让学生认识到信息科技在学习、生活中的重要作用，激发学生的学习兴趣，满足学生的求知欲。

四、义务教育阶段信息科技课程变化

信息科技课程标准的颁布具有重要意义与价值。第一，信息科技课程的独立开设顺应智能时代的人才需求。智能时代人们除了应具有基本的生活和工作技能外，还应具备数字素养，深度学习、探究与创造能力，与他人和智能机器协作的能力，能够主动参与社会进程，以高度的适应性和灵活性面对未知和变化的未来世界。信息科技课程旨在培养科学精神和科学伦理，提升自主可控意识，着力提升学生的数字化适应力、胜任力和创造力，对智能时代的人才培养具有重要意义。第二，关于信息科技及其相关概念内涵的界定为本学科走向成熟奠定了基础。一个成熟的学科应具备成熟性、系统性、整体性等特征，需要有一个严密、层次分明、循序渐进的知识体系。信息科技主要研究以数字形式表达的信息及其应用中的科学原理、思维方法、处理过程和工程实现，义务教育课程标准设计了基于逻辑主线的课程结构，强化了具有学科本质意蕴的内在逻辑关联与适合学生认知发展规律的梯次递进，具有基础性、实践性和综合性，与高中课标共同形成了小、初、高一体化的信息科技教育课程体系。第三，为克服信息科技课程开设困境和课程可持续发展明确了方向。此前，我国义务教育阶段没有统一的课程标准。信息技术课程教育存在区域间差异，教材方面呈现出版本繁多、内容陈旧、难度差异大等特征，课程与学业评价标准不明确，课程设置在各学段缺乏内在关联与衔接。

（一）变更课程名称

《义务教育课程方案（2022年版）》将课程名称界定为"信息科技"而非"信息技术"，体现了学界对该课程的深入研究和进一步理解。在个人计算机开始普及的早期，学界对普及计算机的关注是在编程训练、软件操作、设备应用层面上，大部分人未能从科学和哲学层面去考虑人、技术、社会的发展关系。近年来，随着信息科技日趋成熟，"互联网＋""人工智能＋"与社会各领域深度融合催生出新产业、新业态、新模式。这种融合超越了传统意义上的技术"叠加"，凸显出理论和方法的创新。这门课不应再局限于技术操作，而需要科学原理的融入。将"技术"两字改成"科技"，既丰富了课程内涵，又优化了课程定位，突出了育人价值。

信息科技从综合实践活动课程中独立出来，是社会发展、科学技术发展的时代性要求。过去义务教育阶段没有信息科技国家课程，有些地方课程叫"信息技术"，课程内容从最开始讲打字、办公软件操作到后来讲编程，都是在操作层面，都是"技术"。从育人角度来讲，信息技术教育存在覆盖面小的问题，而培养德智体美劳全面发展的社会主义建设者和接班人更加注重学生综合素养的提高，而不是某一项技术的提高。信息科学教育教学生科学地认识、理解和改造世界，培养青少年的文化素养、信息素养、科学素养等综合发展。从时代发展角度来讲，我们现在有自然科学，研究人与自然的关系；有社会科学，研究人与社会的关系；而信息科学是要解决人与信息、人与数据、人与机器、人与人工智能的关系，这种关系是未来社会发展中非常重要的因素。从这些方面我们可以看出，只有技术是不够的，必须"科""技"并重。在课程标准和未来的课程实施中，一方面要关注信息科技学科的前沿发展、理论基础发展、原始创新发展，另一方面也同时关注信息科技在现代社会经济、文化、教育中的实际应用，两者是兼顾的。只有"科""技"并重，才能正确认识信息科技对社会产生的作用和影响，才能应对科学与技术发展带来的新的伦理挑战，才能实现对下一代信息科技学科思维的训练，进而提升学生的综合素养，促进学生全面发展。

(二)明确学科核心素养

学科核心素养是信息科技课程标准的出发点。信息科技课程要培养的核心素养，主要包括信息意识、计算思维、数字化学习与创新、信息社会责任。这四个维度有各自的特征，同时又互相支持、互相渗透，共同促进学生数字素养与技能的提升。信息意识是指个体对信息的敏感度和对信息价值的判断力。计算思维是指个体运用计算机科学领域的思想方法，在问题解决过程中涉及的抽象、分解、建模、算法设计等思维活动。数字化学习与创新是指个体在日常学习和生活中通过选用合适的数字设备、平台和资源，有效地管理学习过程与学习资源，开展探究性学习，创造性地解决问题。信息社会责任是指个体在信息社会中的文化修养、道德规范和行为自律等方面应承担的责任。

课标在设计信息科技课程标准时，把义务教育阶段分成了四个学段，并对四个学段学生的学科核心素养表现做了刻画，设计了素养表现的二维表，其中一个维度是学段，即一到四个学段，另一个维度是数字素养的四个维度，即信息意识、计算思维、数字化学习与创新、信息社会责任，刻画了学生在不同学段、不同维度应该达到的素养表现。

(三)更新教学内容

过去，义务教育阶段信息科技课程没有国家级的课程标准，部分省市在综合实践活动中有一部分信息技术内容；过去，信息技术课程内容过于强调操作，有些地区是讲文字录入，有些地区是讲办公软件的学习和办公软件的操作，也有一些地区讲一点编程。其实，文字录入、办公软件操作，乃至于编程，都不是信息科技素养教育的核心，与科学无关，而是在训练信息技术熟悉程度。这次将课程定名为"信息科技"，把"科学"放进去的一个非常重要的原因是，信息科技本身就是一门科学，而不仅仅是操作，录入、办公软件操作和编程的熟练不能够培养出学生的信息素养，会打字、会操作、会编程不表示会利用信息科学与技术解决实际问题，更无法上升到正确价值观、必备品格和关键能力层面。

与以往信息技术在综合实践活动中相比，新的信息科技课程标准关注了课程对人的培养，关注了一门课程的时代性、科学性和育人价值。义务教育信息科技课程标准发挥课程育人功能，帮助提升全体学生数字时代的适应力、胜任力和幸福感，使学生学会知识积累与创新方法，引导学生在使用信息科技解决问题的过程中遵守道德规范和科技伦理，培育学生正确的世界观、人生观、价值观，促进学生在数字世界与现实世界中健康成长。让信息科技在培育学生成为有道德、有理想、有情怀、有能力的下一代中发挥其应有的作用。

（四）逻辑主线贯通课程结构

义务教育课程标准列出"数据""算法""网络""信息处理""信息安全""人工智能"六条逻辑主线，据此组织课程内容，这一变化的原因可以从以下角度思考。第一，学科大概念与逻辑主线呈现出信息科技课程体系螺旋上升，贯穿整个义务教育阶段，遵循不同学段学生的认知发展规律。义务教育阶段逻辑主线贯通课程结构，从小学低年级的注重生活体验，逐步到小学中高年级的学习与应用，再到初中阶段的深化认识与尝试探索解决问题，在不同年级可以用不同的情境、不同的案例去诠释。各学段内容模块设计既符合信息科技课程本身的内容要求，也适配学生认知发展的阶段特征，强调学生对知识的理解基于认知发展规律的进阶性、阶梯式发展。第二，学科大概念与逻辑主线凸显出信息科技课程目标存在差异，满足不同学段学生的成长发展需求，更有具体性和基础性，更易于与现实场景相关联，更适用于界定从小学低年级、中高年级到初中学段课程学习的生活体验、应用体验和原理认知的进阶性发展过程，帮助学生理解基本概念和基本原理，培育学生正确的世界观、人生观、价值观。

此次信息科技成为义务教育阶段的独立课程，在设计内容体系时参考了其他成熟学科的文本，确定了两个设计原则。一是关联性。义务教育课程标准中列出的六条逻辑主线并不是对高中四个大概念的重新定义，而是根据学生认知所做的进一步优化。简单来说，数据是计算工具识别、存储、加工的对象，大数据更是现代社会科学、自然科学、人工科学的重要资源，算法是对完成特定任务的方法与步骤的精确描述，数据与算法这两者通过编码的联系构成了数字世界的秩序与框架，网络、信息处理、信息安全、人工智能是信息系统、信息社会的细化，在教学过程中更便于低龄学生的理解，目的在于让学生更好地通过身边的案例去认识数字社会，为高中的进阶打好基础。二是逻辑性。新课标列出的六个逻辑主线是信息科学技术必须和适宜在中小学课程中涉及的主要知识及其之间的逻辑，是服务"素养表现"的"学科逻辑"，"内容承载"根据这六条逻辑主线，按照"大概念""主题式""体验性""综合化"展开，整体上更好地体现素质教育。

> 🔊 **请你思考**
>
> 请选择义务教育阶段任意一个内容模块，结合课标要求和实际学情，对该模块的具体教学内容进行合理规划，并阐述设计思路。

_____

_____

_____

第四节 高中阶段信息技术课标和解读

一、高中阶段信息技术课程目标

（一）课程总目标

高中信息技术课程旨在全面提升全体高中学生的信息素养。课程通过提供技术多样、资源丰富的数字化环境，帮助学生掌握数据、算法、信息系统、信息社会等学科大概念，了解信息系统的基本原理，认识信息系统在人类生产与生活中的重要价值，学会运用计算思维识别与分析问题，抽象、建模与设计系统性解决方案，理解信息社会特征，自觉遵循信息社会规范，在数字化学习与创新过程中形成对人与世界的多元理解力，负责、有效地参与到社会共同体中，成为数字化时代的合格中国公民。

（二）高中阶段信息技术课程目标分析

互联网使得信息的双向传播变得更加快速便捷，越来越多的人使用互联网进行协作，产生了大量的数字化信息。与此同时，可穿戴设备正在实时地捕捉个体的大量信息，智能物联网正在让线上的数据分析直接反馈到线下的智能设备上，让物理空间变得更加智能化、个性化。人工智能在机器学习与深度学习方面也有了进展。随着信息技术的普及，信息技术教育正在从工具操作层面上的内容，转变为正确价值观、必备品格和关键能力的发展，提升人适应信息化时代的能力，从而符合新时代对"具有信息素养的人"的基本诉求。

在新技术环境下，高中信息技术课程目标是针对"数字原住民"向"数字公民"发展的需要，在综合考虑信息技术学科核心素养和学科大概念的基础上，按照学生认知能力所确定的学科育人目标；是学生在信息技术学科学习过程中形成的基础知识、关键能力和情感态度与价值观等方面的综合表现。

二、高中阶段信息技术课程内容

按照《普通高中课程方案（2017 年版 2020 年修订）》设置的课程结构，为满足不同学生的学习需求，高中信息技术课程由必修、选择性必修和选修三类课程组成。在此基础上，依据学科逻辑特征和高中学生的学习需求设计体现时代性、基础性、选择性和关联性的课程模块。课程模块的设计既强调构建我国高中阶段全体学生信息素养的共同基础，关注系统性、实践性和迁移性，也注重拓展学生的学习兴趣，提升课程内容的广度、深度和问题情境的复杂度，为学科兴趣浓厚、学科专长明显的学生提供具有挑战性的学习机会。高中信息技术课程的模块设计，如表 1-2 所示。

表 1-2　高中信息技术课程结构

类别	模块设计	
必修	模块 1：数据与计算 模块 2：信息系统与社会	
选择性必修	模块 1：数据与数据结构 模块 2：网络基础 模块 3：数据管理与分析	模块 4：人工智能初步 模块 5：三维设计与创意 模块 6：开源硬件项目设计
选修	模块 1：算法初步 模块 2：移动应用设计	

（一）必修课程

高中信息技术必修课程是全面提升高中学生信息素养的基础，强调信息技术学科核心素养的培养，渗透学科基础知识与技能，是每位高中学生必须修习的课程，是选择性必修和选修课程学习的基础。高中信息技术必修课程包括"数据与计算"和"信息系统与社会"两个模块。

模块 1：数据与计算

信息技术与社会的交互融合引发了数据量的迅猛增长，数据对社会生产和人们生活的影响日益凸显。本模块是信息技术课程后续学习的基础，包括"数据与信息""数据处理与应用""算法与程序实现"三部分内容，针对数据在信息社会中的重要价值，分析数据与信息的关系，强调数据处理的基本方法与技能，发展学生利用信息技术解决问题的能力。

通过本模块的学习，学生能认识到数据在信息社会中的重要价值，合理处理与应用数据，掌握算法与程序设计的基本知识，根据需要运用数字化工具解决生活与学习中的问题，认识到人工智能在信息社会中越来越重要的促进作用，逐步成为信息社会的积极参与者。

模块2：信息系统与社会

在信息社会中，现实空间与虚拟空间相互交织，形成了一个全新的社会环境，在改变人们生活、工作与学习的同时，也塑造出一种全新的生存与发展方式。本模块包括"信息社会特征""信息系统组成与应用""信息安全与信息社会责任"三部分内容，针对信息社会生存与发展的需要，分析信息系统的基本知识与技能，强调利用信息系统解决问题的过程与方法，提升学生的信息素养。

通过本模块的学习，学生能了解人、信息技术与社会的关系，认识信息系统在社会中的作用，合理使用信息系统解决生活、学习中的问题，理解信息安全对当今社会的影响，能安全、守法地应用信息系统。

（二）选择性必修课程

高中信息技术选择性必修课程是根据学生升学、个性化发展需要而设计的，分为升学考试类课程和个性化发展类课程。选择性必修课程旨在为学生将来进入高校继续开展与信息技术相关方向的学习以及应用信息技术进行创新、创造提供条件。选择性必修课程包括"数据与数据结构""网络基础""数据管理与分析""人工智能初步""三维设计与创意""开源硬件项目设计"六个模块。其中，前三个模块是为学生升学需要而设计的课程；后三个模块是为学生个性化发展而设计的课程，学生可根据自身的发展需要进行选学。

模块1：数据与数据结构

在数字化时代，数据对科学发现、技术进步、经济发展以及人们的日常生活有着越来越深刻的影响。理解数据的作用及价值，对学生适应信息社会、学会数字化生存有着十分重要的意义。数据结构是信息技术学科的核心内容之一，对培养学生的信息意识与计算思维、深入理解并掌握信息技术学科知识与实践方法、形成学科核心素养，具有非常重要的作用。本模块是针对数据、数据结构及其应用而设置的选择性必修模块，包括"数据及其价值""数据结构""数据结构应用"三部分内容。

通过本模块的学习，学生能进一步了解数据（包括大数据）的作用，在掌握常用数据结构的概念、特点、操作、编程实现方法等内容的基础上，能对简单的数据问题进行分析，选择恰当的数据结构，并用一种程序设计语言编程实现，在问题解决过程中对数据抽象、数据结构的思想与方法有初步的认识。

模块2：网络基础

网络不但是数据传输的物理基础，也是支撑信息社会的重要基础设施。理解网络基本知识，熟练使用典型网络服务，是现代信息社会中生存与发展的基本技能之一。本模块是针对网络基本知识和实践应用而设置的选择性必修模块，包括"网络基本概念""网络协议与安全""物联网"三部分内容。

通过本模块的学习，学生应了解计算机网络的核心概念与发展历程，了解常用网络设备的功能，能通过网络命令查询网络及设备的工作状态、发现联网故障，认识物联网对社会发展的影响，能使用典型的网络服务解决生活与学习中的问题，利用信息技术分享网络资源，具备网络应用安全意识。

模块3：数据管理与分析

数据管理与分析技术已经广泛应用于人们的日常生活与学习中，成为解决问题的重要方式。有效地管理与分析数据(包括大数据)可帮助人们获取有价值的信息，为决策形成提供重要依据。本模块是针对数据管理技术与数据分析方法的应用而设置的选择性必修模块，包括"数据需求分析""数据管理""数据分析"三部分内容。

通过本模块的学习，学生应了解数据管理与分析技术，能根据需求分析，形成解决方案；能选择一种数据库工具对数据进行管理，从给定数据中提取有用信息并应用于实际问题解决中；在活动过程中形成对数据特征、数据价值、数据管理思想与分析方法的认识。

模块4：人工智能初步

人工智能是通过智能机器延伸、增强人类改造自然和治理社会能力的新兴技术。近年来，人工智能的发展呈现出深度学习、跨界融合、人机协同等新特征，推动了社会各领域从数字化、网络化向智能化的跃升，深刻改变着人们的生活方式和思维模式。本模块是针对人工智能的发展特征，从基础知识与应用、简单人工智能应用模块搭建及开发等方面设置的选择性必修模块，包括"人工智能基础""简单人工智能应用模块开发""人工智能技术的发展与应用"三部分内容。

通过本模块的学习，学生应该了解人工智能的发展历程及概念，能描述典型人工智能算法的实现过程，通过搭建简单的人工智能应用模块，亲历设计与实现简单智能系统的基本过程与方法，增强利用智能技术服务人类发展的责任感。

模块5：三维设计与创意

三维设计作为一种立体化、形象化的新兴设计方法，已经成为新一代数字化、虚拟化、智能化设计平台的重要基础。三维设计方法的学习与应用，既有利于培养学生的空间想象能力，也有利于发展学生科学、技术、工程、人文艺术、数学等学科综合性的思维能力。本模块是针对三维图形创作与编辑和三维动画创意方法而设置的选择性必修模块，包括"三维设计对社会的影响""三维作品设计与创意""三维作品发布"三部分内容。

通过本模块的学习，学生能够理解基于数字技术进行三维图形和动画设计的基本思想与方法，能够结合学习与生活的实例设计三维作品并发布，体验利用数字技术进行三维创意设计的基本过程与方法。

模块6：开源硬件项目设计

基于开源硬件的项目设计与开发有益于激发学生创新的兴趣，培养学生动手实践的能力，同时也是在信息技术课程中实现STEAM（科学、技术、工程、人文艺术与数学）教育的理想方法。本模块是针对学生个性化发展需要，按照开源硬件项目设计流程而设置的选择性必修模块，包括"开源硬件的特征""开源硬件项目流程""基于开源硬件的作品设计与制作"三部分内容。

通过本模块的学习，学生能搜索并利用开源硬件及相关资料，体验作品的创意、设计、制作、测试、运行的完整过程，初步形成以信息技术学科方法观察事物和求解问题的能力，提升计算思维与创新能力。

（三）选修课程

高中信息技术选修课程是为满足学生的兴趣爱好、学业发展、职业选择而设计的自主选修课程，为学校开设信息技术校本课程预留空间。选修课程包括"算法初步""移动应用设计"以及各高中自行开设的信息技术校本课程。

模块1：算法初步

对问题的抽象或形式化描述是算法的基础。算法的每一步都是一个准确表达的步骤或指令，旨在用一系列这样的步骤在有限的时间内解决实际问题。解决同一个问题存在不同的算法，算法有有效/无效、高效/低效等差别。学习算法，可以从系统的角度描述和解决问题，有助于学生未来专业的发展。本模块是针对算法及其初步应用而设置的选修模块，包括"算法基础""常见算法及程序实现""算法应用"三部分内容。

通过本模块的学习，学生应该理解利用算法进行问题求解的基本思想、方法和过程，掌握算法设计的一般方法；能描述算法，分析算法的有效性和效率，利用程序设计语言编写程序实现算法；在解决问题的过程中能自觉运用常见的几种算法。

模块2：移动应用设计

随着移动技术的快速发展与普及，运用移动终端解决日常生活与学习中的问题已成为信息社会中国公民的一项重要技能。合理使用移动终端，可以帮助人们快速获取信息、高质量地沟通与交流。本模块是针对移动应用设计、为满足学生个性化发展而设置的选修模块，包括"移动技术对社会的影响""移动应用功能设计与开发""移动应用中的信息安全"三部分内容。

通过本模块的学习，学生能够了解常用移动终端的功能与特征，形成移动学习的意识，掌握移动应用设计与开发的思想方法，根据需要设计适当的移动应用，创造性地解决日常学习和生活中的实际问题。

三、高中阶段信息技术课程特点

普通高中信息技术课程是与九年义务教育中的信息科技教育相衔接，以提高学生的信息素养为主旨，以设计学习、操作学习为主要特征的基础教育课程，是国家规定的普通高中学生的必修课程。高中信息技术课程具有以下特点：

（一）综合性

普通高中信息技术课程具有很强的综合性，是对学科体系的超越，除了涉及计算机知识外，还涉及许多其他学科，既有充实的技术内涵，又突出丰富的文化价值。

它强调各学科、各方面知识的联系与综合运用。信息技术方面，它涉及信息技术基础算法与程序设计、多媒体技术应用、网络技术应用、数据库管理技术、人工智能初步等诸多领域，是一门涉及许多学科内容的综合学科。而且在学习中，学生不仅要综合运用已有的语文、数学、物理、化学、生物、历史、社会、艺术等学科知识，还要融合经济、法律、伦理、心理、环保、审美等方面的意识。学生的信息技术学习活动不仅是已有知识的综合运用，也是新的知识与能力的综合学习。

（二）实践性

普通高中信息技术课程立足于学生的直接经验和亲身经历，立足于"做中学"和"学中做"。它以学生的亲手操作、亲历情境、亲身体验为基础，强调学生的全员参与和全程参与，将所学的信息技术以及信息技术的思想和方法应用到生产、生活，乃至信息技术革新等各项实践活动中去。每个学生结合生活和学习实践，通过观察、调查、设计、制作、试验等活动获得丰富的"操作"体验，进而获得情感态度价值观以及技术能力的发展。

高中信息技术课程的上机课时不应少于总学时的70%，实践是培养与提升学生信息素养的有效途径。教师要为学生的实践活动安排足够的时间，鼓励学生多动手、善于观察、勤于思考，只有在实践的过程中学生才能真实地感受信息文化并借此增强信息意识，内化信息理论，提高信息应用能力。

（三）创造性

普通高中信息技术课程是一门以创造为核心的课程。它以进一步提高学生的信息素养为宗旨，让学生在信息的获取、加工、管理、表达和交流的过程中，通过技术的设计、制作和评价，通过信息技术的思想和方法的应用及实际问题的解决，为学生展示创造力提供广阔的舞台，是培养学生创新精神和实践能力的重要载体和有效途径。

在实践中创新，在创新中实践。应用信息技术最重要的特点是个性化。学生除了按照教科书所要求的步骤进行上机操作和练习完成任务外，还可尝试采用不同形式和方法来创造性地使用信息技术，以研究共同的问题，达到同样的目的。例如，学生可以自己确定主题和内容，自己选择用不同的媒体形式来表达学习成果，发挥每个人独特的想象力和创造力；再如，每一类新的工具都是为解决某些特定问题而设计的，而这类工具的新版本或更新换代产品，都是为满足新的需求或提供更有效的方法而设计的，学生在具体工具的使用中应学会认识其优点、发现其不足，并提出富有创造性的改进建议。

此外，信息技术课程、教材、教法都要有较高的创造性，以适应信息技术和社会需求的飞速发展与更新。教师在教学过程中，应创设条件让学生自己探索，独立发现和解决问题，发挥学生的创造力；注意培养学生的求知欲、独立性等创造性的个性心理特征。

（四）科学与人文相融合

信息技术是人类的一种文化财富。信息技术在凝结一定的原理和方法、体现科学性的同时，携带着丰富的文化信息，体现着一定的人文特征。信息技术课程不仅要用信息技术内在的神秘感、创造性和独特的力量吸引学生的参与，而且要用信息技术所蕴藏的艺术感、文化性、道德责任打动学生的心灵。

由于计算机多媒体技术的发展，信息技术课的许多学习内容并不是纯学科或技术性的，有越来越多的内容与其他学科结合在一起。音乐、绘画、文学,甚至歌舞、戏剧、电影、诗歌逐渐融合进来,这就要求教师和学生具有一定的文化艺术修养。

四、高中阶段信息技术课程变化

(一)目标变化

在 2003 年版课程标准中,课程的主要目标是提升学生的信息素养;掌握基本的信息技术技能;学会运用信息技术促进交流与合作;明确信息社会公民的权利与义务、伦理与法规,为适应未来学习型社会提供必要保证。采用的信息处理工具以 Windows XP、Office 2000、Visual Basic 6.0 和 Access 2003 等软件为主。新课标以学科核心素养的分级体系为依据,旨在提升学生的信息意识、计算思维、数字化学习与创新和信息社会责任。强调构建具有时代特征的学习内容,兼顾理论学习和实践应用,将知识建构、技能培养与思维发展融入到运用数字化工具解决问题过程中,让学生体验知识的社会性建构,成为具有较高信息素养的公民。

不同于 2003 年版课标对知识与技能、过程与方法、情感态度与价值观的强调,新课标凝练了信息技术学科核心素养,提出了高中信息技术学科核心素养由信息意识、计算思维、数字化学习与创新、信息社会责任四个核心要素组成,统领信息技术课程标准。信息技术课程标准修订过程中,将学科核心素养渗透到课程标准的各个组成部分之中,用学科核心素养统领课程标准的建设,每个课程模块的内容标准设计、学业要求、学业质量标准都对应了具体的核心素养。

(二)内容结构变化

新课标由必修、选择性必修和选修三类课程共 10 个模块组成。其中,必修模块为"数据与计算"和"信息系统与社会",共 3 学分 54 课时,并以此作为学科学业水平合格性考试依据。新增 6 个选择性必修课程模块,每个模块 2 学分,作为必修课程的拓展与加深。学生可在修满必修学分的基础上,根据能力和发展需要选学相关模块。其中数据与数据结构、网络基础、数据管理与分析作为学科学业水平等级性考试的依据,人工智能初步、三维设计与创意、开源硬件项目设计三个模块作为综合素质评价的内容,以便更好地满足学生升学和个性化发展的需要。选修课程包括算法初步和移动应用设计两个模块,为满足学生的兴趣爱好、学业发展、职业选择而开设,并列入学生综合素质评价的内容。

高中信息技术课程结构与内容体系的确定紧扣"数据、算法、信息系统和信息社会"四个核心大概念，从学生学习的共同基础、升学需要、个人兴趣发展等方面设计有必修、选修和选择性必修三类课程。课程内容在保证每位学生信息素养发展的同时，使得课程模块逻辑关系具有一定的层次性。课标中对于内容结构的调整，不仅使课程设置更具有科学性、实用性和合理性，而且兼顾了学生的个性发展与升学需要，凸显学科核心素养，满足数字化时代对创新性人才培养的需求，是具有一定前瞻性和开拓性的调整，必将对今后信息技术教学及应用产生深远影响。

（三）评价变化

新课标特别强调评价内容应该侧重学生的学业成就而非仅仅是学生知识与技能，依据学科核心素养建立信息技术学业质量标准，以此规范学业水平合格性测试与等级性测试。信息技术学业质量标准设计有一级、二级、三级和四级水平，按照学科核心素养，对每级的学习结果进行了详细的描述，等级梯度按学习内容、认知程度逐级加深。

除此之外，评价还关注学生实际问题解决和团队合作等多种能力以及学生学科核心素养的发展与变化。对于评价结果需要个性化分析学生的发展情况，让学生参与评价结果的判断和解释过程。在呈现评价结果时，应保护学生隐私，遵循鼓励为主，客观公正的原则。相对于2003年版的评价建议，新课标采用多种角度、多种方式，注重学生个性化、学生的发展性。

（四）渗透项目学习设计

信息技术本身就是一项实践强、应用广的技术工具，如何加强信息技术课程的实践性，怎样通过信息技术课程提高学生动手实践能力，是本次课程标准修订考虑的一个重要问题。为了突出课程的实践性，首先在内容标准陈述上，强调学习的实践条件和实践内容。例如：必修模块中内容标准"通过组建小型无线网络，了解无线路由器等常见设备的安装，能更改默认的配置，使用移动终端连接到无线网络并设置安全协议"，其中"使用移动终端连接到无线网络并设置安全协议"等都体现出课程实践性与应用性特征。其次，新课标提倡以项目探究和学生活动为导向，通过项目引言让学生了解探究项目的内容和要求，引导学生带着问题去思考和探究；通过列举与探究项目相关的活动，引导学生对知识进行总结和迁移；通过布置面向真实情境的相关任务，鼓励学生综合运用所学知识和技能，利用数字化环境解决问题，养成独立思考的习惯。

请你思考

请依据高中阶段信息技术的课标要求以及学科教学具体实施情况，说一说在教学中存在什么问题，并尝试提出可行性解决策略。

第二章　国内外中小学信息技术教材分析

📁 **学习目标**

1. 了解义务教育阶段信息科技教材和高中阶段信息技术教材的基本内容和组织结构，能够说出五个不同版本的高中信息技术教材的区别与联系。
2. 了解国外中小学信息技术教材的基本内容、特点、编排结构以及建设情况，能够说出其与国内信息技术教材在基本内容和组织结构等方面的区别与联系。
3. 能够结合新课标判断国内五个不同版本的信息技术教材中的活动或项目所体现出来的信息技术核心素养。
4. 了解当下信息技术教材在编写中所存在的问题，并结合自身的理解，提出合理的修改建议。

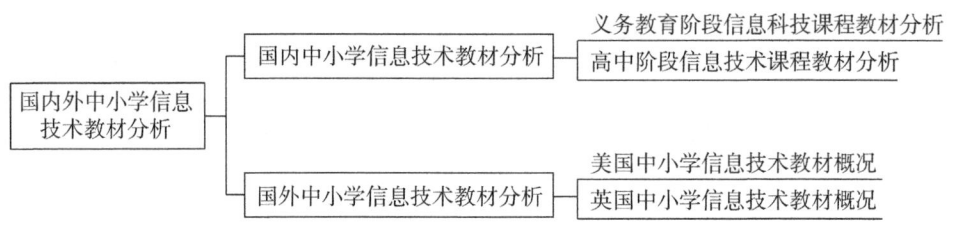

🔍 **知识导图**

```
                          ┌─ 国内中小学信息技术教材分析 ─┬─ 义务教育阶段信息科技课程教材分析
                          │                              └─ 高中阶段信息技术课程教材分析
国内外中小学信息
技术教材分析 ─────────────┤
                          │                              ┌─ 美国中小学信息技术教材概况
                          └─ 国外中小学信息技术教材分析 ─┤
                                                         └─ 英国中小学信息技术教材概况
```

第一节　国内中小学信息技术教材分析

一、义务教育阶段信息科技课程教材分析

（一）信息科技教学概述

信息科技的发展影响着人类社会的进程，并逐步推动人类步入智慧社

会。《义务教育信息科技课程标准(2022年版)》基于新时代发展全民数字素养、提高大众数字技能的新形势、新任务,凝练了信息意识、计算思维、数字化学习与创新、信息社会责任四个方面信息科技课程要培养的核心素养,规划了全学段学习目标,构建了循序渐进、螺旋式、有逻辑关联的课程结构,在提升自主可控意识、树立总体国家安全观等方面提出了新要求,是我国义务教育信息科技教学改革的纲领性文件。

义务教育信息科技课程具有基础性、实践性和综合性,为高中阶段信息技术课程的学习奠定基础。信息科技教学旨在培养科学精神和科技伦理,提升自主可控意识,培育社会主义核心价值观,树立总体国家安全观,提升数字素养与技能。因此,在课程整体设计中,不但要提取信息科技的基础知识作为内容核心,更要及时把握国家最新的战略发展理念,从而在课程中充分体现信息科技前沿及发展趋势,以凸显信息科技独具价值的创新特点,在教学中有效拓展学生的知识面,引导学生正确认识信息科技在生活、学习中的作用,树立责任感,为我国培养有担当的信息科技人才做好准备。

(二)信息技术学科核心素养

信息科技课程要培养的核心素养,主要包括信息意识、计算思维、数字化学习与创新、信息社会责任。这四个维度有各自的特征,同时又互相支持、互相渗透,能够共同促进学生数字素养与技能的提升。

1. 信息意识。信息意识是指个体对信息的敏感度和对信息价值的判断力。

2. 计算思维。计算思维是指个体运用计算机科学的思想方法,在问题解决过程中涉及分解、建模、算法设计等思维活动。

3. 数字化学习与创新。数字化学习与创新是指个体在日常学习和生活中,通过选用合适的数字设备、平台和资源,有效地管理学习过程与学习资源,开展探究性学习,创造性地解决问题。

4. 信息社会责任。信息社会责任是指个体在信息社会中的文化修养、道德规范和行为自律等方面应承担的责任。

(三)信息科技课程结构

整个教学内容呈螺旋式上升。依照义务教育的核心素养和学段目标,按照学生的认知特点和信息科技课程的知识体系,围绕数据、算法、网络、信息处理、信息安全、人工智能等六条逻辑主线,来设计和规划整体的课程内容。

《义务教育课程标准(2022年版)》依据信息科技课程要培养的学生核心素养，按照学生的认知特点和课程知识体系，设计了循序渐进、螺旋式发展的课程内容。在3—8年级单独开设课程；其他年级相关内容融入语文、道德与法治、数学、科学、综合实践活动等课程，拓展并丰富学习手段，改进学习方法，落实数字化学习理念。

具体学习内容由内容模块和跨学科主题两部分组成。义务教育"六三"学制第一学段(1—2年级)包括"信息交流与分享""信息隐私与安全""数字设备体验"；第二学段(3—4年级)包括"在线学习与生活""数据与编码""数据编码探秘"；第三学段(5—6年级)包括"身边的算法""过程与控制""小型系统模拟"；第四学段(7—9年级)包括"互联网应用与创新""物联网实践与探索""人工智能与智慧社会""互联智能设计"(见第15页，图1-1)。

(四)教材特点及优缺点分析

现有义务教育阶段的信息技术教材体现出明显的地方特色。小学信息技术教材有27个版本，比同学段大部分其他学科教材版本数量都多；初中信息技术教材版本数量是最多的，共有67个版本，而同学段的语文、数学、英语教材有十几个版本，音乐、美术、科学教材只有三到五个版本。

小学信息技术教材的特点是由小学信息技术学科的性质和小学生的年龄特征共同决定的。它既不同于以往的小学计算机课，又不同于小学语文、数学等传统课程。它侧重于激发小学生初步的信息技术兴趣和意识，让学生了解和掌握信息技术基本知识和技能，了解信息技术的发展及其应用对人类日常生活和科学技术的深刻影响。信息技术课程使学生具有获取信息、传输信息、处理信息和应用信息的能力，教育学生正确认识和理解与信息技术相关的文化、伦理和社会等问题，负责任地使用信息技术；培养学生良好的信息素养，把信息技术作为支持终身学习和合作学习的手段，为适应信息社会的学习、工作和生活打下必要的基础。集知识性和技能性于一体。

小学信息技术教材的基本特点主要表现在以下方面：

1. 基础性。在信息技术迅猛发展的今天，每一位学生都应具备在计算机上收集数据、整理数据、运用数据等的能力，21世纪是信息爆炸的时代，掌握信息技术能力成为每个人的基本和必备能力，因此，信息技术课堂具有基础性的特点。

2. 实用性。信息技术是一项以技术学习和运用为主的实用性学科，它要求学生能在浩渺如海的信息中搜寻、筛选、使用、表达与创新，故实用性很强。

3. 整合性。小学信息技术整合了科学、美术、文学等多种学科，它不能摆脱这些学科而单独存在，故具有整合性。

4. 趣味性。趣味性是信息技术课程的重要特点，学科本身的趣味性以及教师教学的趣味性都将促进小学生学习效果的改善，趣味性特点要求教师应基于学生的兴趣、认知与能力开展趣味教学。

初中的信息技术教材在小学阶段教材特点的基础上又具备许多其他特点：

1. 发展性。精选学生学习和生活中必备的信息技术基础知识和基本技能，力图鼓励、指导学生结合自己的学习、生活经验，主动理解、建构和应用信息技术知识、技能，培养学生搜集、处理信息并利用信息解决问题的能力，养成良好的信息意识和应用信息技术的习惯。

2. 实践性。"任务驱动"的学习方式，鼓励学生动手操作，倡导学生的主动探究和合作交流。"学习任务"是通过学习任务和作品范例激发学生的学习兴趣，并通过"任务分析"引导学生思考解决该任务的思路、方法及所需的计算机操作步骤；通过"操作指南"指导学生自己动手尝试，利用已有的经验和知识，理解新概念，掌握并应用有关的命令和操作；通过"任务小结"指导学生反思整个问题解决的过程，总结其中的重点、难点，帮助学生实现"从特殊到一般"的过渡。

3. 创造性。为了让学生经历一个完整的解决问题或作品设计与实现的过程，"操作讲解"部分保证了学生学习的系统性和完整性。而"练习与思考指南"部分却没有面面俱到地罗列有关的软件功能，难以兼顾知识体系的完整性。因此，我们把学生必须掌握而在"操作指南"中又难以兼顾到的相关知识和技能在"知识链接"部分列出并结合某一个或几个任务所设计的知识点，向学生提出要求并让其独立分析完成。"阅读材料"部分则主要提供与本节知识点有关，但并不要求学生一定掌握的知识，供学有余力或感兴趣的学生阅读和学习。

请你思考

义务教育阶段信息技术课程设定有哪些特点？

_____
_____
_____

二、高中阶段信息技术课程教材分析

(一)2003年版与2017年版高中信息技术课程标准编写教材内容分析

高中信息技术教材的范围覆盖全国,包括上海科技教育出版社、广东教育出版社、浙江教育出版社、教育科学出版社、华东师范大学出版社以及人民教育出版社联合中国地图出版社出版的师生配套教材。

从表2-1我们可以看到,新旧两版教材中都施行了必修模块与选修模块相结合的弹性教学体系,在保证共同基础的前提下,为不同发展方向的学生提供有选择的课程,允许学生差异化发展,这有助于形成百花齐放的教学局面。在课程修习上给予学生一定的选择自主权,满足学生的兴趣爱好,发展学生的个性与特长,在一定程度上也满足了"非零起点"与"非同一终点"的教学要求。通过查阅相关教材,对比依照2003年版与2017年版课程标准编写的教材内容目录进行分析,发现以这两个标准编订的教材在内容上呈现一定差异。

表2-1 2003年版与2017年版课程标准编写教材对比

课程标准参考	2003年版课程标准编写教材	2017年版课程标准编写教材
教材内容	《必修：信息技术基础》	《必修1：数据与计算》
	《选修1：算法与程序设计》	《必修2：信息系统与社会》
	《选修2：多媒体技术应用》	《选择性必修1：数据与数据结构》
	《选修3：网络技术应用》	《选择性必修2：网络基础》
	《选修4：数据管理技术》	《选择性必修3：数据管理与分析》
	《选修5：人工智能初步》	《选择性必修4：人工智能初步》
		《选择性必修5：三维设计与创意》
		《选择性必修6：开源硬件项目设计》

1. 从内容选择对比两版教材

以2003年版课程标准为纲领编纂的必修教材,大多由"绪论""信息获取""信息加工与表达""信息资源管理""信息技术与社会"五个章节组成。这五个章节构建了高中信息技术基础结构,其教学内容的实现目标更注重信息概念理论知识的学习,且每个知识模块都是从活动建议和内容标准两个方面进行说明。2003年课程改革以后，普通高中信息技术课程的总目标是提升学生的信息素养，具体表现在：培养学生对信息的获取、加工、管理、表达与交流的能力；对信息及信息活动的过程、方法、结果进行评价的能力；发表观点、交流思想、开展合作并解决学习和生活中实际问题的能力；遵守相关的伦理道德与法律法规的意识，形成与信息社会相适应的价值观和责任感。

以2017年版课程标准为依据编写的两本必修教材分别为《必修1：数据与计算》和《必修2：信息系统与社会》。其中新版教材对原有教材中的"信息技术与社会"章节进行了扩展和深化，将其单独拿出作为独立的高中必修模块。章节比重上的差异体现了教育界对信息技术在社会、科技、个人生活与学习等领域影响的肯定，课程内容积极地引导学生树立正确的价值观和社会责任感。2017年版课程标准中要求每个模块或主题都围绕"学业要求、内容要求和教学提示"开展教学活动，比2003年版课程标准的要求更加具体和详细。

2. 从课程内容的结构体系与组织编排对比两版教材

2003年版课程标准所编纂的教材包括必修与选修两个部分，共六个模块。必修教材只有《必修：信息技术基础》一本，它与九年义务教育阶段相衔接，是信息素养培养的基础，是学习后续选修模块的前提。信息技术科目的选修教材包括《选修1：算法与程序设计》、《选修2：多媒体技术应用》、《选修3：网络技术应用》、《选修4：数据管理技术》和《选修5：人工智能初步》五本，选修部分强调在必修模块的基础上关注技术能力与人文素养的双重建构，是信息素养培养的继续，是支持个性发展的平台。这个版本的教材首要强调的是对理论知识和计算机工具技能的学习，现实中的信息技术课程实施在主体、内容、过程、评价等方面过于倾向技术取向，无意间造成了"起点悬置"和"过程遮蔽"，导致出现了忽视课程实施的"文化继承"基础和"文化融合"过程的现象和问题。

2017年版课程标准教学观念上要求学生开阔视野，参照国际先进课程体系的设计理念和已有经验，思想上与时代和国际接轨，重视以学科大概念为核心，要求学生站在宏观的角度上思考和解决问题，旨在提高学生的核心素养。高中信息技术必修课程是全面提升高中学生信息素养的基础，强调信息技术学科核心素养的培养，渗透学科基础知识与技能，是每位高中学生必须修习的课程，是选择性必修和选修课程学习的基础。高中信息技术必修课程包括"数据与计算"和"信息系统与社会"两个模块。高中信息技术选择性必修课程是根据学生升学和个性化发展需要而设计的，分为升学考试类课程和个性化发展类课程。选择性必修课程旨在为学生将来进入高校继续开展与信息技术相关方向的学习以及应用信息技术进行创新创造提供条件。选择性必修课程包括"数据与数据结构"、"网络基础"、"数据管理与分析"、"人工智能初步"、"三维设计与创意"和"开源硬件项目设计"六个模块。其中，"数据与数据结构"、"网络基础"和"数据管理与分析"三个模块是为学生升学需要而设计的课程，三个模块的内容相互并列；"人工智能初步"、"三维设计与创意"和"开源硬件项目设计"三个模块是为学生个性化发展而设计的课程，学生可根据自身的发展需要进行选学。高中信息技术选修课程是为满足学生的兴趣爱好、学业发展和职业选择而设计的自主选修课程，为学校开设信息技术校本课程预留空间。选修课程包括"算法初步""移动应用设计"以及各高中自行开设的信息技术校本课程。

（二）不同版本信息技术教材概况

高中信息技术教材不像初中和小学那样数量繁多，主要有人民教育出版社和中国地图出版社、上海科技教育出版社、广东教育出版社、浙江教育出版社、教育科学出版社、华东师范大学出版社出版的版本，不同出版社的教材有不同的特点。由于必修部分的课程是奠定高中信息技术后续课程学习的基础，故本书对六套高中信息技术教材必修一、必修二进行简要介绍。

1. 各版本教材内容概述

（1）人教中图版内容概述

人教中图版高中信息技术必修教材是由中国地图出版社与人民教育出版社联合编写的，以项目式学习为主线，潜移默化地完成信息素养的培养与提升。教材每章都有主题学习项目，穿插"实践活动""思考活动""体验探索""技术支持""阅读拓展"等栏目，引导学生在实践中解决问题、获取知识和经验，整体呈现了同时注重理论性、工具性以及实践性的体系。

该版本教材每章都以一个具体的主题学习项目为背景，旨在帮助学生理解所学知识的实际应用价值，加深学生对知识的理解。整个教材的组织结构清晰，层次分明，从基础概念开始逐步深入，涉及数据的数字化与编码、算法的概念和描述、数据采集与整理、数据分析与可视化、人工智能的应用与影响等多个方面。同时，每章都有相应的总结评价，以方便学生对所学知识进行回顾和总结。该教材采用项目式学习的形式，将所学知识与实际应用场景相结合，鼓励学生在实践中获取知识和经验；强调动手实践、思考探究和阅读拓展等活动，有利于培养学生的信息意识、计算思维和数字化学习与创新。该教材注重信息技术的应用和社会责任，既介绍了信息技术的关键技术和发展趋势，也强调了信息社会的基本特征和道德准则，有助于学生成为具有社会责任感的信息化时代的合格公民。人教中图版必修章节目录如表 2-2 所示。

表 2-2 人教中图版信息技术必修教材章节目录

《必修 1：数据与计算》	《必修 2：信息系统与社会》
第 1 章 认识数据与大数据	第 1 章 信息技术与社会
第 2 章 算法与程序实现	第 2 章 信息系统概述
第 3 章 数据处理与应用	第 3 章 信息系统的基础设施
第 4 章 走进智能时代	第 4 章 信息安全与社会责任

(2) 沪科教版内容概述

沪科教版高中信息技术必修教材是由上海科技教育出版社出版，教材严格遵循新课标提出的内容要求进行教材内容的组织，并以学科核心素养为支架，设计项目活动，精选案例并充分挖掘信息技术学科中的育人因素。沪科教版教材在新课标的基础上，以数据、算法、信息系统和信息社会四个学科大概念展开，围绕新课标要求进行内容组织，在章节上有所调整，基于新课标，但是没有局限于新课标。沪科教版教材注重项目式教学，沪科教版教材采用"单元—项目"的方式进行组织，每本必修教材由四个单元组成，每个单元都以两到三个有一定内在联系的项目进行展开，要求学生通过剖析真实的项目实施过程，掌握相关概念和技能，强调学生"做中学"理念。

该版本教材每单元的单元导言通过现实社会的案例介绍，提出问题，概述单元主要学习内容。单元导言栏目下设有"学习目标""单元挑战"栏目，让学生在明确学习任务与学习要求的前提下开启项目学习。项目学习中包括"项目学习目标""学习指引""活动""思考与讨论""知识链接"等栏目，通过对相关问题的讨论与探究来促进学生对所学内容的理解，引导学生在项目学习活动中掌握信息技术蕴含的原理和方法，引导学生利用网络、数字化学习工具和数字资源进行学习，以达到培养学生的探究能力的目的。沪科教版教材设有"单元小结"栏目，能够用思维导图呈现本单元的知识脉络；设置了单元评价表，学生依据评价内容进行评价的过程中，能深刻理解学科核心素养的内涵，有助于帮助学生提升信息技术学科核心素养，教师也可以凭借单元评价表及时监控和调整自己的教学过程。沪科教版必修教材具体章节目录如表 2-3 所示。

表 2-3　沪科教版信息技术必修教材章节目录

《必修 1：数据与计算》	《必修 2：信息系统与社会》
第一单元　数据与信息	第一单元　走进"全新"信息社会
第二单元　数据处理与应用	第二单元　信息系统的硬件和软件
第三单元　算法和程序设计	第三单元　信息系统的网络
第四单元　人工智能初步	第四单元　做合格的数字公民

(3) 粤教版内容概述

粤教版高中信息技术必修教材由广东教育出版社出版，本教材按照课标内容展开，围绕学科核心素养，设计了六个项目范例，期望教师围绕"情景→主题→规划→探究→实施→成果→评价"的项目范例主线开展教学活动，进而帮助同学们掌握信息技术基础知识、方法与技能，以期学生在学习完本教材后信息意识有所增强，计算思维有所深入发展，数字化学习与创新能力也有所提高，同时还要培养学生正确的信息社会价值观和责任感。

该版本教材要求学生对现实世界中的真实性问题进行自主、协作、探究学习，围绕"项目选题→项目规划→方案交流→探究活动→项目实施→成果交流→活动评价"的项目学习主线开展学习活动，体验"做中学、学中创、创中乐"的项目学习理念和"从实践入手、先学后教、先练后讲"的项目学习策略，将知识建构、技能培养与思维发展融入运用数字化工具解决问题和完成任务的过程中。粤教版必修教材章节目录如表 2-4 所示。

表 2-4　粤教版信息技术必修教材章节目录

《必修 1：数据与计算》	《必修 2：信息系统与社会》
第一章　数据与信息	第一章　走进信息社会
第二章　知识与数字化学习	第二章　信息系统的组成与功能
第三章　算法基础	第三章　信息系统的网络组件
第四章　程序设计基础	第四章　信息系统的软件与应用
第五章　数据处理和可视化表达	第五章　信息系统的安全风险防范
第六章　人工智能及其应用	

(4) 浙教版内容概述

浙教版高中信息技术必修教材由浙江教育出版社出版，本教材依据课标要求，将项目式学习理念贯穿于整本教材的篇章结构设计和内容呈现方式中，而且在每章的导入部分精心设计呈现了"引导项目"，在内容主体部分根据学生需要学习的知识点设置"内容项目"，在教材章节后设计"挑战项目"和"拓展项目"供不同层次的学生学习，整个教材的内容在各节以知识点为主要线索，穿插各种类型的"问题与讨论""思考与练习""实践与体验"等任务。

该版本教材以为核心素养的培养创造空间和条件为本，将核心学习内容与支持学习的方法有机融合在一起，支持学生在自主、合作、探究的学习情境下发展核心素养。在增强教材可读性的同时，精炼提升综合素养所必需的核心内容，强调所有概念、内容与方法的精准与专业。其案例选择体现出信息科技的多层需求与多维格局，将案例的呈现作为开阔视野的重要手段，帮助学生理解信息技术对于社会发展所具有的价值与意义。浙教版教材以着力提升学生的高级思维能力为目标，精心设计与布局教材中的练习、思考、讨论、实践与项目学习，追求对学生高级思维能力的培养，并且提出每种具体应用软件都是解决某些问题的一条路径，使学生通过具体的技术操作体验，理解其背后的原理与格局、特点与局限，从而引领学生拓宽视野与发展思维。浙教版必修教材章节目录如表 2-5 所示。

表 2-5 浙教版信息技术必修教材章节目录

《必修1：数据与计算》	《必修2：信息系统与社会》
第一章　数据与信息	第一章　信息系统概述
第二章　算法与问题解决	第二章　信息系统的支撑技术
第三章　算法的程序实现	第三章　信息系统安全
第四章　数据处理与应用	第四章　信息系统的搭建实例
第五章　人工智能应用	

(5) 教科版内容概述

教科版高中信息技术必修教材由教育科学出版社出版，本书依据新课标要求，以项目学习的方式组织教材内容，通过明确清晰的"学习目标"来设计灵活的"任务"引领"活动"，旨在使同学们通过参加丰富多彩的学习活动，以形成良好的信息意识，初步形成计算思维，学会进行数字化学习与创新，明确信息社会责任，从而培养学科核心素养。

该版本教材遵循课标要求顺序编排教材内容，尊重必修内容知识体系，在注重计算思维的培养的同时，对于数据处理与应用的内容进行了相对调整，强调了知识内容的梯度设置，编排方式体现了渐进分化和综合贯通的特点。教科版教材采用了"单元—节"式结构，单元开始设置了引言与相关主题图，利于学生掌握本单元的内容主旨。各节中设有侧栏小提示，以帮助学生理解所学知识。单元末综合整单元内容设置了单元学习评价，使学生在巩固和练习所学到知识的同时，还获得了综合运用知识与技能的机会。教科版必修教材章节目录如表 2-6 所示。

表 2-6 教科版信息技术必修教材章节目录

《必修1：数据与计算》	《必修2：信息系统与社会》
第1单元 初识数据与计算	第1单元 信息系统的组成与功能
第2单元 编程计算	第2单元 信息系统的集成
第3单元 认识数据	第3单元 信息系统的设计与开发
第4单元 计算与问题解决	第4单元 信息系统的安全
第5单元 数据分析与人工智能	第5单元 信息社会的建设

(6) 华东师大版内容概述

华东师大版信息技术教材根据新版信息技术课程标准，开设了"数据与计算""信息系统与社会"两个必修模块。教材主要采用"项目活动"方式组织学习内容，通过项目将基础知识与技能融入到学习活动中，让学生结合自身体验，探究信息社会，认识信息系统，逐步树立信息社会数字公民的责任感与使命感。教科书的每章围绕"信息意识""计算思维""数字化学习与创新""信息社会责任"四个学科核心素养提出章节学习目标，利用"本章知识结构"图示呈现本章知识脉络，帮助同学们从总体上了解本章学习内容。

该版本教材在每个章节的学习过程中，设置了"体验思考""探究活动""项目实践""技术支持""知识延伸""作业练习"等活动以指导学生开展项目学习活动。其中，学生可以通过"体验思考"栏目，将现实问题、个人经验与知识技能相关联，带着问题开始学习；通过"探究活动"和"项目实践"栏目，将"做中学"与"学中做"的学习方法相互融合，把知识技能应用于解决实际问题中；通过"技术支持"栏目，将新技术与新工具适时应用于作品制作中，提高合理选用技术工具创造性完成作品制作的能力；按照个人的学习需求，学习"知识延伸"栏目中的内容，拓展个人学习视野。具体结构如表 2-7 所示。

表 2-7　华东师大版信息技术必修教材章节目录

《必修1：数据与计算》	《必修2：信息系统与社会》
第一章　数据与大数据	第一章　信息社会与信息系统
第二章　算法与程序实现	第二章　分析信息系统
第三章　数据处理与应用	第三章　搭建小型的信息系统
第四章　走近人工智能	第四章　我与信息社会

2."数据与计算"模块的内容比较

信息技术与社会的交互融合引发了数据量的迅猛增长，数据对社会生产和人们生活的影响日益凸显。本模块针对数据（包括大数据）在信息社会中的重要价值，分析数据与信息的关系，强调数据处理的基本方法与技能，发展学生利用信息技术解决问题的能力。本模块是信息技术课程后续学习的基础。在本节中首先是对数据与计算模块内容进行详尽的介绍，然后对六个版本教材相对应的部分内容的信息技术学科核心素养及体现程度进行比较分析。

(1)"数据与计算"模块内容介绍

本模块的内容旨在让学生能够描述数据与信息的特征，知道数据编码的基本方式；掌握数字化学习的方法，能够根据需要选用合适的数字化工具开展学习(信息意识、数字化学习与创新)。了解数据采集、分析和可视化表达的基本方法，能够利用软件工具或平台对数据进行整理、组织、计算与呈现，并能通过技术方法对数据进行保护；在数据分析的基础上，完成分析报告(信息社会责任、计算思维)。依据解决问题的需要，设计和表示简单算法；掌握一种程序设计语言的基本知识，利用程序设计语言实现简单算法，解决实际问题(计算思维)。了解人工智能技术，认识人工智能在信息社会中的重要作用(计算思维、信息意识)。

(2)各版本教材分析

①人教中图版"数据与计算"模块

人教中图版高中信息技术《必修1：数据与计算》共分为四章。第1章"认识数据与大数据"，分别介绍了数据、信息与知识、数字化与编码以及数据科学与大数据。第2章"算法与程序实现"，分别介绍了解决问题的一般过程和用计算机解决问题的过程、算法的认识与描述、程序设计基本知识以及常见算法的程序实现。第3章"数据处理与应用"，分为数据处理的一般过程、数据采集与整理、数据分析与可视化以及数据分析报告与应用。第4章"走进智能时代"，分别介绍了人工智能的产生与发展、利用智能工具解决问题以及人工智能的应用与影响。

②沪科教版"数据与计算"模块

沪科教版高中信息技术《必修1：数据与计算》总共分为四个单元。第一单元"数据与信息"，通过两个项目的引入来介绍数据、信息与知识的内涵以及介绍数据编码的过程。第二单元"数据处理与应用"，举出生活中的实例让学生体验和学习数据处理的一般过程，再通过项目学习让学生体验数据处理的方法和工具。第三单元"算法与程序设计"，通过多个项目让学生了解算法、计算机解决问题的过程、程序设计语言，介绍了设计简单数据和批量数据的算法。第四单元"人工智能初步"，通过手写识别人工智能技术，了解和体验人工智能，并设计学生自我操作环节，进行验证与评估。

③粤教版"数据与计算"模块

粤教版高中信息技术《必修1：数据与计算》共有六章，相较于其他版本章节数量更多。第一章"数据与信息"，介绍了数据特征、编码方式以及信息和基本特征。第二章"知识与数字化学习"，其内容有异于其他版本教材，第一小节介绍了知识与智慧等概念，第二小节着重强调了数字化工具与资源的优势并且设置了体验环节，让学生体验数字化创新学习过程。第三章和第四章主要对编程内容进行了讲解，第三章"算法基础"，首先举例说明计算机解决问题的过程，然后介绍了算法和程序设计语言，有了第三章算法核心部分的铺垫，第四章"程序设计基础"，让学生运用Python语言进行程序设计，介绍程序设计语言的基础知识，并阐述了顺序结构、选择结构、循环结构三种结构及其应用。第五章"数据处理和可视化表达"，着重介绍了数据的处理，具体包括数据的采集与分析以及数据的可视化表达。第六章"人工智能及其应用"，本章主要是人工智能概念的辨析以及人工智能领域的实际应用，具体包括智能制造、家居、教育等。

④浙教版"数据与计算"模块

浙教版高中信息技术《必修1：数据与计算》共有五章。第一章"数据与信息"，让学生先行了解数据、信息与知识的关系，然后介绍数据的采集与编码、管理与安全，认识大数据的概念、特征及对社会的影响。第二章"算法与问题解决"和第三章"算法的程序实现"分别介绍了算法的概念结构、计算机解决问题的一般过程，以及运用 Python 语言进行程序设计。基于第一章数据与信息的讲解，第四章讲解了表格数据的处理、大数据的处理以及在生活中的实际应用。第五章介绍了人工智能的产生及其发展和应用，分析了人工智能带来的正负面影响。

⑤教科版"数据与计算"模块

教科版高中信息技术《必修 1：数据与计算》分为五个单元。第 1 单元"初识数据与计算"，分为两小节，介绍了数据与计算，数据、信息和知识及其相互关系。第 2 单元"编程计算"，介绍了计算机解决问题的过程、循环结构、赋值语句、分支结构，以及自定义函数与代码分享，了解数据在数字世界中的编码与结构。第 3 单元"认识数据"，分成四个小节，介绍如何采集、存储、组织、处理、分析与可视化表达数据，认识数据对日常生活的影响，并形成数据的安全意识。第 4 单元"计算与问题解决"，介绍了算法及其特征、数值与非数值的计算以及综合问题的解决，知道计算解决问题的过程，了解算法的概念及其描述与基本特征，掌握算法的基本结构，能够使用程序设计语言编写代码实现简单算法并发布、分享程序代码，进而学会分析问题并根据问题选择合理的算法。第 5 单元"数据分析与人工智能"，介绍了数据分析的具体方法，大数据分析以及人工智能的概念、应用和关键技术，了解人工智能技术的相关概念、发展趋势以及在信息社会中的重要作用。

⑥华东师大版"数据与计算"模块

华东师大版高中信息技术《必修 1：数据与计算》分为四章。第一章"数据与大数据"，建立学生对数据、信息和知识之间关系的理解，了解数字化与编码对数据处理和传输的作用，以及认识到大数据在各个领域中的作用与价值。第二章"算法与程序实现"，介绍了算法与算法描述，程序设计语言与基本知识，常用算法及其程序实现，了解如何选择合适的算法来解决实际问题。第三章"数据处理与应用"，介绍了数据采集、整理与安全，数据分析与可视化，数据分析报告与应用，让学生感受数据的魅力，探索数据的价值，提升驾驭数据的能力。第四章"走近人工智能"，介绍了体验计算机视觉应用，人工智能的发展历程，人工智能的作用及影响，理解人工智能技术的价值和潜力，认识到其在改变现代社会的关键作用和使用人工智能技术所面临的挑战和问题。

从以上分析可以看出，各版本教材对课程标准中该模块所应包含的内容都有充分的体现，这六个版本都体现了与人工智能技术相关的知识。另外，粤教版教材相较于其他版本针对数字化学习与创新这一核心素养单独设置了一个章节。具体对应内容如表2-8。

表2-8 各版本教材内容划分与章节体现

内容	版本					
	人教中图版	沪科教版	粤教版	浙教版	教科版	华东师大版
数据与信息	认识数据与大数据	数据与信息	数据与信息	数据与信息	初识数据与计算	数据与大数据
数据处理与应用	数据处理与应用	数据处理与应用	数据处理和可视化表达	数据处理与应用	认识数据	数据处理与应用
算法与程序实现	算法与程序实现	算法与程序设计	算法基础、程序设计基础	算法与问题解决、算法的程序实现	编程计算、计算与问题解决、数据分析与人工智能	算法与程序实现

（3）"数据与计算"模块内容对比分析

通过上表对于各版本教材的划分情况，可以分析得出各版本都遵循了课程标准中数据与计算模块对内容的划分要求，也都设置了人工智能技术的相关章节。不难看出各版本教材所体现的核心素养侧重虽然有所差异，但其培养目标是一致的。

①信息意识

各版本教材以不同形式体现了信息意识。在教科版的第一章第一小节中，通过获取与分析"气象生活指数"，带领学生体会获取信息的途径，然后设置表格通过知识填空与计算实践利用知识、处理信息的过程，体现了信息意识的培养。不足的是其中缺少了引导学生对信息产生影响的预判内容，同时也缺乏合作学习的形式。浙教版在第一章介绍了采集数据的方法，并设置多个讨论环节体现了其对合作分享信息的重视，但是缺乏信息来源的介绍。沪科教版用柱状图和饼状图等向学生展示了数据的变化，培养了学生对信息甄别和判断的能力，并设置问题如"说说你是在哪里获取这些信息的？"，让学生思考获取信息的来源，讨论分享自己的看法，通过信息分享扩大价值，不足的是缺少让学生判断信息预期影响的相关内容。同样，粤教版和人教中图版也缺少培养学生对信息影响感知与判断能力的环节。华东师大版第一章，将数据、信息与知识的内涵，三者间的关系等基础知识融入到具体情境中，从问题解决的角度出发引导学生思考信息的来源，列举生活实例让学生感知到数据与信息对社会发展和个人成长的重要性。

②计算思维

各版本在计算思维维度的重视程度可见一斑，同时运用 Python 语言进行程序设计的教学，这种高级程序设计语言摒弃了代码本身结构的复杂性，从而更重视培养学生的逻辑思维。各版本都良好地体现了对学生计算思维的培养。其中教科版对代码进行拆解与注释，更易于学生理解，不足在于缺乏相似问题的迁移。浙教版在介绍完知识点后，引入情景将学习的内容转换成生活中常见的问题，培养学生利用思维解决问题并进行知识的迁移。沪科教版通过"解决温标转换"问题引导学生理解问题解决的一般过程，从问题的界定到组织数据，步骤详尽；通过两个案例分别对简单数值算法和批量数字算法进行介绍，循序渐进，有助于计算思维的培养。粤教版缺少对合理算法选择的培养。华东师大版在项目实施中融合了编程语言的具体实现，例如运用 Python 对共享单车有效管理的相关数据进行可视化分析，从而更好地提升学生对算法的理解，并学会运用合理的算法形成解决问题的方案。人教中图版将各种算法结构与实例进行融合，有助于学生进行思维转化，从而更好地利用所学知识解决实际问题。

③数字化学习与创新

各版本教材对数字化学习与创新有一定的体现。其中粤教版特别针对数字化学习进行了详细的阐述，介绍了数字化学习资源及其优势，并以"投针实验"为例让学生体验数字化学习的创新过程。华东师大版也在各个章节中设置了"技术支持"栏目，并且每章节作业中也有对于应用技术进行作品创新的要求，强调了将新技术与新工具适时应用于作品制作中，提高合理选用技术工具创造性完成作品制作的能力。沪科教版与人教中图版都特设栏目，对学习中所需要的数字化工具和资源进行独立的介绍与教学，有助于学生适应数字化教学环境。从整体来看，该维度的体现程度较其他三个维度略低。然而各版本都在教学内容及任务中添加了数字化学习工具和资源的使用，一定程度凸显了它的优势和重要性，但是除粤教版、华东师大版之外，其他版本缺乏对数字化学习资源系统性的介绍。目前数字化学习与创新维度还处于重"操作"，轻"创新"的阶段，没有完全凸显出课程标准中对数字化学习与创新的内涵性要求。

④信息社会责任

"必修1"信息社会责任维度主要体现在各版本最后一章"人工智能"的内容之中。其中华东师大版在第一章就从信息的获取、甄别和使用方面阐述了合理应用信息的规范和法则。各版本教材在最后一章中都提到了"人工智能是否会取代人类"这一话题，让学生在关注信息技术带来便利的同时也会产生一定的问题。其中人教中图版和华东师大版为该话题设置了单独的任务，让学生通过资料了解人工智能的伦理标准与原则，注重个人隐私的保护，这充分体现了信息社会责任的培养。而"必修2"中信息社会责任维度主要体现在"信息社会"内容之中，各版本都对信息法律法规和信息伦理道德进行了阐述，并且在案例中渗透个人隐私保护和尊重他人合法权益的相关价值引领。

3."信息系统与社会"模块的内容比较

《必修2：信息系统与社会》是必修模块的第二部分，同《必修1：数据与计算》一样，都是为后期选择性必修与选修内容的学习打下基础。在课程标准中该模块具体划分为"信息社会特征""信息系统组成与应用""信息安全与社会责任"三部分内容。本节将首先对信息系统与社会模块中的具体内容进行分析，再将五个版本的信息技术教材相对应的内容进行划分，最后根据各版本核心素养的体现程度进行对比分析。

(1)"信息系统与社会"模块的内容介绍

本模块的内容旨在让学生能描述信息社会的特征，了解信息技术对社会发展、科技进步以及个人生活与学习的影响(信息意识)。知道信息系统的组成与功能，描述信息系统常用终端设备(如计算机、智能手机和平板电脑等)的基本工作原理；知道信息系统与外部世界的连接方式，了解常见的传感与控制机制，以及接入方式、带宽等因素对信息系统的影响；理解软件在信息系统中的作用，借助软件工具与平台开发网络应用软件(计算思维)。能构建简单的信息系统，积极利用各种信息系统促进学习与发展(数字化学习与创新)。在信息系统应用过程中，能预判可能存在的信息泄露等安全风险，掌握信息系统安全防范的常用技术方法；认识信息系统在社会应用中的优势及局限性，能够自觉遵守相关法律法规与伦理道德规范(信息意识、信息社会责任)。

(2)各版本教材分析

①人教中图版"信息系统与社会"模块

人教中图版高中信息技术《必修 2：信息系统与社会》总共分为四章。第 1 章"信息技术与社会"，分为两个小节，分别介绍了信息技术与信息社会。第 2 章"信息系统概述"，分为三个小节，由"信息系统的组成与功能"、"信息系统的开发过程"以及"信息系统的优势与局限"组成。第 3 章"信息系统的基础设施"，基于前两章的基础上对信息系统的基础设施做了进一步的介绍，介绍了信息系统中的计算机与移动终端、信息系统中的通信网络和软件以及信息获取与控制。第 4 章"信息安全与社会责任"，分为两个小节，突出强调了信息安全风险和防范、信息社会责任。

②沪科教版"信息系统与社会"模块

沪科教版高中信息技术《必修 2：信息系统与社会》总共有四个单元。第一单元"走进'全新'信息社会"，介绍了新时代社会背景下信息技术对社会的发展的影响、探讨挑战与应对措施，进而介绍了信息系统的功能、整体结构组成要素以及优势和局限。第二单元"信息系统的硬件和软件"，介绍了计算机和移动终端等硬件以及部分软件的功能与开发。第三单元介绍了信息系统的网络以及物联网技术。第四单元"做合格的数字公民"，要求学生合理合法地使用信息系统，介绍了信息系统的安全风险及防范方法。

③粤教版"信息系统与社会"模块

粤教版高中信息技术《必修 2：信息系统与社会》一共有五章。第一章"走进信息社会"，介绍了信息社会及其特征、信息技术发展道路和趋势以及信息技术对社会的影响。第二章"信息系统的组成与功能"，介绍了信息系统的组成，信息系统的输入、处理、储存、控制和传入传输功能，信息系统中计算机和移动终端硬件的作用以及工作原理。第三章"信息系统的网络组件"，介绍了信息系统与外界的连接方式、计算机网络在信息系统中的作用以及网络因素对信息系统的影响。第四章"信息系统的软件与应用"，介绍了信息系统的工作和开发过程、软件的作用与设计过程以及信息系统在社会应用中的优势与局限性。第五章在前四章的基础上提出了信息系统的安全风险防范，要求学生合理地使用信息系统，树立正确的安全意识，介绍规范的安全操作，遵守社会信息道德和法律规则。

④浙教版"信息系统与社会"模块

浙教版高中信息技术《必修 2：信息系统与社会》一共有四章。第一章介绍了信息技术与信息系统的关系、信息系统的组成部分及其功能，以及信息系统应用与发展概况。第二章介绍了信息系统的支撑技术，具体包括计算机软硬件、移动终端、传感器与控制以及网络系统。第三章着重强调信息系统安全，要求学生了解信息安全的重要性，以及信息社会责任。第四章"信息系统的搭建实例"，通过实例的方式介绍了信息系统安全与防护的措施。

⑤教科版"信息系统与社会"模块

教科版高中信息技术《必修2：信息系统与社会》，总共分为五个单元。第1单元介绍了信息系统的组成与功能，具体包括信息系统的组成、功能、类型、安全等知识。第2单元"信息系统的集成"，分为六个小节，介绍了计算机系统的组成和互联、无线局域网、远程控制、小型信息系统的组建以及物联网信息系统组成。第3单元"信息系统的设计与开发"，基于上一单元的基础进一步对信息系统的设计与开发进行了介绍，包括信息系统的设计以及数据库的构建、信息系统数据的输入、处理和呈现。第4单元介绍了信息系统安全方面的知识，具体包括信息系统安全风险、技术和管理，了解人、信息技术与社会的关系，认识信息系统在社会中的作用。第5单元介绍了信息社会的建设，要求了解信息社会的伦理道德，遵守法律法规并展望信息社会未来发展。

⑥华东师大版"信息系统与社会"模块

华东师大版高中信息技术《必修2：信息系统与社会》，总共分为四章。第一章"信息社会与信息系统"，介绍了信息社会和信息系统、物联网及其应用。第二章"分析信息系统"，介绍了信息系统的内部结构，包括各类计算机、移动终端、网络设备等硬件部分以及软件部分的关键作用和工作原理。第三章"搭建小型的信息系统"，介绍了小型信息系统的规划与分析，小型物流信息系统的设计，搭建和优化小型物流信息系统，体验信息系统的工作过程，以提高学生对信息系统价值的认识以及搭建信息系统解决问题的能力。第四章"我与信息社会"，介绍了信息系统应用过程中存在的风险，帮助学生养成规范的信息系统操作习惯，树立信息安全意识。

从以上分析不难看出，各版本内容对于课程标准中的要求都有所体现，但内容顺序安排有所不同，本节对各版本教材内容按章节进行了划分，具体内容如表2-9所示：

表 2-9　各版本教材内容划分与章节体现

内容	版本					
	人教中图版	沪科教版	粤教版	浙教版	教科版	华东师大版
信息社会特征	信息技术与社会	走进"全新"信息社会	走进信息社会	信息系统概述	—	信息社会与信息系统
信息系统组成与应用	信息系统概述、信息系统的基础设施	信息系统的软件和硬件、信息系统的网络	信息系统组成与功能、信息系统的网络组建、信息系统的软件与应用	信息系统概述、信息系统的支撑技术、信息系统的搭建实例、信息系统安全	信息系统的组成与功能、信息系统的集成、信息系统的设计与开发	分析信息系统、搭建小型的信息系统
信息安全与社会责任	信息安全与社会责任	做合格的数字公民	信息系统的安全风险防范	信息系统安全	信息系统的安全、信息社会的建设	我与信息社会

（3）"信息系统与社会"模块内容对比分析

与必修 1 模块相同，根据各版本中的具体体现情况对六个版本教材的四个维度进行比较分析。根据教材内容分析，可以得到各版本教材在该模块对信息意识与信息社会责任的体现程度略有差别，计算思维维度的体现程度差距不大，数字化学习与创新维度的体现程度有所区别。

①信息意识

与"数据与计算"模块相同，各版本均体现了信息意识的培养。其中教科版在第 1 单元中设置项目让学生分析信息技术发展及其影响，感受丰富多样的技术给人们带来的影响，通过合作调查任务调动学生自主合作收集和处理信息的积极性。浙教版重视信息系统的内容，第 1 单元中将信息技术与信息系统引入"网上预约挂号系统"、"办公化系统"以及"电子商务系统"，注重运用社会生活中的实例，让学生体会到了信息系统带来的便利条件，同时设置了关于信息技术发展趋势的分析问题，但是缺乏合作与讨论环节。沪科教版第 1 单元讲述信息与社会，同时设置了讨论环节，分析社会、生活、学习、工作等多个角度对社会的影响，让学生充分感受信息技术带来的多样性变化。粤教版通过调查计算机技术的发展与影响引入学习主题，梳理发展脉络带领学生感受信息文化。人教中图版对信息技术的发展与应用的描述也相当丰富，从"智能教学楼设计"入手，创设多种情景，有利于学生体会其重要性，感受信息文化，从而增强信息意识。华东师大版以触摸智能应用作为切入点，让学生对于典型信息系统有一个初步的认识，接着引出信息系统的概念、组成要素及相关发展应用，让学生能够将知识与生活相联系，在增强学生学习兴趣的同时也有效地提升了他们的信息意识。

②计算思维

"信息系统与社会"模块强调信息系统的内容，主要包括信息系统的组成和功能，通过信息系统的搭建方式培养学生计算思维。教科版将信息系统的集成内容放入一个章节，针对计算机系统的软硬件设置了两个任务，但没有将任务放置于真实情境中，不便于学生理解。粤教版首先系统地阐述了信息系统的组成和功能，然后将计算机与移动终端和网络组件分别在两个章节进行介绍，其内容注重对原理的分析，培养了学生准确分析和判断信息来源的能力，有助于计算思维的培养。沪科版通过分析"电子点餐系统"，让学生回忆平时的点餐流程，了解点餐系统所涉及的计算机设备，随后介绍该系统所需要使用到的软件以及开发过程，最后结合两部分所学设置"配置学校信息化管理子系统"的任务，整个流程设置完善且具有逻辑性。同教科版一样，浙教版将信息系统的应用技术归为一个章节，每个知识点都设置了对应的应用，但缺少有关整体开发过程的介绍，不利于学生形成完整的体系，操作型活动不多，偏重于理论知识讲授。人教中图版注重内容设置的逻辑性，设置项目的同时创设生活或社会情境，有利于逐步形成计算思维，但是同样缺少实践性的内容。华东师大版较为重视在实际应用中提升学生解决问题的能力和水平，从而提升学生的计算思维。例如通过介绍物联网在日常生活的应用——小区车辆出入管理系统以及物联网与不同领域的联系，能够让学生感受到信息系统与外部世界的连接，将知识与生活场景相结合；第二章以智能停车系统作为线索串联起信息系统的结构及工作原理，有利于提升学生的问题整合与分析能力。

③数字化学习与创新

在"信息系统与社会"模块，数字化学习与创新的体现与该素养在"数据与计算"模块的体现程度差距不大。其中粤教版在任务环节中涉及了数字化工具的应用，创造了良好的数字化教学环境，培养学生使用数字化学习工具的积极性。沪科教版提供了技术支持，以教科书配套资源为主。华东师大版在各章节的应用实践中提供了实验包辅助学生搭建实验环境完成探究学习。通过搭建小型物流信息系统，让学生体会由规划到设计再到实践与优化的全过程，有助于他们建立起完整而严密的逻辑体系。在最后一章中以案例的方式引导学生关注创新的数字化学习模式，促进学生创新创造意识的增强。

④信息社会责任

在"信息系统与社会"模块中，各版本设置了有关信息社会的内容。教科版围绕着"保护自己与他人隐私"的主题展开，教导学生遵守网络礼仪做有素质的公民，在法律与法规层面对个人利益与他人利益的保护都进行了阐述，设置讨论环节有利于学生共享知识。在本章最后设置了"展望信息社会未来"环节，但缺乏对信息技术所产生的新事物的举例说明，影响学生感知层面的体验。浙教版对信息社会的内容设置较少，主要存在于"信息系统概述"和"信息系统安全"当中，首先阐述了信息社会的发展，通过案例"在互联网上，没有人知道你是一条狗"来吸引学生的注意，在讨论信息技术带来便利的同时，也引发学生思考其可能造成的隐患。内容上仅包含个人信息的保护、社会信息责任，其中关于信息伦理法规的内容仅通过文字进行简单的描述，整体在信息社会责任的维度较其他版本体现不足。沪科教版针对信息社会责任有充分的体现，选择从学生常用的社交平台入手设置丰富的情境，有利于学生带入情感并发现社交平台引发的问题。通过拓展阅读"做'四有'中国好网民"以及"中国社交网络的发展历程"，让学生关注到信息技术所带来的环境和人文问题。粤教版在第一章"走进信息社会"中创设情境将学生带入到浓厚的学习氛围当中，通过分析"计算机技术发展及其影响"的方式让学生理解信息社会，并展示不同维度关于信息社会的主要观点。在第五章最后一个小节，介绍了信息安全的重要性，以及信息社会的道德和法律，但缺少相应的举例说明，文字叙述较多，可能会导致学生视觉疲劳，影响学习效果。人教中图版最后一章命名为"信息安全与社会责任"，内容中创设自然灾害、软硬件漏洞以及恶意攻击等情境，要求学生总结恶意攻击的发生情况，有利于学生全方位提升信息安全意识。华东师大版在"我与信息社会"一章中通过让学生体验信息系统安全防范实验来使学生感受身份认证对小型物流信息系统安全防护所起到的作用。在本章的结尾部分提出了"数字公民"的概念，引导学生思考虚拟空间与现实空间的联系与区别，从而鼓励学生合理使用信息系统，增强安全使用网络的意识，懂得安全使用网络的相关技术方法。

(三)高中信息技术教材必修模块项目活动比较分析

1. 必修模块项目内容比较

信息技术教学是培养学生信息技术学科核心素养的基本途径。教师在教学中要紧紧围绕学科核心素养，凸显"学主教从、以学定教、先学后教"的专业路径，把项目整合于课堂教学中，重构教学组织方式，创设有利于学生开展项目学习的数字化环境、资源和条件，引导学生在数字化学习的过程中，领悟数字化环境对个人发展的影响，养成终身学习的习惯。基于项目的学习是指学生在教师引导下发现问题，以解决问题为导向开展方案设计、新知学习、实践探索，具有创新特质的学习活动。项目学习很大程度上还原了学习的本质，这种基于真实情境的学习能促进学生对信息问题的敏感性、对知识学习的掌控力、对问题求解的思考力的发展。在项目实施过程中，各种能力的综合也促进了学生信息技术学科核心素养的形成。

在新的各版本教材中都更新并增加了主题项目的内容，将传统的探究活动进行了整合，一方面提升了编排的有序性，另一方面有利于教学的实施且充分提升了学生学习的兴趣。主题项目的引入成为了将理论知识向解决实际问题能力转变的有力工具。根据课程标准中对教材内容选择的要求，设计时要紧扣实际，既要联系学生的现实生活与实践，又要因地制宜结合当地社会发展来设定研究性项目活动。因此，本节将主题项目类型主要分成以学生生活和社会生活为背景，以及专门注重于计算思维中抽象内容素材的其他类型。

通过统计分析发现，教科版和沪科教版教材在项目数量设置上有别于其他版本，每小节均单独设有主题式项目学习，而其余四个版本教材均在章一级设置，因而教科版和沪科教版的项目类型和数量远超其他版本教材。粤教版和人教中图版以学生生活为背景的项目主题数量均为4个，浙教版安排得较少，只有2个。浙教版和粤教版以社会生活为背景的项目数量均为7个，人教中图版安排最少，仅有4个。由此可见，各版本项目都侧重于从社会生活和学生生活的素材入手。

2. 各版本项目分析

各版本教材改版后，都添加了主题项目这一环节。但设置的位置不同，教科版的项目设置在各章的每个小节当中，包含一到两个任务。粤教版和华东师大版教材将项目设置在整章之前并且也会在每章小节当中出现。浙教版则设置在整章的结尾。沪科教版教材的项目是教学内容的主体部分，通过项目引入每个知识点并同时穿插多个活动。人教中图版项目设置在各章开头，并贯穿整个章节。本节将从《必修1：数据与计算》以及《必修2：信息系统与社会》两本书中共有的单元或章节中提取部分对应的活动进行分析，并结合社会生活与学生生活的特点分析教材中四个维度的体现程度。

(1)信息意识

人教中图版设置了主题学习项目"智能教学楼设计"。围绕项目问题，让学生进行调研和需求分析，构思主题作品；设计、编排主题作品，感受信息技术的社会应用；领悟信息技术对社会发展与进步的推动作用，让学生感知信息技术对人们生活、工作与学习的影响，有利于学生掌握获取、加工、管理、表达和交流信息的基本方法，进一步认识信息技术与社会的关系，培养学生利用信息技术工具解决实际问题的能力，并提升学生的信息意识。

沪科教版设置了"探讨信息技术对社会发展的影响"项目，围绕着信息社会的现状与未来发展方向展开，项目情境中提供的例子贴近学生生活，提出的问题层层深入，让学生在探究中认识信息社会。这一项目有助于学生关注当今社会中所蕴含的"信息"，提高学生对信息的敏感度和判断力，促进学生去感知、分析和应用生活中的信息，有助于学生信息意识的提升。

粤教版设置了"体验庆祝国庆多媒体作品的数据与信息处理"项目，要求学生运用各种调查方法和网上搜索技巧，收集相关数据和信息，制作可视化报告。通过这些信息，学生可以使用多媒体创作工具，如图形设计软件、音频和视频编辑软件等，将其加工处理，并转化为可视化成果，通过信息化地解决问题培养学生的信息意识。

教科版设置了"评估个人应用系统的安全风险"项目，从学生生活的角度入手，围绕如何看待个人应用信息防范，尝试评估、降低与防范信息系统的安全风险，有利于培养学生主动处理信息的能力，及时感知信息系统存在的安全问题，有助于提升学生信息意识。

华东师大版贴近学生生活，设置了有关共享单车的项目。学生可以借助计算机解决社会生活中的复杂问题，通过对共享单车有效管理的相关数据进行可视化呈现和分析，让学生能够敏锐感觉到信息的变化，分析数据中所承载的信息，对信息可能产生的影响进行预期分析，为解决问题提供合理建议，以提升学生的信息意识。

(2)计算思维

人教中图版设置了"订票系统初探秘"主题学习项目，根据每一小节的学习内容，引导学生按照解决问题的步骤完成任务，首先是对订票系统中的四个关键要素进行调研分析，其次是了解订票系统的大体开发过程，最后再对订票系统的优势、局限性以及未来的发展趋势进行总结。特别是开发过程模块，以图文结合的形式详细介绍了信息系统开发的四个阶段以及信息系统的工作过程，充分体现了对学生计算思维的培养。

沪科教版"点餐管理软件的开发"项目要求学生去探索点餐管理软件的工作过程，了解软件和硬件间的作用和联系，并模拟开发手机点餐网络应用软件。项目背景贴近学生生活，且提出了实际问题。学生通过学习该项目能够了解点餐管理软件的开发过程，明确设计和实施的基本步骤，有助于学生计算思维能力的发展。

粤教版"运用数字化工具探究数理知识"项目，要求学生利用思维导图工具，分解项目目标并制定学习规划，以提高计算思维能力。具体而言，学生需要通过思维导图的方式将项目目标分解成可行的任务，并制定相应的时间表和计划，以确保能够按照计划顺利地完成任务并提高计算思维的能力。通过这样的方式，学生能够更好地理解和解决与计算思维相关的问题，同时也能够更加高效地完成相关的项目任务。

教科版设置了"数据与计算"主题项目，内容包括"探究网购订单处理"和"探究快递配送过程"两个任务。结合社会生活，按照解决问题的顺序引导学生完成任务，后面通过规划快递运输路线，建立结构模型，生成树形结构，体现了计算思维中建立结构模型，并分析各种资源形成解决方案的内涵，体现了对学生计算思维的培养。

华东师大版项目要求学生使用 Python 语言编写程序，让学生学会用枚举法解决实际问题，帮助学生通过判断、分析与综合各种信息资源，运用合理的算法形成解决问题的方案，并迁移到与之相关的其他问题解决中。

(3) 数字化学习与创新

沪科教版项目通过列举生活中常见的情景，例如电商平台销售农产品、网上课堂出售网课、便捷的移动支付等，促使学生思考自己在学习过程中使用过哪些数字化的学习工具或资源，反思数字化学习的优缺点。学生发现并反思生活中的数字化工具，能够提升其使用数字化工具的意识与能力，增强其对数字化环境的适应能力。

粤教版"运用数字化工具探究数理知识"项目，旨在运用数字化工具，如计算机软件、在线模拟工具等，来帮助学生更好地理解和应用数理知识，并促进他们的数字化创新思维。在项目实施过程中，学生将通过自主学习和合作学习的方式，探索和解决与数理知识相关的问题，并逐步提高他们的数字化创新与学习的能力。通过项目的实施，运用数字化工具来探究数理知识，期望能提高学生数字化创新和学习的意识，并以此激发学生的学习兴趣和学习动力，提高他们的数字素养和综合素质。

华东师大版项目从学生生活的角度出发，围绕电子校刊的制作，让学生体验多媒体以及数字化工具的使用，能够有效地管理学习过程与学习资源，创造性地解决问题。在项目的实施过程中，形成创新作品的能力，帮助学生掌握数字化学习资源与学习工具的操作技能，通过开展自主学习、协同工作、知识分享与创新创造，提高终身学习能力。

（4）信息社会责任

人教中图版教材设置了"思考活动"，使学生进一步认识信息技术与社会的关系，并且能够积极地关注信息技术对社会发展进步的推动作用，如信息技术推动国防信息化以及其在各领域的应用创新。同时列举了信息技术引发的一些社会问题，让学生领悟信息安全的重要性；在后期练习中还设计了"信息技术对社会的正面与负面影响"的辩论，引发学生对社会问题的关注。

沪科教版项目"探究社交网络平台"涉及关于社交网络平台使用现状的调研，让学生了解使用网络平台时要遵守的道德准则和法律法规。学生讨论如何合理合法地使用社交网络平台，能够提高其使用网络的规范性，信守信息社会的道德与伦理准则，管理和约束自身行为，增强信息社会责任感。

教科版设置了有关人工智能主题项目，内容包括"认识人工智能""解密智能算法"。从标题就不难看出，项目的内容充分培养了学生认识新事物核心观念的态度，并且能够积极地关注信息技术所引发的问题。项目中的两个任务，从认识人工智能到揭秘智能算法，带学生回顾人机对战中人工智能技术的应用；在后期练习中还设计了"人工智能是否会取代人类"的辩论，引发学生对人文问题的关注。

浙教版项目"信息安全保卫战"，要求学生调研家庭和学校的信息系统安全问题，让学生主动获取信息并进行处理，有助于提升学生对信息的敏感度。同时根据调研结果，向家人讲解安全措施，也有助于学生分析安全隐患，对信息造成的结果进行预断，通过解决实际问题，在运用获取、加工、运用信息的基础上，培养学生的信息社会责任。

华东师大版项目从智慧城市引入，通过人工智能可能产生的社会问题及应对策略，促使学生关注信息技术革命所带来的环境问题与人文问题，引导学生关注信息技术创新带来的新观念和新事物，提升学生积极学习的态度、理性判断和负责行动的能力。

（四）必修模块活动内容比较

活动是学生将理论知识转化成实践应用的重要环节，同时也是教材的重要组成部分。与项目不同的是，活动普遍存在于课程内容的整个过程中，是提升学习兴趣，检验学习阶段性成果的重要步骤。在教育学领域中，活动的作用在于让学生在教师的指导下将所学知识转化为解决生活中实际问题，让学生的"学"逐渐取代教师的"教"，让学生自己动手体验活动获取直接经验，从而培养学生独立思考和解决问题的能力。通过活动中的体验、讨论、分析、交流以及实验让学生投入到活动当中，促进了学生情感态度和问题解决能力的提升。因此，活动的配置在信息技术教学中发挥了重要的作用，本节将就各版本教材中的活动内容按照活动类型的划分来进行分析。

1. 活动类型的比较

为了保证对比结果的有效性并尽可能地缩小误差，首先要将活动进行分类。关于活动的分类，可以从对象、设计目的、内容和方式等方面进行研究。根据课程标准对教材编写的设计要求，内容要同时培养学生"学技术"和"用技术"的能力，引导学生通过自主探究的方式"学"，动手操作的方式"用"，最终实现问题的解决。基于此，本节选择从对象和设计目的来分类，将教科书中的活动分为探究型活动、操作型活动。对于探究型活动，顾名思义其关注点在于探究和思考，是通过小组之间对一个主题知识进行讨论，注重培养学生的思考能力。而操作型活动则更注重学生动手实践，培养学生的操作能力。基于此对各版本数据与计算模块和信息系统与社会模块中的所有活动进行划分。分析可得各版本教科书均有探究型和操作型的活动形式。教科版的探究型活动最多达到了 77 个，可见其对学生自主思考能力的重视，华东师大版位居其次，共 51 个，之后是浙教版共 44 个，粤教版和人教中图版数量相同，均为 40 个，沪科教版中探究型活动体现较少。人教中图版注重操作型活动的设置，教材中共有 63 个操作型活动，可见其对学生动手实践能力的培养。教科版紧随其后，共有 46 个操作性活动，再次是华东师大版有 44 个，粤教版和沪科教版分别是 29 个和 27 个，浙教版对操作型活动的设置较少，仅有 16 个。

2. 各版本活动分析

课程标准中提到的高中信息技术的课程理念是："通过丰富多样的任务情景鼓励学生在数字化环境中学习与实践，将知识积累、技能培养与思维发展融入运用数字化工具解决问题和完成任务的过程中。"由此可见，根据活动完成的情况，可以比较直观地观察出学生对该活动所对应的知识点的掌握情况，以及解决问题的能力水平。本节将活动分为两种类型，基于核心素养的四个维度进行各版本的比较分析，分别从《必修 1：数据与计算》以及《必修 2：信息系统与社会》两本书中共有的单元或章节中提取对应的活动进行分析。结合探究型活动与操作型活动的特点，更能充分地分析出教材中四个维度的体现程度。通过探究型活动，分析信息意识和信息社会责任维度，其中根据信息意识的内涵选取必修 2 中"信息系统安全"主题的活动；信息社会责任则选取"信息社会责任"主题活动。通过操作型活动分析计算思维维度，计算思维选取"计算机解决问题的过程"。此外，由于所选取的版本教材多数没有针对数字化学习与创新维度设置章节，故主要以文字形式做出总结。

(1)信息意识

人教中图版设置了"分析我国长江流域和黄河流域降水量情况"的实践活动，该活动通过给出数据(与单元项目教学案例相关)和相关思考问题，引导学生搜集相关信息，并加以判断和处理，在实例中体会信息的价值，针对信息反映的问题能够有自己的思考和想法。

教科版中的活动多数位于课程知识之前。每个活动包含在整体项目当中，活动根据本节课的内容进行设定。例如"认识无线网络中的安全风险"活动通过讲解案例来培养学生的信息安全意识。活动的最后运用表格的形式让学生自行填写防范措施，这也体现了活动引发学生自觉思考和行动的用意。不足的是，活动内容中关于案例介绍过多，缺少提问，学生自主思考的空间较少。同时也缺少合作过程及成员分享，不利于实现信息价值的最大化。

沪科教版调研活动通常位于知识点之后，例如小组调研撰写"信息技术对社会发展的影响"的研究报告。学生通过填写表格，认识到信息技术已经渗透到生活的方方面面。这项活动也有不足之处，如案例列举过多，学生活动聚焦在书写案例上，缺少提出问题、解决问题的过程。

粤教版实验"用手电筒传递信息"，学生使用灯语进行交流，用灯光来模拟传递信息，亲身体验到信息是如何通过不同的媒介进行传递的。学生还体验了利用摩斯码发送信息的过程，深入了解了信息传递的本质和方法，从而培养了他们的信息意识。

浙教版探究型活动以问题与讨论的形式来展开，位于知识点之后，起到了承上启下的作用，引出接下来的学习内容。具体是，先抛出12306网站用户信息泄露的安全隐患问题，然后让学生根据材料思考进行小组讨论。这种活动方式提出了问题，鼓励学生独立思考，体现了信息意识中甄别信息、提取和发现信息的能力，同时能提醒学生提升安全意识。不足的是材料多是新闻和社会现象，虽从生活角度入手方便理解，但是活动问题涉及较多方面，缺少了活动中的引导步骤，在一定程度上提升了难度，可能会影响信息意识的培养效果。

华东师大版的探究型活动通常位于知识点呈现之前，鼓励学生先思考，再系统地学习知识点。如"列出电子图书的购买清单"任务，通过提供具体的生活情景和问题，引导学生认识信息、辨别信息，并思考信息背后的价值，从而初步培养学生的信息意识。

(2)计算思维

人教中图版在"描述算法"知识点的前面，设置了"描述'红灯变绿灯'问题的算法"这一思考活动，让学生自己先思考算法该怎么描述，在讲解知识点、锻炼他们解决问题的计算思维的同时，能规范学生的算法描述方法。

沪科教版"电子点餐信息系统软件——了解软件的功能和开发"的探索活动，内容是希望学生了解行业内主流软件开发工具，总结特点与优势，通过资源视频了解 App Inventor 的开发环境和编程的基本方法，模拟开发一个手机点餐网络应用软件。教材在此之前引导学生了解点餐管理软件的开发设计，学生可以按照这个思路进行设计和操作，培养学生举一反三，遇到问题分析问题、解决问题的能力。

粤教版思考活动"汉字编码系统的设计思路"，要求学生设计汉字编码系统。在这个活动中，学生将面临各种挑战和问题，需要探究汉字的组成结构和基本特征，分析各种编码方案的优缺点，并考虑如何适应不同的使用场景和需求。在这个过程中，学生将会发挥自己的想象力和创造力，不断尝试和探索各种新的思路和方法。他们需要思考如何处理汉字的复杂变体和多义性，以及如何确保编码系统的可靠性和稳定性，培养计算思维。

教科版活动"组装程序，测试运行——界面设计"，位于知识点之后，内容是运用 Python 语言创设程序窗口，设置背景。给出了样例程序，让学生按照样例进行操作，然后提出新的问题，用填空的形式引发学生思考，提高学生解决问题的能力，并且能够举一反三，提升知识灵活迁移的能力。

华东师大版活动"'计算卡路里消耗'的分析与实现"，主要内容是先让学生查询卡路里消耗的计算方式，然后进行分析，采取计算机可以处理的方式进行抽象与建模，再以流程图的方式设计合理的算法，形成解决问题的方案，最终编写对应的 Python 程序，调试运行，来让学生体验用计算机解决"计算卡路里消耗"问题的过程，培养学生的计算思维。华东师大版操作型活动一般位于知识点之后，学生学完基础知识后，在活动中进行提升练习。

(3)数字化学习与创新

人教中图版设置了"制作词云使用的库和函数"活动，该实践活动有两个问题，其中第一个问题有引导作用，引导学生对实践问题进行思考与创新，并提供相应的技术支持，让学生借助信息技术，在能力范围内进行学习与创新，利用自己编写的代码解决实践活动中的问题。

粤教版设置了体验活动"投针实验"。该活动通过使用网络画板平台模拟撞针实验，让学生进行数字化学习和创新，提高其科学实验能力和数字化学习技能。通过这种数字化学习和创新，学生加深了对知识的理解和掌握，同时也培养了创新思维和实验能力，为未来的学习和工作打下坚实的基础。

华东师大版探究活动"了解某一电子图书的读者最突出的阅读感受"，该活动的第二个问题引导学生利用语义分析工具，在技术支持下，对电子图书的读者评论进行可视化分析，获得该图书写作风格特点的信息，来体验"数据""信息""知识"之间的关系。在这个过程中，学生可以选择不同的语义分析工具，从不同分析角度出发，创造性地生产出自己的分析图谱，进行数字化学习与创新。

（4）信息社会责任

人教中图版思考活动"我们的网上数据是否安全"，该思考活动位于数据安全知识展开的前面部分，在学生现有知识基础上引导学生思考，发现数据安全的重要性以及泄露的危害，后进行小组讨论，汇集思想成果，一起探讨保证数据安全的措施，充分地凸显出信息社会责任中对保护数据安全、个人隐私的要求。后面再进行数据安全相关知识的讲解时，会让学生记忆深刻，效果事半功倍。

沪科教版"关注自己的数字足迹，寻找保护个人信息安全的方法"，问题贴近学生生活，引导学生保护个人隐私，能够充分体现信息社会责任中对个人信息的保护，且内容设置有利于学生进行思考。可以修改的是，学生能够更好地带入真实的生活情景。

教科版"保护自己与他人——火眼金睛"，让学生对信息的性质进行判断，并设置了选择题和选择的理由，内容贴近学生生活。并且在题目之后设置讨论环节，判断在传播信息之前是否会考虑影响。可以看出教科版的活动内容的引导性极强，并且能充分地凸显出信息社会责任中对信息社会伦理道德的要求，且内容设置循序渐进利于学生产生思考，并在最后做出了指导性总结。

华师大版探究活动"法律知识你问我答"，该活动以小组合作和竞赛的形式展开。各小组围绕当前社会中的数字化生活，共同寻找触犯法律法规的行为，利用互联网查找学习相关法律法规，并向其他小组展示成果、共享知识。让学生在合作与竞争中增强法律意识，切实做到在日常生活中以信守伦理道德为标准，遵守法律法规，时刻约束自己的各项行为，在信息社会中健康成长为一名合格的数字公民。

（五）高中信息技术教材必修模块呈现形式比较分析

根据课程标准的要求，教材的编写方面要注重栏目的多样性，采取文字和图片相结合的方式。根据教学内容选择适当的呈现方式，在保证学科知识的完整性与科学性的同时，也能更加直观生动地体现出多种具有教育价值的信息，从而使学生充分感受到信息技术的宝贵价值和时代的脉冲，时刻保持一颗进取心和浓厚的学习兴趣。钟启泉教授在其文章中提到了对教材呈现方式的理解，他认为可以从表层和深层两个层面进行理解，其中表层包括教材版面的设计、插图的体现和栏目的设置；另外可以从教材的行文思路中分析出教材编写者对学科内容的理解程度及其对教学活动产生的影响等，即教材的深层层面。由此可见，教材的呈现形式是教材对比分析的研究方向，因此本节基于信息技术学科核心素养四个维度对各个版本的栏目进行对比分析，从而分析出不同版本教材中信息技术学科核心素养的体现程度。

1. 栏目呈现方式比较

通过对各个版本的栏目呈现方式进行对比，可以看出各版本教材在栏目分配上都具有各自的设计风格。在传统版本教材中的教学内容、书后习题与拓展知识之外，还添加了很多丰富多样的栏目，且存在于教学内容中的各个阶段，彰显了版面的活力，摒弃了传统栏目的机械化设计。除了观感层面的提升，更重要的目的在于表达对课程的把握与理解和对该学习领域以及教育自身规律的分析。因此，设置栏目对促进学生学习有着重要的价值。各版本栏目呈现的具体情况如表2-10所示：

表 2-10 各版本栏目设置

版本	教科版	浙教版	沪科教版	粤教版	人教中图版	华东师大版
栏目设置	章节导言 学习目标 学习任务 旁注 拓展练习 拓展知识 单元评价 单元总结 后记	章节导言 问题与挑战 学习目标 内容总览 拓展链接 思考与练习 问题与讨论 实践与体验 巩固与提高 项目挑战 附表	单元引言 学习目标 单元挑战 项目引言和学习目标 项目学习指引 核心概念 小贴士 思考与讨论 数字化学习活动 知识链接 拓展阅读 单元挑战 单元小结 附录 致谢	章节前言 项目范例 项目选题 项目规划 方案交流 成果交流 探究活动 活动评价 项目实施 拓展 活动评价 本章回顾 本章学业评价 回顾与总结 附录	章节前言 主题学习项目 学习目标 体验探索 思考活动 阅读拓展 技术支持 项目实施 练习提升 实践活动 总结评价 项目评价 后记	学习目标 章节导言 章节知识结构图 章节项目主题 章节项目情境 章节项目任务 体验思考 探究活动 项目实践 技术支持 知识延伸 作业练习

从上表总结的栏目设置的情况来看，各版本教材的栏目种类极其丰富，尤其是沪科教版教材和粤教版教材栏目种类最多，共有15种，人教中图版栏目共13种，华东师大版12种，其次浙教版11种，教科版的种类相对较少共有9种。这样栏目设置具有一定差距的主要原因：一方面是各个版本的编写人员对课程标准的理解不同，另一方面是各地区信息技术教育发展情况不同，学生对知识的掌握程度不同。也正是因为信息技术更新迭代的速度很快，人们的信息素养才日益提升。因此，作为决定未来发展的新鲜血液，学生肩负着时代的使命，自然也要达到更高的标准。其中处于承上启下重要阶段的高中生，他们对信息技术的掌握程度应该受到更高的重视。本节将对各版本栏目设置进行分析并对本学科核心素养的体现程度进行说明。

2. 各版本栏目呈现方式分析

（1）信息意识

观察人教中图版信息技术必修1教材可以看出，其对信息意识的呈现主要是通过项目式学习展开的。教材中呈现了项目式学习的基本过程，学生通过分组学习有利于培养学生的合作精神和合作能力，进而培养学生的信息意识；教材还呈现了体验探索的栏目，以此激发学生对于信息的敏感度，进而提升学生的信息意识。

沪科教版教材栏目设置基本分为项目目标（目标阐述）、项目学习指引（教学知识）、活动（实践操作）、知识链接（知识补充）。教学正文有"核心概念"，对本项目中的核心名词进行定义阐述，使学生在实践操作前掌握名词概念。在教学正文还有"小贴士"，此栏目中对一些知识和陌生名词做出解释说明，与"核心概念"不同的是"小贴士"的名词重要性低一些。"知识链接"在项目学习的最后一部分，是本项目学习的拓展与延伸，让学生能够筛选练习中所需要的信息。但是"知识链接"的呈现以文字为主，并且占用页数较多。

粤教版教材的栏目分类非常丰富，除了项目中的多个类别，从上表中可以看出粤教版教材注重交流，这样会提升学生的学习兴趣，并且利于相互之间取长补短，各抒己见。同时也锻炼了学生鉴别信息的能力，有助于判断力不足的学生互相帮助共同提升。

浙教版的栏目设置相比教科版多了两种功能，并明确了分区维度，学习和阅读起来较为直观。开头的"问题与挑战"，积极地调动了学生感知和提取信息的主动性。其中"思考与练习""问题与讨论"，都包含要求学生自我思考的过程，其中问题的设置与讨论环节都添加了小组合作讨论的部分，实现小组间的资源共享，学生的信息意识会得到提升。

与其他版本相比较，教科版的栏目设置较少。在教学正文旁边的"旁注"会对一些知识和陌生名词做出解释说明，有利于学生思考。"拓展练习"位于章小结之后，是本节课知识的拓展与延伸，让学生在课后能够自觉地获取并且处理练习中所需要的信息。不足的是，教科版中的栏目内容缺少合作探究或讨论的部分，这样无法发挥学生合作解决问题的优势，实现信息价值扩大化。

华东师大版对信息意识的呈现主要体现在项目的实施，通过设置与学习内容相关的项目情境和项目任务引起学生对本章知识点的思考，其中"技术支持"和"知识延伸"两个栏目引导学生根据解决问题的需要了解相关技术和知识，提高学生寻找有效数字平台与资源解决问题的意愿。在图文排版设置方面，华东师大版教材采用右文左图和上文下图的呈现方式，减少学生认知程序，实现提高学生信息获取速度和信息理解程度的效果。

(2)计算思维

在人教中图版的教科书中，计算思维体现在"体验探索""思考活动""实践活动"这些栏目上。在"体验探索"中，利用表格的方式，生成直接的对比，让学生可以更加直观地分析哪种方法更便利；在"思考活动"这一栏目中，通过呈现实际生活中的问题，锻炼学生遇到问题解决问题的能力；在"实践活动"这一栏目中，让学生分析各个功能实现所需要的代码以及根据要求的功能修改相应的程序。

沪科教版的操作性栏目根据教学内容设置，在一个项目中不止有一个活动，有的项目会有2—4个活动。活动的呈现方式也不同，有完善表格填写、根据任务描述画出草图。有的任务难度大，会在任务描述后给出操作参考方式，培养了学生的计算思维。

粤教版较为注重对每个知识点的思考和反思过程。问题解决的基本流程是：先提出问题，再引出思考方向，然后给出编写提示，接着进行小组讨论，最后参与编程实践。整套流程循序渐进，突显出了计算思维中，运用计算机处理问题的方式思考问题，选择合理的算法最终解决问题的内涵。

浙教版非常注重"实践与体验"栏目。"问题与讨论"从探究和实践两方面着手，首先通过思考判断信息资源养成思维方式，再通过"实践与体验"中与项目案例不同的内容实现知识的迁移。在"拓展链接"中对常见的算法与数学问题进行讲解，为学生合理地运用算法解决问题做铺垫。

教科版的操作型栏目根据教学内容进行知识的迁移，并且在任务中采用填空的形式对关键的算法和代码设置空格，并且在代码后面设置了注释，培养了学生的计算思维。不足的是教科版要求学生进行自我操作的项目偏少，

第二章 国内外中小学信息技术教材分析

较缺乏运用计算机解决问题的全方位的训练。

华东师大版教材对于计算思维的呈现主要体现在"技术支持"和"作业练习"栏目中，通过算法和程序的实现，引导学生对问题进行抽象、分解、建模，运用计算机领域的思维方法设计算法，验证实施并最终形成解决方案。

（3）数字化学习与创新

数字化学习与创新维度是贯穿于整个栏目的重要内容。它的存在有利于其他三个维度的培养。随着信息时代的发展，对该维度也有了全新的解读。各版本教材中都体现了数字化教学资源与工具的运用。教科版数字化学习与创新主要体现在"拓展知识"中，让学生运用教材配套资源展开拓展练习，但这一内容在其他栏目中体现较少。

人教中图版教材的数字化学习与创新主要体现在每章的"主题学习项目"和"阅读拓展"中，"主题学习项目"贯穿整个章节，且此类项目都是有关数字化的系统项目，可以促进学生的数字化学习；在每章的"阅读拓展"中，都会介绍新的数字化相关知识，扩宽学生的知识面和视野。而这两个栏目从一定程度上来说也是一种创新性的学习方式。

沪科教版教材在教学正文旁会有"数字化学习"提醒，但也并不是每个项目单元都有，在必修2中仅有四处提示。"数字化学习"方式也较单一，以观看配套资源中的视频为主，操作性方式较少，也未体现学生能够进行创新的机会。

粤教版通过"知识与数字化学习"一章对数字化学习资源与工具做出了详细的描述，并在最后一个小节添加了数字化学习过程的体验，让学生亲身体会到数字化教学资源以及工具的优势，介绍未来教室中运用了思维导图、网络画板等新型数字化学习工具，帮助学生在以后的学习过程中运用数字化工具解决问题，养成良好的习惯。

华东师大版对于数字化学习与创新的呈现主要体现在"知识延伸"和"技术支持"栏目。通过"技术支持"栏目，将新技术与新工具适时应用于作品制作中，提高学生合理选用数字设备、平台和资源等创造性完成作品制作的能力。"知识延伸"栏目使学生可以按照个人的学习需求学习，拓展个人学习视野，提升学生数字化学习与创新能力。

（4）信息社会责任

在人教中图版必修2最后一章的第二节中，专门介绍了信息社会责任，在学习目标中，明确提出了学生能合理使用信息系统，负责任地发布、使用与传播信息，做一名合格的信息社会公民。还通过各种情境学习告诉学生在

71

网络上也要遵守道德准则和法律法规，具有信息社会责任。在其他章节中，也有间接引导学生做合法合格的信息社会公民的学习内容。

沪科教版的项目设置是依据学生日常生活中常见的问题，比如"分析电子点餐系统"项目的学习使学生认识计算机和移动设备。在"项目引入"中会使用大量的案例引导学生进入项目式学习。除此之外，在项目中会让学生对比原本的方式和引入计算机等设备后的方式，使学生体会到科技设备对生活的改变。

粤教版的栏目在功能上有着更详细的划分，在"阅读"中体现信息安全相关案例，并进行正确的引导。通过"观察"培养学生从学习生活入手发现信息安全问题，同时培养其安全意识。采用"分析"的方式让学生自己进行总结，并保持积极的态度去面对，在之后的信息社会中能够自觉遵守道德规范和法律法规。

与其他版本不同，浙教版没有为信息社会设置专门的章节，而是体现在其他章节中。在栏目"问题与讨论"中设置了"信息为我们带来了哪些便利？""产生了哪些安全隐患？"以及"如何在数据公开与个人数据保护中保持平衡？"等问题，让学生对以上问题进行思考，使其对知识的体会更加深入。同时设置"实践与体验"对 Word 文档进行保护，并分析其优势和局限，充分地培养了学生的信息责任意识。

教科版运用了大量案例，让学生做情景假设并根据情景给定的条件进行合理性判断。在"拓展知识"中多次出现网络信息层面个人利益和他人利益保护的技术手段，引导学生从案例中发现信息技术革命带来的人文和环境问题，并以积极的态度，采取合理的手段面对问题。

华东师大版对信息社会责任的呈现主要体现在"项目情境""体验思考"等栏目，通过将现实问题、个人经验与知识技能相关联，使学生切身体验信息科技给人们学习、生活和工作带来的各种影响，理解网络空间是人们活动空间的有机组成部分，自觉遵守信息科技领域的价值观念、道德责任和行为准则，形成良好的信息道德品质，不断增强信息社会责任感。

请你思考

请你结合某一版本高中信息技术教材，任选其中某一章节进行教学设计。

第二节 国外中小学信息技术教材分析

美国和英国的中小学信息技术教育各具特色，展现了两国在推动信息技术课程方面的不同策略和理念。美国中小学的信息技术教材注重结合学生的实际生活，通过设计情境，循序渐进地培养学生的创造性思维、协作能力及独立解决问题的能力，强调教材的易用性和实用性。初中阶段的教材如CCIA，围绕计算机基础、网络应用及办公软件技能展开，注重技术与社会的紧密联系，以及高级思维能力的培养。与之相比，英国中小学的信息通信技术（ICT）课程则更侧重于现代化和素养化的发展方向，强调计算机科学的核心地位，重新厘清了数字素养、信息技术和计算机科学三者的关系，鼓励学生不仅成为技术使用者，更成为技术创造者。英国教材的编写和选用灵活多样，课程内容紧跟时代变革，并强调计算思维及技术应用的广泛性，这些都为我国信息技术教育提供了有益的借鉴。本节将以美国与英国为例，分析国外中小学信息技术教材。

一、美国中小学信息技术教材概况

（一）美国小学阶段信息技术教材的特点

1. 教材内容

在教材内容上，教材的编写多结合学生的实际生活，既为学生创造出一定的生活情境，又能激发学生对教材内容的学习兴趣，对学生进行知识技能、过程方法和情感态度价值观全方位的发展。这类教材的编写遵循了建构主义学习理论，通过一定的外部情境刺激，引发学生的内部动机，从而使学习者对知识形成系统的意义建构。

2. 教材编排

在教材编排上，教材难度适中，难易结合，知识内容的容量留有余地，注重培养学生的创造性思维、协作学习和独立解决问题的能力。

3. 教材呈现方式

在教材呈现方式上，国外教材的行文风格和语言叙述都通俗易懂，充分体现了学生中心的教学理念。同时教材注重图形的运用，教材中图文结合度较高，通过一定的图片和图形，可以对教材知识内容进行合理的调配。

（二）美国初中阶段信息技术教材概况

信息技术教育最早源于美国，所以我们可以借鉴和学习美国中小学在信息技术教育方面的先进理念。美国各州教材的选用制度是多元化的。一般而言，教材的选用经过以下五个环节，即教材的选择、教材的审批、教材印刷、教材供应和教材发放，而美国各州可根据本州制定的相关法令分别对这五个环节进行干预。

1. 选教材标准

根据教材选用的自由度由高到低总结得出，美国选用教材主要采取以下三种方式：(1)由学区所在地区的教育委员会自行选定该地区的教材；(2)各州的教材委员会先制定出一定的教材选用标准，下属的地方学区教育委员会依照此标准选用适合该地区学情的教材；(3)各州的教材委员会先对不同版本的教材进行筛选，再推荐给下属的地方学区教育委员会，使其在推荐的教材中做出选择。

2. CCIA 教材内容

以 CCIA(Computer concepts in action)为例简要介绍以下美国初中的信息技术教材。CCIA 由世界著名出版公司麦格劳-希尔出版，这本书面向中小学的信息技术教育，围绕计算机基础知识、网络应用和微软办公套件展开，让初中学生学习计算机基本概念、基本操作技能以及培养使用信息技术解决问题的能力。

CCIA 教材内容可以分为八个主题单元，分别是生活中的技术、计算机硬件与软件、使用因特网、文字处理、表单、数据库、演示文稿和集成的应用程序。具体如下：

第一单元：生活中的技术(Technology in Your Life)

专题讨论：计算机和你(Computers and You)

在我们生活中的技术(Technology in Our Lives)

技术与你(Technology and You)

合理使用技术(Responsible Use of Technology)

项目(Projects)：

安全和合理地使用电脑(Use Your Computer Safely and Responsibly)

电脑操作(Operate Your Computer)

第二单元：计算机硬件与软件(Computer Hardware and Software)

专题讨论：介绍你的电脑(Introducing Your Computer)

电脑的类型(Types of Computers)

硬件基础知识(Hardware Basics)

计算机内存与存储知识(Computer Memory and Storage Basics)

软件基础知识(Software Basics)

计算机网络基础知识(Computer Network Basics)

项目(Projects)：

使用微软系统(Use Microsoft Windows)

使用微软提示帮助功能(Use Microsoft Help)

第三单元：使用因特网(Using the Internet)

专题讨论：上网(Going Online)

因特网和万维网(The Internet and the World Wide Web)

网络连接(Getting Connected)

电子邮件(E-mail)

因特网的安全使用(Be Safe on the Internet)

项目(Projects)：

安全使用因特网(Use the Internet Safely)

有效地搜索因特网(Search the Internet Effectively)

第四单元：文字处理(Word Processing)

专题讨论：探索伦理(Exploring Ethics)

伦理与技术(Ethics and Technology)

使用和滥用技术(Using and Abusing Technology)

引用资源的来源(Citing Your Sources)

项目(Projects)：

写一封商业信件(Create a Business Letter)

创建图片动画功能(Create a Flyer with a Picture)

第五单元：表单(Spreadsheets)

专题讨论：购买电脑(Buying a Computer)

计算机部件和你的需求(Computer Components and Your Needs)

计算机广告(Computer Advertisements)

计算机行情和价格(Performance and Price)

项目(Projects)：

创建一个表单(Create a Spreadsheet)

申请惯例(Apply Formulas)

评估数据(Evaluate Your Data)

第六单元：数据库(Databases)

专题讨论：电子商务(E-Commerce)

电子商务的重要性(The Importance of E-Commerce)

利用因特网进行商业交易（Doing Business on the Internet）

一个成功电子商务网站包含的因素（Elements of a Successful E-Commerce Site）

保密性和安全性(Privacy and Security)

项目(Projects)：

创建一个数据库(Create a Database)

在数据库表中查找信息(Find Information in a Database Table)

在表格和报告中应用数据（Display Data in Forms and Reports）

第七单元：演示文稿(Presentations)

专题讨论：职业技术(Technology in Careers)

在工作中使用技术(Using Technology at Work)

利用技术找工作(Use Technology to Find a Job)

利用技术选择职业(Choose a Career in Technology)

为职业做准备(Prepare for a Career)

项目(Projects)：

创建演示文稿(Create a Presentation)

美化演示文稿(Enhance a Presentation)

发布演示文稿(Deliver a Presentation)

第八单元：集成的应用程序(Integrated Applications)

专题讨论：新兴技术(Emerging Technologies)

技术趋势(Trends in Technology)

合理使用技术(Use Technology Responsibly)

技术与可及性(Technology and Accessibility)

项目(Projects)：

设计一个手机广告(Create a Cell Phone Advertisement)

创建发给多个新闻组的时事通讯（Create a Newsletter About Spam）

设计一个手机广告：涌现的技术（Create a Cell Phone Advertisement：Emerging Technologies）

3. CCIA 教材特点
(1)强调高级思维能力的发展
CCIA 教材适合初中层次的学生,所以教材的内容不会过于专业化。本教材十分注重基本知识和技能的理解和掌握,并在此基础上强调高级思维能力的发展。本教材中的八个主题单元通过多次细化内容知识点、利用问题和任务强化知识点,帮助学生有效地学习和掌握基础知识和基本技能;同时在每个主题单元的细化知识点设置了探究项目,让学生通过思考、分析、归纳和总结,促进高级思维能力的发展。
(2)内容重视技术与人文、技术与社会的紧密联系
CCIA 教材内容重视技术与人文、技术与社会的紧密联系,设置的教学内容让学生们能够体验技术支持下的现代生活,如购买电脑、电子商务、网上求职等,这些内容不是单独地设置一个模块并加以概述,而是穿梭在每个主题单元中,与单元内容相互融合,渗透人文精神。此外,教材内容还设置了网络应用安全等内容,让学生了解如何保护自身上网安全的同时,也要遵守网络信息安全条例,树立良好的信息道德观,做一名合格的网络人。
(3)配套教学资源丰富
网站提供了丰富的教学资源,如学生数据文件(存放学生作品和评价)、学前测试、学后测试、单元主题讨论测试和终结性评价等,这些形式多样的教学资源根据学习者在学习过程中不同位置所设置,以辅助或提高他们学习成果或效率;同时也考虑到学生的学习需求,在引导性学习的过程中让他们学会自主学习,拓展他们的信息技术技能。但是 CCIA 教材十分昂贵,且教师版配套网站需要账户名和密码。
4. CCIA 与国内初中信息技术教材比较分析
结合 CCIA 教材的特点,再对比我国初中信息技术教材,我们可以发现,自 2022 年版课标发布以来,我国信息科技教材以素养为导向,强调学生主体地位并更加注重教学评价。以北京版信息科技教材为例,主要体现在教材的内容建设回应了 2022 年版课标的要求。每个主题都设有"学习目标"栏目,指向素养导向、跨学科主题和实践探究,注重合作学习,强调学生的主体地位,强调"以始为终",体现"教—学—评"一体化的思想。另外,教材内容紧跟技术前沿,且与学习者的生活实际紧密联系。再者,教材内容主题也较为全面,包含"互联网"、"物联网"和"人工智能"三个主题。其次,在组织结构上教材内容由不同的主题构成,每个主题包括学习目标、观察思考、交流分享、资料卡片和实践探究等栏目,并且项目和任务驱动贯穿始终,相

关软件操作的学习是以与项目活动相结合的方式呈现，符合学生的认知过程，有利于加深学生对操作的认识与掌握程度。

通过分析研究 CCIA 教材，可以为我国的初中信息科技教材建设提供新的思路。一是要丰富学习资源，注重迭代更新。对比国外教材我国的初中信息技术教材配备了纸质书籍、教学参考资料和光盘，配套的在线学习课程网站较少，在这方面，可以根据不同学校的特色来决定是否开发或创建相应的在线学习课程网站；在学习资源方面，教材可以提供更多的资料，丰富学生的学习需求。二是加强过程性评价，完善终结性评价。我国的初中信息技术教材中主要以学生作品作为衡量的标准，虽然这也是评价方式中的一种，但是不能完全客观地评价学生，所以不妨采用全程化的评价方式，如 CCIA 一样，关注学生学习的动态，了解他们的学习状态，引导他们走得更快、更远。

（三）美国高中信息技术教材概况

1. NPCC 教材内容

NPCC(*New perspective on computer concepts*)，即《计算机文化》，其作者是美国学者帕森斯(Parsons，J.J.)和奥嘉(Oja，D.)，它是由北京华章图文信息有限公司通过与世界著名出版公司合作，在数百种教材中甄选出的经典作品之一，这本书是"计算机科学丛书"系列的一本优秀的计算机教材。教材内容主要分为三个基础的学习模块：预习模块、章节模块和复习模块。教材共分十二章，包括计算机和数字基础知识、计算机硬件、计算机软件、操作系统和文件管理与数据库等内容。具体如下：

第 1 章：计算机和数字基础知识(Computers and Digital Basics)

A 部分：所有的数字事物

B 部分：数字设备

C 部分：数字数据表示

D 部分：数字化处理

E 部分：密码安全

第 2 章：计算机硬件(Computer Hardware)

A 部分：个人计算机基础知识

B 部分：微处理站和内存

C 部分：存储设备

D 部分：输入和输出设备

E 部分：硬件安全

第 3 章：计算机软件(Computer Software)

A 部分：软件基础知识
B 部分：常用应用软件
C 部分：购买软件
D 部分：软件安装和升级
E 部分：安全软件

第 4 章：操作系统和文件管理（Operating Systems and File Haragement）

A 部分：操作系统基础知识
B 部分：现代操作系统
C 部分：文件基础知识
D 部分：文件管理
E 部分：备份安全

第 5 章：局域网和无线局域网（LANs and WLANs）

A 部分：网络构建基础
B 部分：有线网络
C 部分：无线网络
D 部分：使用局域网
E 部分：加密下的安全

第 6 章：因特网（The Internet）

A 部分：因特网技术
B 部分：固定因特网接入
C 部分：便携式和移动因特网接入
D 部分：因特网服务
E 部分：因特网安全

第 7 章：Web 和电子邮件（The Web and E-mail）

A 部分：Web 技术
B 部分：搜索引擎
C 部分：电子商务
D 部分：电子邮件
E 部分：Web 和电子邮件安全

第 8 章：数字媒体（Digital Media）

A 部分：数字声音
B 部分：位图图形

C部分：矢量图形和三维图形

D部分：数字视频

E部分：数字版权管理

第9章：计算机产业历史、职业和道德(The Computer Industry：History，Careers，and Ethics)

A部分：计算机历史

B部分：计算机产业和IT产业

C部分：计算机专业人士的职业

D部分：职业道德

E部分：工作区安全和人体工程学

第10章：信息系统分析与设计(Information Systems Analysis and Design)

A部分：信息系统

B部分：系统分析

C部分：系统设计

D部分：实施与维护

E部分：企业数据安全

第11章：数据库(Database)

A部分：文件与数据库概念

B部分：数据管理工具

C部分：数据库设计

D部分：数据库管理系统

E部分：数据库安全

第12章：计算机编程(Computer Programming)

A部分：编程基础

B部分：程序编程

C部分：面向对象编程

D部分：声明编程

E部分：安全编程

2. NPCC教材特点

(1)内容主题全面

在计算机文化教材中，共分为12章，每章分为5个模块。NPCC教材的内容涵盖理论信息学、技术信息学、应用信息学和社会信息学几个范畴。

主题基本涵盖了大部分的计算机基础知识，如计算机硬件、软件、网络、多媒体等。

(2) 教材依托深厚的理论基础

NPCC 以加涅九大教学事件为基础，亦是基于"为学习设计教学"，符合学生的认知过程。

(3) 内容新，紧跟技术应用前沿

计算机文化教材的内容全面、丰富，紧跟学科的发展趋势，涵盖最新的技术进步成果，如介绍上网本、固态磁盘、显示器（OLED）等硬件技术以及推特（Twitter）、安卓（Android）、必应（Bing）等软件技术，还有当时最新的电脑操作系统，如 Windows 7、Windows 10 等。教材介绍了这些系统的基本参数、系统之间的差异和适用人群等，选用了大量比较新的教学内容，并每年更新一次。

(4) 内容联系学习者生活实际

从 NPCC 教材目录中，我们可以看到教材内容与学习者生活紧密联系。电脑是我们在日常生活中不可缺少的一部分，计算机文化教材中介绍了操作系统、常用软件、网络技术等，学习者在使用电脑时这些内容也是必不可少的。

3. NPCC 与国内高中信息技术教材比较分析

结合 NPCC 教材的特点，再对比我国高中信息技术教材，我们可以得到以下启示：

(1) 教材内容要适应时代发展

国外的 NPCC 教材几乎每年就更新一次，这在一定程度上能保证教材内容紧跟时代发展，及时反映最新的技术进步。并且，该教材内容基本涵盖了大部分的计算机基础知识，与学习者生活实际相联系，又可分为导论版、完整版和简化版。因此，我国信息技术课程的教材内容的选择应适应时代的发展，紧跟技术应用的前沿，其内容设计的主题应当全面，同时教材内容需要一定的分层，来满足不同水平的学生的学习需求。此外，信息技术教材内容的选取要具备一定的"亲和力"，即不能过于专业性，应采用比较浅显易懂的语言表达方式，和日常生活紧密联系。

(2) 注意教材与社会信息学的融合

NPCC 教材强调社会信息学，在每章节中的第五个部分中都设置了一个相应的模块，来讨论各种有关信息技术安全的专题。信息技术为我们生活带来方便的同时，也存在着许多隐患，所以在编制教材时，要注意结合社会信息学,不能只让学习者了解技术的使用方式,还应当使他们了解如何维护自身的信息安全,提高和培养自身遵守信息安全法规的条例的意识。

(3)教学活动要具有多样性

教学活动无论是对课堂教学而言,还是对于教材,都是不可或缺的。NPCC 教材以加涅九大教学事件为理论基础,设置了丰富的教学活动,如"动手做"环节,通过让学生动手实践来激活他们对已有知识的回忆,以问题的形式来陈述知识点,通过扩展知识点,使用图片、动画、随书光盘等引导学生学习,具备虚拟实验室、寓教于乐的游戏等学生版网站资源,来支撑教学活动的开展。因此,我国在建设高中信息技术教材时,应以相关理论为基础组织教学活动,同时,不应拘泥于纸质教材,可以建立相关在线学习网站,来丰富各类多媒体资源、虚拟实验室、教育游戏等,以增加教学活动的多样性。

(4)基于协作交流的教学环境设计要具有多样性

NPCC 教材是由纸质教材、配套光盘和网站共同构成的,构筑了完全一体化、真正互动的教与学环境,能够让学生在此环境下进行协作交流、共享学习资源、实践应用。其中,配套网站提供了安置性评价与形成性评价、寓教于乐的游戏、虚拟实验室等,配套光盘提供了人机互动的活动,同时借助本地跟踪文件创建师生互动的途径,让学习在师生间的联系与交流中产生。因此,我国信息技术教材应该和相关的课程平台相融合,充分利用现代的技术平台,发挥信息技术教材的功用的最大化,创建一个基于协作交流的教学环境。

二、英国中小学信息技术教材概况

英国教材的编写和选用准则比较灵活,其宗旨是满足教师和学生的实际需求,而非一味地遵循既定的课程标准和教学计划,因此英国的教材不论在教材结构上,还是在教材呈现方式,甚至是教材内容上都存在很大差异。课程内容紧扣教材内容,因此可以从英国中小学的信息技术课程内容研究着手去探究当下英国信息技术教材发展现状。

英国中小学的信息技术课程统称为信息通信技术课程(Information and Communication Technology,以下简称 ICT 课程),随着时代的发展,英国在不断推动着 ICT 课程的变革,使之朝着更现代化、素养化的方向发展。英国中小学 ICT 课程变革就是要突破传统的以办公软件为主的 ICT 课程内容,重新厘清 ICT 课程所包含的计算机科学、信息技术和数字化素养等组成部分,强调计算机科学课程的重要性,使得学生不只是信息技术使用者,更应该进一步成为信息技术创造者。英国中小学 ICT 课程所呈现出来的课程内容更新、产业参与以及研究先行等特点对于我国中小学信息技术课程改革具有很强的借鉴意义。

英国中小学 ICT 课程变革的主要内容就是要突破传统的以办公软件为主的 ICT 课程内容,重新厘清 ICT 课程内容的组成部分,特别是强调了计算机科学课程的重要性。

(一)重新厘清 ICT 课程内容组成部分

2012 年,英国皇家学会在《关闭还是重新开始:英国中小学中计算的方式》的报告中,明确地提出来,目前的英国 ICT 国家课程标准将计算机科学、信息技术和数字化素养等整合在"ICT"的标题之下。这个报告定义了计算机科学、信息技术和数字化素养等概念:(1)计算机科学(Computer Science)应该根据计算机科学学科领域来被解释,包括算法、数据结构、程序、系统架构、设计和问题等原则。(2)信息技术(Information Technology)应该被理解为为了满足用户的特定目的而组装、配置数字化设备。(3)数字化素养(Digital literacy)应该被理解为自信、安全和有效地使用计算机的基本技能和能力,包括:使用例如字处理、电子邮件和演示软件等办公软件的能力;创建和编辑图片、音频和视频的能力;使用网络浏览器和网络搜索引擎的能力。英国皇家学会认为,将计算机科学、信息技术和数字化素养等整合在一起的结果就是计算机科学经常被忘记或者忽略,导致信息技术课程的教学偏向"怎样使用办公软件",而不是指向能够支撑学生未来生活的知识。这个报告认为应该重新定义 ICT,并考虑是否可能把它分解为清晰的领域:数字素养、信息技术和计算机科学。将 ICT 课程内容组成厘清以后,就可以恰当地分清在每个学段需要设置什么样的课程内容,而不是单纯地在各个学段都教授如何使用办公软件。英国 CAS 组织在 2012 年公布了《计算机科学和信息技术的课程框架》(A Curriculum Framework for Computer Science and Information Technology)文件,该文件就明确地按照数字素养、信息技术和计算机科学的课程分类观点,明确了计算机科学和信息技术各自的课程内容。

(二)计算机科学课程的主要内容

1. 计算机科学课程的重要性

英国的中小学 ICT 课程变革的一个突出特点就是突出了计算机科学课

程的重要性。随着计算机软件的不断更新换代，人们对于单纯学习办公软件的信息技术课程产生了质疑。有学者就此批评说："学生仅仅知道如何消费技术，但是却不知道如何创造技术"(Children know how to consume technology but not how to create it)，于是，人们认为应该学习软件背后的原理和规则，即计算机科学知识。正如英国教育大臣迈克尔·高夫所讲："新的计算机科学课程将能够反映出你所知道的，计算机科学是一门严肃的、吸引人的和具有挑战性的学科。计算机科学要求一个彻底的符合实际情况的逻辑和系列理论，正与其他科学领域混合成一个新的交叉研究学科，例如计算生物学。虽然个性化技术每天都在改变，但是它们是被已经持续了几十年的基础概念和原则所运行着。许久以后，今天的学生离开学校走入工作场所，许久以后，它们在学校使用的技术已经是过时的，但是学习的关于计算机科学的原则仍然保持有用。"

2. 计算机科学课程的概念

英国的信息技术课程研究者认为，目前的学校教育主要是强调计算机的使用，但是缺失于研究它们怎么样工作，或者它们的运行原则是怎样的(我们称之为"计算")。ICT像是学习怎么样阅读，是一种每个人都应该具有的技能。而研究计算像是学习怎么样写作，沉浸在理解、设计和建造一个新系统的创造性过程之中。每个人应该学习写作，虽然仅有一小部分人能够成为专业的作家。英国皇家学会建议"每个儿童应该有机会在学校学习计算，包括将计算机科学作为一门严肃的学术科目"。

3. CAS公布的计算机科学课程主要内容

在2012年，由CAS公布了一个计算机科学课程(Computer Science：A Curriculum for Schools)。该计算机科学课程是在前面公布的《关闭还是重新开始：英国中小学中计算的方式》以及《学校中的计算：国家中的地位》两个报告的基础上起草的，主要内容包括五大部分。第一部分：学校中计算机科学的重要性。第二部分：在计算机科学中重复出现的关键概念。这主要包括语言、机器和计算；数据和表现；交流和协作；抽象和设计；更广阔的背景中的计算。第三部分：学生应该能够执行的关键过程，主要是计算思维(computational thinking)。(1)抽象：建模、分解和归纳。(2)编程：设计与写程序；抽象机制；有关程序的调试、测试和推理。第四部分：学生应该知道的范围和内容。主要是算法、程序、数据、计算机、交流和互联网等内容在四个学段不同的要求。第五部分是计算机能力标准的水平描述。总共分成9个阶段水平。

(三)英国小学阶段信息技术教材概况

英国将学生按年龄分为四个学龄阶段,每阶段都提出了相应的等级标准。

等级一:使用文本、图像和声音表述。

等级二:创立、修改、保存、检索文件工作。

等级三:正确查找使用存储的信息。

等级四:对不同来源的信息进行添加、修改和综合编辑。

等级五:以不同方式组织、提炼和演示信息。

等级六:从听众的角度理解演示信息。

等级七:挑选、使用与工作相适应的信息系统。

等级八:根据具体任务独立选择适当的工具。

从这个等级标准可以看出,ICT课程虽然课程内容宽泛,但是除了基本的文字处理和数据库这些数字素养技术外,很多学生没有受到所学内容的启发。

与美国相比,英国的教材在选用上放宽了权限。英国的法律虽然规定地方教育局执掌教材选用权,但是实际中英国的教材由各个学校自由选定,而学校在自由选择教材时各学科教师的意见和建议非常重要。

(四)英国初中阶段信息技术教材概况

英国是世界上最早把信息技术列为国家课程的国家之一,1988年通过的《教育改革法案》中就将IT列入了全国统一必修课程中。英国将中小学生按年龄分为四个关键阶段(Key Stage 1—4),初中生处于第三个阶段(KS 3)。对于ICT课程学习内容的要求为:拓展及探索信息,解决问题并获得新信息;建立用于特殊目的的程序;对信息进行变换和重新组织。

以computing为例,不同年龄的学生需要达到不同程度的标准。

年龄	学习计划(CS方面)	学习计划(IT方面)
11—13岁	使用两个或两个以上的编程语言;正确使用数据结构;理解简单的布尔逻辑;用二进制表示数字并计算;了解组成计算机网络系统的硬件和软件等。	通过进行创造性的项目,来实现收集和分析数据。满足包括用户需求在内的挑战性目标。
14—16岁	培养计算机科学、数字媒体和信息技术的知识、能力和创造力。	培养分析、问题解决、设计和计算思维的技能及其应用。

(五)英国的新中学 ICT 课程学习计划具体内容

英国新中学 ICT 课程分为第三学段和第四学段两个学段。但是，第三、四学段的学习计划中，只有关键过程是不同的，其他的 ICT 的重要性、关键概念、范围与内容以及课程机会等都是相同的。

ICT 的重要性技术被越来越多地应用到社会各方面。因此，自信地、有创造性地和富有成效地利用 ICT 是生活的一项基本技能。ICT 能力不仅包括对于技术技能与技巧的精通，还包括懂得正确地、安全地、负责任地将这些技能应用于学习、日常生活和工作当中。ICT 能力是参加与参与现代社会的基础。ICT 能被用来发现、开发、分析和发布信息，同时能模拟情景和解决问题。ICT 能使人快速了解不同社区、不同文化以至于范围更广泛的人们的想法与经历，并让学生能进行大规模的合作和信息交流。ICT 作为改变公民与社会的强大动力，应该对 ICT 在社会、伦理、法律与经济方面的影响有所了解，包括如何安全和负责任地使用 ICT。不断增长 ICT 的运用能力为独立的、创造的学习提供支持，使学生能够对何时何地使用 ICT 做出明智的判断，提高他们的学习与工作的质量。

1. 关键概念

有一些关键概念支撑着 ICT 的学习。学生们需要理解这些概念来深化和拓展他们的知识、能力与理解。

(1)能力：①使用一系列 ICT 工具，形成一个有目的性的方式来处理疑难、解决问题、创造思想和价值判断；②能探索和利用新出现的 ICT 工具；③将 ICT 学习应用于学习、工作和生活等广泛的背景中。

(2)交流与合作：探求全球范围内利用 ICT 交流、合作与分享理念的方法，使人们利用新方式共同工作以及进行知识创新。

(3)探索思想与管理信息：①通过使用 ICT 探索思想以及尝试不同方式创造性地解决问题；②使用 ICT 模拟不同情景，确认模式与验证假设；③管理信息与有效处理大量数据。

(4)技术的影响：①探求 ICT 是如何改变我们生活方式的，及其对社会、伦理和文化产生的显著影响；②认识到围绕 ICT 使用的风险、安全和责任问题。

(5)批判性评价：①认识到信息不能从表面判断其价值，必须考虑其目的、作者、普及以及背景进行分析和评估；②批判性地检查和反思自身以及他人使用 ICT 所创造的成果。

2. 范围与内容

本部分概述了教学关键概念和关键过程以及教师应该借鉴学科的广度。ICT 的学习应包括：①利用有着不同特征、结构与目的的一系列信息，评估此信息如何满足需要和它的适用性；②在不同背景中使用包括大型数据集在内的多种信息资源；③使用与审查不同 ICT 工具的有效性，包括一系列软件应用，以满足用户和解决问题的需要；④发展对需求的理解要：使身体压力最小化；保持信息安全；管理信息，组织、存储以及接触安全内容以促使有效的检索；⑤ICT 对个人、社区以及社会的影响，包括在 ICT 的使用过程中对社会、经济、法律和伦理的影响。

3. 课程机会

在各个阶段，课程应为学生提供以下机会，以使学生将自己对学科的概念、过程和内容整合到学习过程中，最终提高他们的参与能力。课程应为学生提供机会：①使学生在日常生活与学习中，恰当地选择何时何地利用技术；②使学生善于合作、创造性地工作；③使学生独立地、有辨别力和反思地选择何时使用技术；④当解决问题、完成一系列任务与查询时，能将 ICT 应用于真实场景；⑤分享使用 ICT 的观点与经历，考虑 ICT 使用的范围以及对个人、社区以及社会的意义；⑥在其他学科、领域中的学习使用 ICT，考虑到与自身相关或感兴趣的背景。

请你思考

国外高中阶段信息技术教材对我们的启示有哪些？请具体谈一谈。

第三章　信息技术课程的教学方法与教学原则

学习目标
1. 了解信息技术课程的教学方法的含义。
2. 注意信息技术课程须遵循的教学原则。
3. 能够将教学方法和原则应用到课堂实践中。

知识导图

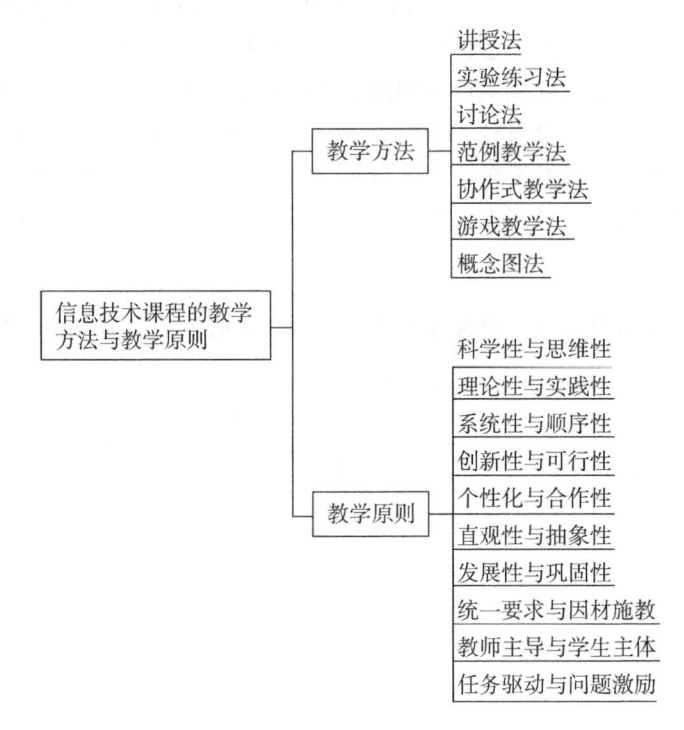

信息技术课程的教学方法与教学原则
- 教学方法
  - 讲授法
  - 实验练习法
  - 讨论法
  - 范例教学法
  - 协作式教学法
  - 游戏教学法
  - 概念图法
- 教学原则
  - 科学性与思维性
  - 理论性与实践性
  - 系统性与顺序性
  - 创新性与可行性
  - 个性化与合作性
  - 直观性与抽象性
  - 发展性与巩固性
  - 统一要求与因材施教
  - 教师主导与学生主体
  - 任务驱动与问题激励

第一节　信息技术课程教学方法概述和分类

教学方法的理论是教学理论研究中不可缺少的重要组成部分。自从人类有教学活动开始，随之也就有了教学方法的创造和应用。在千百年的教学实践活动中，人们创造和总结出难以计数的各种教学方法。笔者将从信息技术课程教学方法的概述和分类两大方面进行介绍。

一、信息技术课程教学方法概述

教学方法是教师和学生为了实现共同的教学目标，完成共同的教学任务，在教学过程中运用的方式与手段的总称。它包括教师的教法、学生的学法。笔者将从教学方法的定义、内涵、特点、意义、发展趋势这几个方面来进行介绍。

(一)定义与内涵

由于时代、社会背景、文化氛围的不同，以及研究者研究问题的角度和侧面的差异，中外不同时期的教学理论研究者对"教学方法"概念的界说自然不尽相同。而其中受到人们认可度比较高的定义是：教学方法是指为了达到教学目的，完成教学任务，在一定的教学理念和教学原则指导下的学习方法，是教师教的方法，又包括学生在教师指导下的学习方法，是教师教的方法和学生学的方法在教学活动中的高度融合和有机统一。因此，在教学中，应掌握好的、合理的、有效的、先进的教学方法才能更好、更快、更有效地提高教学效率。

教学方法论由教学方法指导思想、基本方法、具体方法、教学方式四个层面组成。

(二)特点与意义

1. 教学方法的特点

教学方法的特点是由其本质所决定，并在实践中表现出来的外部特征。一般认为教学方法具有如下六方面基本特点。

(1)实践性。教学方法与教学实践紧密相连，其工具性质显而易见。教学方法的基本精神、影响媒介、作用方式、具体步骤、详细要求等，都是可以操作的。

(2)耦合性。亦称双边性,是指任何一种教学方法都是教师指导学生学习这一双边活动的方法,由教师教和学生学耦合而成的操作策略。

(3)多样性。教学方法是多种多样的,组成丰富博大的"方法库",以供教师教学时优选使用。因为每种方法都有其独特功能,适用于所有教学条件的万能方法是不存在的。

(4)整体性。不同的教学方法共同构成一个完整的方法体系,各种具体方法彼此联系、密切配合、互相补充、不可分割,综合地发挥着整体效能。

(5)继承性。教学方法也和其他教育现象一样,具有历史继承性。古今中外教育家在长期的教学实践中,为了提高教学实效,非常重视教学方法的探讨,并且积累了相当丰富而宝贵的实践经验。

(6)发展性。任何教学方法体系都不是永远固定不变的。在具体教学实践中,教师必须根据变化了的时代精神、内容性质和对象特点等客观条件,勇于开拓,推陈出新,使教学方法更能适应教学的实际要求。

2. 教学方法的意义

(1)教学方法是联结教师教与学生学的重要纽带。通过有效的教学方法而将教师的教学活动与学生的学习活动有机地联系起来,成为共同实现教学目的的活动。

(2)教学方法是实现教学任务的必要条件。在教学中,不解决教学方法的问题,教学任务的实现就要落空。为此,只有采取适应于教学需要的教学方法,才能保证培养目标和教学任务的实现。

(3)教学方法是提高教学质量和教学效率的重要保证。因为良好的方法可以使人们少走弯路,并避免在错误方向上浪费无法计算的时间和劳动。

(4)教学方法是影响教师威信和师生关系的重要原因。《学记》中指出:善学者,师逸而功倍,又从而庸之;不善学者,师勤而功半,又从而怨之。学生善学不善学与教师善教不善教是密切联系着的,那些因适当采用优良教学方法而使教学效果不断提高的"善教者",就容易在学生中赢得较高威信,师生关系也比较融洽。

(5)教学方法影响到学生的身心发展。皮亚杰认为:良好的方法可以增进学生的效能,乃至加速他们的心理成长而无所损害。而不好的教学方法则可能会使学校成为"才智的屠宰场"。

(三)发展趋势

教学方法的选择和运用影响着教学的效果,随着教育教学活动形式的发展变化,教学方法也产生与以往不同的形式。总体来说,教学方法的发展体现以下几个趋势。

1. 互动方式的多边性

多边性主要是指现代教学方法不再局限于传统的单向、双向活动论，而是强调教学是一种多边活动，提倡师师、师生、生生之间的多边互动。

2. 学习情境的合作性

合作性主要是指现代教学方法越来越强调教学中各动态因素之间密切合作的重要性。这种合作，不仅是为了集思广益，相互切磋，提高学生成绩，而且也是为了培养学生的合作意识与行为，形成良好的非智力品质，从而顺应教育社会化的需求，培养现代社会所需的人才。

3. 价值趋向的个体性

个体性主要是指现代教学方法更加趋向于个别适应，因材施教，更加注意提高个体学习的参与度，更加注意发展学生潜能。学生天赋因人而异，如他们对不同学科的兴趣不尽相同，学习的能量大小有别，学习的速度快慢不一。

4. 目标达成的全面性

全面性是指现代教学方法越来越重视认知、情感、技能等各种目标的协同达成，强调知、情、意、行的有机统一。任何一种教学方法总是与特定的教学目标相对应的，而教学目标又是教育目的在教学中的体现，因而它具有很强的时代性。

5. 选择使用的综合性

综合性是指现代教学方法在被选用时，人们开始注重多法结合，互相配合使用，以期达到最优化的教学效果。教学过程复杂，教学内容非常丰富，所要完成的任务又是多方面的，因此教学过程应当有多种多样的教学方法与之相应。

二、信息技术课程教学方法的分类

教学方法不同于教学方式，但与教学方式有着密切的联系。教学方式是构成教学方法的细节，是运用各种教学方法的技术。任何一种教学方法都有一系列的教学方式组成，可以分解为多种教学方式；另一方面，教学方法是有目的的活动，能独立完成某项教学任务，而教学方式被运用于教学方法中，并促成教学方法所要完成的教学任务的达成，其本身不能完成一项教学任务。

(一)分类概述

教学方法的分类就是把多种多样的教学方法,按照一定的规则或标准,将它们归属为一个有内在联系的体系。对教学方法的分类,尽管标准不同,但有共同的优点。例如:重视分类标准的确立;力图使分类法立于科学性的基础之上;重视不同教学方法的有机联系,有的学者甚至强调教学方法的整体效果,互补效应;重视教学活动的内部因素,如学生的认识活动、实践活动,教师、学生的作用以及他们间的相互作用;重视教学方法的选择。各种教学方法分类都承认,没有一种万能的教学方法,而应根据教学任务、教师、学生的具体情况选择不同的教学方法。

1. 国外学者关于教学方法的分类

国外学者关于教学方法分类的观点很多,较具代表性的有以下几种:

(1)根据教学过程中各个环节分类,可将教学方法分为:①学生掌握知识的最初阶段的教学方法;②提高学生知识、技能和技巧的教学方法;③检查和评定学生知识的教学方法。

(2)根据教学过程的任务分类,可将教学方法分为:①传授知识的方法;②形成技能和技巧的方法;③巩固知识、技能和技巧的方法;④教学生应用知识的方法;⑤检查学生的知识、技能和技巧的方法。

(3)根据学生认识活动的特点(思维活动的再现性或创造性)分类,可将教学方法分为:①复现类。学生掌握现成知识并复现(再现)他们已知的活动方法。包括图例讲解法(即信息接受法)和复现法;②创作类。特点是学生进行创造性活动,从而获得新的知识。包括局部探求法和研究法。此外,尚有问题叙述法属于中间一类,因为它既要求掌握现成的信息,又要求具有创造性活动的成分。

(4)根据学习的不同结果及对影响学习结果的某些因素的控制分类,可将教学方法分为:①旨在使学生获得明确观念的教学手段;②旨在提出新的或不同材料的教学手段;③旨在告诉学生怎样做的教学手段;④旨在影响或改变态度、思想、鉴赏力的教学手段;⑤旨在使学生产生安定感的教学手段;⑥旨在激发动机的教学手段;⑦旨在评价或测定的教学手段;⑧旨在指导或指引学生学习的教学手段;⑨旨在激起、引导或缓和感情的教学手段。

(5)根据实现预期学习结果的学习刺激分类,可将教学方法分为:①呈现方法;②实践方法;③发现方法;④强化方法。

(6)根据教师与学生交流的媒介与手段分类,可将教学方法分为:①教师中心的方法;②相互作用的方法;③个体化的方法;④实践的方法。

(7)根据相对应的学生的学习方法分类，可将教学方法分为：①讲述的方法；②问题解决的方法；③揭示各种价值的方法；④实践方法。

2. 国内学者关于教学方法的分类

国内学者对教学方法的分类也有许多不同见解，较具代表性的有：

(1)根据多重标准综合分类。王策三教授认为，教学方法的分类，最好从多角度分析或进行综合分析，包括：①信息媒体是什么？②师生怎样相互作用的？③认识的性质和水平如何？④它有何种性能或功能？⑤它适用的范围怎样？⑥它的运用需要哪些条件？

(2)根据教学方法的不同功能分类，可将教学方法分为如下两类。第一，学生获得各种学习结果的教学方法，包括：①与获得知识信息有关的教学方法；②与习得动作技能有关的教学方法；③与习得智力技能、认知策略有关的教学方法；④与巩固、运用知识技能有关的教学方法；⑤与习得态度有关的教学方法。第二，与调节控制情意有关的教学方法。

(3)根据教学方法的外部形态和这种形态下学生认识活动的特点，把我国中小学比较常用的教学方法分为：①以语言传递信息为主的方法；②以直接感知为主的方法；③以实际训练为主的方法；④以欣赏活动为主的方法；⑤以引导探究为主的方法。

(4)根据教学方法的不同特色，可将我国当代教育教学改革中涌现的新教学方法分为：①发现—引探式教学方法群。包括引导探索法、研究式教学法、启发研究式教学法、实验—综合—引探式教学法、科学程序教学法、程序设疑教学法、发现型讨论法、角度教学法、微型论坛教学法等。②课型—单元式教学方法群。包括六课型单元教学法、四课型教学法、知识单元教学法、自学辅导单元教学法、整体结构单元教学法等。③练讲式教学方法群。包括自学、议论、引导法，启、读、练、知、结法，七字教学法，读、问、讲、练法，读、评、练法，五步教学法等。④图表信号式教学方法群。包括总体图表教学法、概念系列图示教学法、编卡教学法、板式法、结构图表法、图像信号法等。⑤愉悦学习式教学方法群。包括情境教学法、审美引真法、陶冶法、畅想法等。

(二)常用分类方法

以上几种分类方法中，较为常用并且具备一定的代表性的三种教学方法分别为巴班斯基教学方法分类、李秉德教学方法分类以及威斯顿和格兰顿的教学方法分类。下面，将对这三种常用分类方法进行较为全面的介绍。

1. 巴班斯基教学方法分类

尤·康·巴班斯基(1927—1987)是苏联著名的教育家、教学论专家。巴班斯基认为教学方法的分类，应以马克思关于活动过程的描述为依据。马克思把活动分为引起、调整和控制三阶段。教学方法可以分为三大类：组织和进行学习认识活动的方法；激发和形成学习认识活动动机的方法；检查和自我检查学习认识活动效果的方法。这三大类方法的每一类都还可以继续分出若干小类，每一小类又包含若干更具体的方法(见图3-1)。

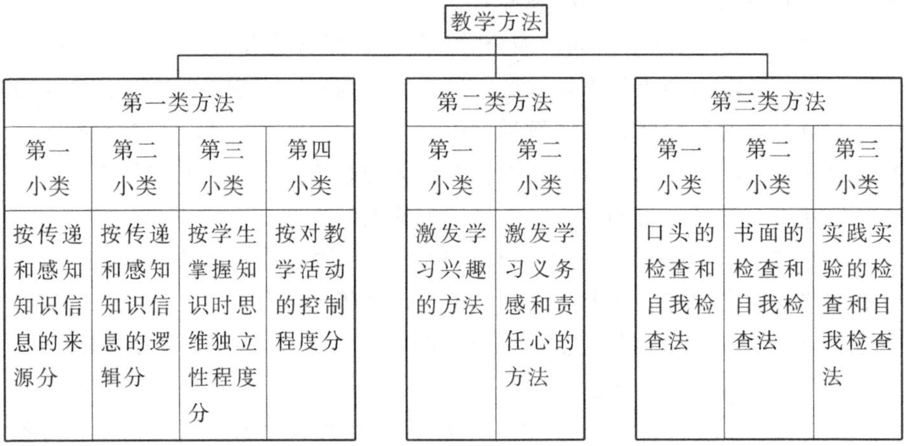

```
                        教学方法
    ┌───────────────┬───────────────┬───────────────┐
    第一类方法         第二类方法         第三类方法
┌──┬──┬──┬──┐     ┌──┬──┐        ┌──┬──┬──┐
第  第  第  第       第  第           第  第  第
一  二  三  四       一  二           一  二  三
小  小  小  小       小  小           小  小  小
类  类  类  类       类  类           类  类  类
按  按  按  按       激  激           口  书  实
传  传  学  对       发  发           头  面  践
递  递  生  教       学  学           的  的  实
和  和  掌  学       习  习           检  检  验
感  感  握  活       兴  义           查  查  的
知  知  知  动       趣  务           和  和  检
知  知  识  的       的  感           自  自  查
识  识  时  控       方  和           我  我  和
信  信  思  制       法  责           检  检  自
息  息  维  程                任      查  查  我
的  的  独  度                心      法  法  检
来  逻  立  分                的              查
源  辑  性                    方              法
分  分  程                    法
        度
        分
```

图 3-1 巴班斯基教学方法分类

巴班斯基认为他的分类是比较完整的，考虑到了活动的组织、激励和检查等各个基本结构成分，完整地提到认识活动的各个方面，如感知、领会和实际运用。也考虑到教学方法的各种基本职能和基本方面。特别是指出了各种方法的相互联系，要求选择运用教学方法时考虑其最优结合。

2. 李秉德教学方法分类

李秉德教授多年来一直致力于课程与教学论的研究，是新中国教学论、教育科学研究方法、小学语文教育等学科领域的开拓者和奠基人之一。李秉德教授按照教学方法的外部形态和这种形态下学生认识活动的特点，从中国学校教育教学实际和有利于教师选择运用的角度出发，将中小学常用的教学方法分为五个类别。

(1)以语言传递信息为主的方法

这类教学方法，主要是通过教师运用口头语言向学生传授知识、技能以及学生独立阅读书面语言为主的教学方法。教师和学生之间教与学的知识信息传递，主要是靠书面语言和口头语言的表述来实现的。这也是中国目前中小学教学过程中应用最为广泛的一类方法。在教学过程中有讲授法（通过简明、生动的口头语言向学生系统地传授知识、发展学生智力的方法）；谈话法（是教师和学生以口头语言问答的方式进行教学的方法）；讨论法（在教师的指导下，学生以班或小组为单位，围绕教材的中心问题各抒己见，获得知识并巩固知识）；读书指导法（教师指导学生通过预读教科书的课外读物获得知识、养成良好读书习惯的教学方法）。这类方法运用的基本要求是：第一，科学地组织教学内容；第二，教师的语言要清晰、简练、准确、生动，并富有感染力；第三，善于设问解疑，激发学生积极思维活动；第四，恰当地配合和运用板书。

(2) 以直接感知为主的方法

这类方法是教师通过对实物和直观教具的演示，组织教学参观等教学活动，使学生利用自己的各种感官，直接感知客观事物、现象而获得知识信息的方法。这类方法的突出特点是形象性、直观性、具体性和真实性。这类方法在教学中与以语言传递信息为主的方法结合运用，会使教学效果更佳。演示法和参观法是这类方法中的主要的教学方法。这类方法运用的基本要求是事先做好准备工作；引导学生有目的、有重点地进行观察；引导学生做好总结工作。

(3) 以实际训练为主的方法

这类方法是以学生的实践活动为主要特征。通过实践性教学活动，使学生的认识向深层次发展，巩固和完善学生的知识、技能和技巧。教学过程中这类方法主要有练习法、实验法、实习作业法等。运用以实际训练为主的方法的基本要求是对学生实际训练的活动要进行精心设计和指导；调动学生实践的积极性；重视实际训练结果的总结和反馈。

(4) 以欣赏活动为主的方法

以欣赏活动为主的教学方法：是指教师在教学中创设一定的情景，或利用一定教材内容和艺术形式，使学生通过体验客观事物的真善美，陶冶他们的性情，培养学生正确的态度、兴趣、理想和审美能力。它所运用的教学方法主要是欣赏法。欣赏法在各学科教学中表现为三种不同的类型：一是艺术美和自然美的欣赏（如音乐、美术、文学作品和大自然的欣赏）；二是道德行为的欣赏（如政治、历史、语文等教材中所表现的道德品质或社会品德的欣赏）；三是理智的欣赏（如科学研究中追求真理、严谨求实、发明创造、大胆探索精神的欣赏）。欣赏活动教学方法着重培养欣赏的鉴赏能力和社会价值观念。它在教学过程中的基本要求是引起学生欣赏的动机和兴趣;激发学生强烈的情感反应;要注意学生在欣赏活动中的个体差异;指导学生的实践活动。

(5)以引导探索为主的方法

这类教学方法主要是教师组织和引导学生通过独立的探究和研究活动而获取知识的方法。其特点在于学生在探索解决认识任务的过程中,他们的独立性得到了比较充分的发挥,从而逐步达到培养和发展学生的探索、研究、创新等方面的能力。在这类方法的实施过程中,教师引导学生尽可能地发挥自己在学习中的自主作用。教师的作用更重要的是体现在为学生设计探索研究的情境,提供相关的资料,引导学生开展有目的的探索活动,帮助学生形成"发现"的结论或结果。这类方法主要是发现法(也称探索法或研究法),它在教学过程中的基本要求是:依据教材特点和学生实际确定探究发现的课题和过程;严密组织教学,积极引导学生的发现活动;努力创设一个有利于学生进行探究发现的良好情境。

3. 威斯顿和格兰顿的教学方法分类

依据教师与学生交流的媒介和手段,把教学方法分为四大类。

(1)教师中心的方法,主要包括讲授、提问、论证等方法

①讲授法

讲授法是教师以口头的方式对学生进行知识传授,讲授可以是一种叙述式的介绍、解释或分析,或者是一种演示式的展示和举例说明,并融入互动式的讨论和问题解答。教师要注意讲授的重点、讲解方法和材料的组织,讲授应该生动有趣、有逻辑性和平衡性,以吸引学生的兴趣,启发他们的思考,并提高他们的学习效果。

②提问法

提问法是教师利用问题来引导学生发现问题、思考问题和解决问题的一种教学方法。提高提问质量的关键在于问题的内容、形式和提问的技巧。教师通过提问让学生进一步探究问题的本质,发掘学生的潜能、引导学生独立思考,并让学生在解决问题中学到更多的知识技能和方法。

③论证法

论证法是教师以理论、实验和实例等方式对学生进行推理和论据阐述,以使学生清晰地理解问题的本质和所涉及的事实、原理和规律。教师需要制定论证的主题,标明成立的论据,以清晰的结构和中肯的语言来论证,强化学生的逻辑思维和分析能力,并培养学生的创造性思维和判断力。

(2)相互作用的方法，包括全班讨论、小组讨论、同伴教学、小组设计等方法

①全班讨论

全班讨论是教师在课堂上提出问题，引导全班学生进行探讨、交流的一种互动式的教学方法。全班讨论以学生为中心，强调分析、评判和评估思维的能力，是培养学生分析问题、理性思考和独立思考的有效方法之一。

②小组讨论

小组讨论是把学生分成若干个小组，由小组内部的学生讨论问题，发表个人观点，并寻求一起分析和探究解决办法的一种教学方法。小组讨论注重学生交流和合作、彼此启发和共同进步的思想，教师在组织过程中充当引导者和评价者的角色。

③同伴教学

同伴教学是教师将学生分成两组，进行互相讲解和互相学习的一种方法。此法光是将双方的知识互相交换是不够的，教育者应该在此基础上创造充分的引导和支持机制，以促进学生更好地互相攀智和发展更优质的思想。

④小组设计

小组设计法是有经验的教育学家或行业内专业人士，最初为了满足学习组织和学科研究的需求而设定的一种教学方法，主要应用于生产、设计、实验和研究等领域。在小组设计法中，学生被分成若干个组别，并且组员可以在指定的时间内交换自己对设计题目的想法和具体操作，以改进方案的设计质量和效果。

(3)个体化的方法，如程序教学、单元教学、独立设计、计算机教学等

①程序教学

程序教学是按照一定的教学计划和教学进程安排的教育教学模式，以步进式方式使学生在较短时间内掌握某一学科、领域或技能。在程序教学中，教师按一定的顺序和进度教授相应的课程内容，并通过复习、考核等方式来帮助学生温故而知新。程序教学可以使学生有较强的学习纪律和计划性，强化学生的知识体系和逻辑能力，培养学生独立思考和问题解决的能力。

②单元教学

单元教学是指将某一领域、某一问题或某一课程内容分成若干个不同小单元来讲授和学习的方法。在单元教学中，每个小单元的教学内容具有独立性和完整性，教师可以根据学生的学习情况和兴趣来选择教学顺序和方式，学生在学习过程中可以有良好的针对性和自主性，从而实现全面发展，并培

养批判性思维和创新能力。

③独立设计

独立设计是指通过独立思考和独自设计来实现学生自主学习和创新能力的一种教育方法。独立设计可以培养学生的专业技能和方法论能力，提高具有问题解决和创新能力的学生的素养，以拓宽学生的思维广度和深度，以此激发竞争力和创新精神。

④计算机教学

计算机教学是指利用计算机技术来辅助和促进教学过程的一种教育教学方式，是科技发展的产物。计算机教学法是指利用计算机技术和网络资源以数据、文字、图形、动画、声音等多媒体形式或虚拟实境模拟的方式进行教学的方法。在计算机教学中，学生可以通过电子教具、网络教学和多媒体教程等方式，获得多维度的知识和信息，提高学习效率。

(4)实践的方法，包括现场和临床教学、实验室学习、角色扮演、模拟和游戏、练习等方法

①现场和临床教学

现场和临床教学，是指将学生直接带到相关的行业或专业现场或临床环境，让他们亲身接触现实实物，直观感受到所学学科的应用和实际意义。通过现场教学，学生可以尽情感受到所学知识在实际生活中的应用效果，从而对自己所学的学科产生更深刻的认识和练习，增强学生的学习兴趣和热情。

②实验室学习

实验室学习是学生通过实验室环境进行实践活动和探究研究的学习方式。实验室学习可以帮助学生从理论层面进一步了解和巩固所学的理论知识和实际操作技能，有助于深化学生的思维方式和问题解决方法。

③角色扮演

角色扮演教学法是教学中的一种互动式的教学方法，是主要基于学生们通过模拟实际情境来传达和表达个人想法和思想的教育教学方式。角色扮演教学法通过创设虚拟的情境，让学生身临其境，逐步提高其主动参与讨论和个人表达的能力，加强学生自我认知和发展。通过角色扮演，学生们可以扮演某种角色，从而帮助学生思考不同角度的问题，更深入地理解事物的本质。

④模拟和游戏

模拟和游戏是在虚拟环境中进行的学习、实践和互动的方式。在模拟和游戏中，学生可以通过虚拟角色和情景演练，来更好地理解和探索学科性质

和相关知识。游戏和模拟教学为学生提供了更加创新和多样的学习体验，可以激发学生的兴趣和发散思维。

⑤练习

练习是以反复课堂教学的理论为基础而设计的实践性训练。在练习过程中，学生通过反复的实验或练习，逐步加深对相关知识的理解和掌握，提高技能掌握的水平和质量。练习在许多学科领域中都发挥着关键作用，使学生能够坚实地掌握所学的理论知识，并将其运用到实践中。

请你思考

具有代表性的三种教学方法分别为巴班斯基教学方法分类、李秉德教学方法分类以及威斯顿和格兰顿的教学方法分类。通过对这三种教学方法的了解，总结一下它们的异同。

_____

_____

_____

第二节　信息技术课程的教学方法

一、讲授法

讲授法是教师通过语言向学生描述情境、叙述事实、解释概念、论证原理和阐明规律的一种教学方法。

（一）讲授法的特点

1. 讲授教学要根据一定的教学目的进行讲授。
2. 讲授中教师起主导作用，引导学生关注新知识并进行思考。
3. 学生在倾听与反馈中构建知识。
4. 口头语言、表情语言、体态语言是传递知识的基本工具。
5. 教师要对讲授的内容做合理的组织。[①] 讲授法可以表现为讲述、讲解、讲读、讲演等不同的形式，这些形式有各自的特点。在实际教学过程

---

① 李艺．信息技术课程与教学[M]．北京：高等教育出版社，2005：109－112．

中，这几种形式很难截然分开，它们常常交织在一起，配合使用。

在以"教"为主向以"学"为主转变的教学趋势下，讲授法在信息技术课程中仍是重要的教学方法，这离不开讲授法自身的优点，一方面，教师闻道在先，对知识的理解相对较为深刻，教师自身又有丰富的生活阅历，教师结合自己的经验对知识进行加工后讲授，能使知识由抽象、深奥变得具体形象、通俗易懂。另一方面，讲授教学中教师能充分发挥主导作用，把握教学的重点、难点，控制教学节奏，使学生在学习过程中，避免不必要的曲折和困难，少走一些弯路，较快实现教学目的。①

(二)讲授法在信息技术课程应用中需要注意的问题

第一，讲授时间要适中。心理学的研究证实，长时间的单调刺激会使大脑皮层产生抑制，人容易感觉到疲劳，难以使注意力稳定。尤其是在机房，显示器带给学生的视觉刺激强于学生的听觉刺激，学生更容易关注显示器的内容而减弱甚至忽略听知觉接受的信息。

第二，讲授语言要艺术。语言是教师组织学生注意的一种重要工具。注意的规律表明：那些符合人的兴趣、满足人的需要的事物容易引起人的无意注意。因此，教师的教学语言必须规范，既要有思想性，又要有趣味性；既要形象生动、简洁流畅，又要抑扬顿挫，声音大小、节奏快慢适中；要防止那种平铺直叙、单调呆板、含糊不清、枯燥无味的讲述，同时也要减少口头禅。②

在信息技术课程中，讲授法一定要应用恰当，才能收到良好的教学效果。例如建文件夹，虽都会建立了，但不太明白其中的道理，我们就可以用讲授法中的"打比方"来加深学生的理解。我们把建立的文件夹结构比喻成树形结构，树干—树枝—树杈—树叶，首先建立一个文件夹，它就相当于是一棵树的树干，在这个文件夹里我们又建立了很多的文件夹，它就相当于一个一个的树枝，在其中的任意一个文件夹里我们又建立了其他的文件夹，它就相当于树枝上的树杈，然后把文件保存在这些相当于树杈的文件夹里，它就相当于大树的树叶，是一级一级的关系③。

---

① 练至高. 新课程改革背景下讲授法的反思与变革[J]. 教育发展研究，2007(4)：75—78.
② 朱雪芳. 浅谈注意规律在初中信息技术课常见教学方法中的应用[J]. 科学大众(科学教育)，2017(1)：10—11, 22.
③ 张婧. 浅谈信息技术学科的教学方法[J]. 现代交际，2012(8)：192.

(三)课堂案例

1. 课程主题

图像处理基础[1]

2. 课程目标

通过讲授教学法,学生了解图像处理的基本概念、技术和应用,并能够运用图像处理软件进行简单的图像处理操作。

3. 课程步骤

(1)导入。教师通过任务书及相关图片或短视频,激发学生对图像处理的兴趣,并引导学生思考图像处理在日常生活和工作中的应用。

(2)讲授图像处理的基本概念。教师通过讲授课件或黑板写字,向学生介绍图像处理的基本概念,如像素、分辨率、色彩模式、坐标系、向量、链码、数字序列、重取样、归一化等,并与实际图像进行对比和解释。

(3)详述最小周长多边形算法的基本步骤。帮助学生了解该算法的基本原理及计算过程以帮助学生更好地理解与运用。

(4)展示图像处理软件。教师向学生展示 Matlab 数字化图像处理的过程,并讲解其基本界面和功能,以及如何进行图像处理操作。

(5)演示图像处理操作。教师通过投影仪或屏幕共享,实时演示 Matlab 图像处理操作,引导学生基于链码来表示与分析图像边界特征。

(6)学生实践。学生在教师的指导下,通过电脑实验室或自带设备,进行图像处理的操作练习,如对一张图片进行变换、编码、复原、分割等处理,并观察处理结果。

(7)总结归纳。教师引导学生总结图像处理的基本概念、技术和应用,提醒学生注意图像处理在实际应用中的重要性,并解答学生提出的问题。

(8)课后作业。教师布置图像处理的课后作业,如通过 Matlab 软件对一组图片进行处理,并写一篇简单的实验报告,总结自己的学习体会和成果。

二、实验练习法

俗话说"熟能生巧",在学生学习信息技术课的过程中这四个字可以得到充分的体现。信息技术课程的实践性、操作性非常强,必须在学生理解的基础上有计划地加强训练,才能达到巩固知识、训练技能、发展智力和培养能力的目的。信息技术课中的实验主要是上机实践。在教师的指导下,学生通

---

[1] 蔡子赟,高伟龙. 图像处理课程的双语教学模式探索[J]. 计算机教育,2024(8):146-150.

过在仪器设备上操作、观察、研究，获得知识或形成技能。《中小学信息技术课程指导纲要(试行)》中明确指出："上机课时不应少于总学时的70％。"上机实践是学习信息技术的一个重要途径，也是重点内容。在实际的教学中，有的教学内容实验练习是穿插进行的，学生在教师有计划的指导下开展实验；有的教学内容是整堂实验练习，由学生自主把握整个实验进度，教师只进行前期实验设计。①

（一）实验练习法的特点

练习的一般模式就是教师讲解操作步骤，并且通过投影仪或是多媒体交互软件演示给学生看，然后学生自己操作，教师进行辅导。这种教学方法可以使教师的讲解演示过程直接被学生所看到，因此非常直观、生动，学生能够比较快速地掌握操作要领，并且得以应用。练习法的基本特征是教师讲授为主，教师进行操作实验，学生观看并学习，随即进入练习，适用于操作性的知识内容，特别是新的知识内容以及比较复杂的操作。应用的重点是教师对操作的知识内容要精准实验，除了让学生进行模仿并学习外，指导学习进行技能发展并创新是难点。②

应用这种方法授课时教师一定要注意精讲多练，演示要精准，同时讲解的内容要尽量与学生的实际生活相联系。例如，在讲解利用 Windows 资源管理器管理系统的文件资源时，许多学生不理解文件的层次结构，教师可以列举实际的例子。比如第一层文件夹是"我的资料"，第二层文件夹是"学习"和"娱乐"，"学习"之下的第三层文件夹可以是"英语""语文""数学"，"娱乐"之下的第三层文件夹可以是"电影""音乐""游戏"等。由于这些内容是和学生实际生活密切相关的知识，学生就会比较容易理解文件层次结构，也容易掌握相应的操作。③ 在键盘的输入练习中，教师对手的正确放法、手指在键盘上的分工、输入法的各项功能进行演示、实验，学生跟随老师反复多次练习，教师及时给予指导，帮助学生快速掌握通过键盘输入文字的技能。一般练习法配合其他教学方法使用效果更好，比如在教学中可以运用"金山打字通"这个软件，把打字练习变成打地鼠、警察抓小偷、青蛙过河、吃苹果等游戏，这些打字游戏个个趣味十足，充分把学习和娱乐融为一体。

---

① 郑云颖．浅析小学信息技术课的有效教法[J]．中小学电教(下半月)，2010(4)：126．
② 张京毅．信息技术课堂多种教学方法的比较研究[J]．中国信息技术教育，2011(12)：28－29．
③ 张京毅．信息技术课堂多种教学方法的比较研究[J]．中国信息技术教育，2011(12)：28－29．

(二)课堂案例

1. 课程主题

数字图像处理[①]

2. 课程目标

通过实验练习法，学生掌握数字图像处理的基本概念、技术和应用，能够运用图像处理软件进行简单的图像处理操作。

3. 课程步骤

(1)导入。教师通过展示一些常见的数字图像处理效果，如滤镜、调色、裁剪等，引入学生对数字图像处理的兴趣和认知。

(2)学生实践。学生在电脑实验室中使用图像处理软件(如 Photoshop、GIMP、Matlab 等)，按照教师提供的实验指导书，进行数字图像处理的实验练习，实验分为必做和选做两个部分，必做部分包括图像滤镜添加、调色处理、裁剪、合成等，选做部分又根据侧重点分为编程类和应用类，从而满足不同学生的学习需求。

(3)教师辅导。教师在实验过程中，给予学生必要的指导和辅导，解答学生的问题，并提供实时的反馈和评价。

(4)学生探究。从给定的 20 幅图像中，选择一幅图像进行图像增强实验，根据实验结果调整增强方法和相应参数，以获得理想的增强效果。

(5)总结归纳。实验结束后，教师引导学生进行总结和归纳，让学生总结数字图像处理的基本概念、技术和应用，并让学生展示他们自己完成的图像处理作品。

(6)课后作业。教师布置课后作业，要求学生继续运用图像处理软件进行实际的图像处理操作，创作自己的数字图像作品，并写一篇简单的实验报告，总结自己的学习体会和成果。

三、讨论法

讨论式教学是一种传统的教学方式，中国古代书院就有学术讨论的传统，现代学校教学的讨论法则起源于美国大学的课堂讨论。但在以培养学生创新精神和实践能力为目的的素质教育中，它被赋予了新的时代内涵，成为具有现代意识的一种探索未知的教学方式，即一种通过讨论法使学生积极主

[①] 王宇，杨絮. 基于自组织学习理念的混合式实验教学模式研究——以"数字图像处理"实验为例[J]. 工业和信息化教育，2023(1)：79—83.

动地参与课堂教学,在课堂教学中学生与教师、学生之间产生互动,以此获取新知识,激发学习兴趣,并培养学生主动分析问题的能力、敏锐的思维判断能力及良好的语言表达能力的教学方式①。

(一)讨论法的特点

讨论法有不同的讨论方式,如小组讨论、全班大讨论、辩论式讨论(班级辩论赛)等,在组织和操作方面也有一些差别,教师应当在教学过程中灵活把握。讨论可以贯穿在其他的教学方法中,也可以整节课以讨论为主,如辩论式讨论。

对于广大信息技术教师来讲,讨论法也并不陌生,特别是在倡导发展学生主体性、培养学生创造性的今天,讨论法更是频繁地出现在合作教学、分层教学以及问题教学等各种形式的课堂中。同时讨论板、电子信箱等也成为信息技术教师运用讨论法的有效阵地,扩大了讨论法的应用场合。②

(二)运用讨论法需要注意的问题

1. 科学地划分小组

学生的兴趣、素质、基础各不相同,科学地划分讨论小组有利于激发学生的兴趣,达到面向全体的教育目标。分组时以优、中、差合理搭配,有利于讨论的开展,可以取长补短,达到共同进步的目标。在信息技术课中,我们可以根据学生的座位进行分组,将邻近的学生五人、六人或七人分成一组(班额过大,为了方便讨论),每组设组长一名,由小组成员投票决定,组长负责组织协调本组的讨论。另外,选出两名发言人,由本组内思路清晰、口齿伶俐的同学担任。最后,每次讨论问题,要有一名记录员记录下大家的发言以及大家对有争议的问题的看法,这样可以在期末时评选出"最有价值组员",以鼓励每位成员为本组的学习活动献计献策。为了体现公平、公正的原则,记录员由小组成员轮流担任。③

2. 设置合适的讨论问题

讨论问题可以包括:根据教材的重点和难点精心地设计题目,便于学生掌握并加深理解;"两难问题",即通过向学生提出一些两难问题,让学生做出选择和判断并说出理由,从而了解学生的道德水平,继而就"两难故事"展

---

① 江安凤,吴锴. 讨论式教学及其操作过程[J]. 四川教育学院学报,2005(12):14—16.
② 吴淑珍. 信息技术教学方法实践研究[D]. 华中师范大学,2007.
③ 魏西宁. 新课改下的"信息技术"讨论式教学初探[J]. 新课程学习(社会综合),2009(8):61—62.

开讨论，**激发学生认知上的矛盾冲突**；针对学生态度、行为、价值观而设置的题目，主要用于培养学生辩证看待与信息技术应用相关的问题，培养良好的行为习惯和正确的价值观。

3. 选择合适的讨论形式

与传统讨论法不同，信息技术课程教学中的讨论形式是多样化的：既包括传统的口头形式的讨论，又包括信息技术支撑的电子形式的讨论，如实时会议、聊天室、留言板、E-mail 等；而这些电子的讨论形式又可以分为同步的，如聊天室、实时会议；异步的，如留言板、E-mail 等。要在信息技术课堂上使用好讨论法，需要我们进一步充分了解信息技术课程的特点以及讨论法的实施条件，面对不同的问题，合理安排课程中、课程后利用不同形式的讨论法进行教学，只有使用得法，才能做到"鱼满而网合，水到而渠成"。①

4. 注重讨论的总结与反馈

教师可以从以下几个方面进行总结：概述讨论情况，点评学生在讨论中的表现，分析讨论结果。对于不统一的问题，教师可以阐述自己的观点，但允许学生保留自己的意见；对于讨论中错误的观点，要指出问题所在，分析错误的根源，澄清模糊的认识；对于不够全面的观点，要加以补充，使之完善。也可以指导学生自己做总结，如讨论中最具有争议的话题是什么？针对这个话题讨论的主要观点有哪些？什么观点引起了更多人的争议或同意？有哪些观点是比较含糊和不确定的？有什么问题需要进一步讨论等等。②

(三)课堂案例

1. 课程主题

网络安全③

2. 课程目标

通过讨论法，学生了解网络安全的重要性、掌握网络安全的基本概念和常见威胁，并能够合理运用网络安全知识来保护自己的信息安全。

3. 课程步骤

(1)导入。老师通过引入一些网络安全的实际案例，通过形象的描述，

---

① 刘军. 浅谈讨论法在信息技术教学中的意义和运用[J]. 新课程(上)，2013(11)：187.
② 吴淑珍. 信息技术教学方法实践研究[D]. 华中师范大学，2007.
③ 李祥，何月顺. 主题讨论法在《网络安全技术》课程教学中的应用[J]. 职教论坛，2011(17)：42-44.

激发起学生的兴趣,如"铁血战士之间的战斗——木马病毒检测和查杀技术",引发学生对网络安全的关注和讨论兴趣。

(2)学生讨论。老师组织学生进行小组或全班讨论,探讨以下几个方面的网络安全问题:

①密码安全。学生讨论如何设置安全的密码、如何定期更换密码、如何避免密码泄露等。

②隐私保护。学生讨论如何保护个人隐私信息、如何在社交媒体和在线平台上保护个人隐私等。

③网络诈骗。学生讨论如何辨别网络诈骗、如何避免成为网络诈骗的受害者、如何报告网络诈骗等。

④病毒防护。学生讨论如何使用杀毒软件、如何避免点击可疑链接和下载未知软件等,保护计算机和移动设备免受病毒和恶意软件的侵害。

⑤社交网络安全。学生讨论在社交网络上如何保护个人信息、如何防范网络欺凌和网络暴力等。

(3)教师引导。老师在讨论过程中,引导学生思考和分析不同网络安全问题的解决办法,并提供必要的指导和解答学生的问题。

(4)学生分享。学生在讨论过程中可以分享自己的亲身经历、观点和看法,促进学生之间的互动和交流。

(5)总结归纳。讨论结束后,老师引导学生进行总结和归纳,总结网络安全的基本概念和常见威胁,并让学生提出自己的网络安全守则和行为准则。

(6)课后作业。老师布置课后作业,要求学生在日常生活中运用网络安全知识,保护自己的信息安全,并写一篇简单的学习心得体会。

四、范例教学法

范例教学法最早可以追溯到古希腊、古罗马时代,而真正作为一种教学方法的形成和运用,是在1910年美国哈佛大学的医学院和法学院。它是在教师的指导之下,通过对一系列具体案例情境的描述,引导学生对这些案例情境进行分析讨论、归纳总结,从而得出结论的一种教学方法[1]。从教学的方法论意义上讲,范例教学法要求根据学科理论体系整理出基本概念、基本定理、基本理论和应用在内的典型范例;从教学目的意义上讲,则要求在有

---

[1] 张月琴,孙冰.案例教学法在"大学信息技术"课程中的应用研究[J].中国电力教育,2012(25):63—64.

限的教学时间内，组织学生进行"教养性学习"，即让学生从选择出来的有限的典型范例中主动获得一般的、本质的、规律性的东西，进而借助于一般原理和方法进行独立学习。

从信息技术课程目标的角度看，应该培养学生的信息素养。但从学科的角度来看，则应该使学生掌握信息技术课程的基本框架结构、各种知识之间的联系，建立对信息社会和信息技术的整体认识、全局观念。范例教学法恰恰非常强调这种基本结构、相互联系、整体观念的培养，主张范例应具有针对性，将范例当作引导学生发现规律的突破点，而这个突破点又是整个教学链上的关键点，能够同前后的问题和知识发生有机联系，因此有利于将学生的知识结构串成一个整体。

(一)范例教学法的特点

范例教学专家克拉夫基提出了有关范例教学的主要原则，其中对范例教学内容的要求进行总结，可以概括为"三性"，即基本性、基础性和范例性。对于信息技术学科来说，其原则仍适用。

1. 基本性原则

基本性原则站在学科知识的角度来界定，指教学内容应该是学科内最基本的知识，即教学范例中蕴含的知识是学生在信息技术学科内必须掌握的最基本的概念、知识体系与科学规律。

2. 基础性原则

基础性原则站在学情的角度对教学内容进行了规定。其内涵是指范例教学所授教学内容切合学生的现实生活经验。克拉夫基指出："教学内容应适合学生的智力发展水平，即教学内容对受教育者来说是最基础的东西。"教师只有保证对学情充分了解，才能确保教学内容对学生来说是难度适中的，是能激起他们有效学习的。

3. 范例性原则

范例性是指对已符合"基本性""基础性"两项原则的知识进行再精选、再设计，这些被精选出的材料可以起到示范作用，学生通过对范例的学习可以对相关知识进行学习迁移与实际应用。要确保教学范例的范例性，教师不仅要保证呈现的范例是能够对学生起到示范作用的，还要保证教学的范例是学生能够理解的，问题的设计在学生的最近发展区内。对于信息技术教学来说，其范例必须是信息社会中具有代表性的事物[①]。

---

① 潘家琪. 范例教学在高中信息技术课程中的设计与应用[D]. 哈尔滨师范大学，2019.

(二)范例教学的实施步骤

1. 案例的展现

案例展示是案例教学的开始,一般在课堂中完成。首先介绍本节课的学习目标和知识点,然后开始陈述案例,让学生对案例有初步的了解,从中找出案例中关键性的问题。在讲解过程中应注重引导学生去思考、争辩,去做出决策和选择,解决案例中出现的问题。

2. 分组讨论

组织案例讨论的目的在于分析问题,得出解决问题的途径和方法。根据案例的难易程度,把学生分成若干个组,而且组长不固定,以提高学生学习的积极性。由组长负责组织本组的案例讨论工作,并记录本组成员的观点、意见和建议。在讨论中,要注重对学生的引导,让学生综合运用所学的知识积极地独立思考。教师注意要引导学生滤除案例中次要的细节,发现案例中主要的结构和案例与理论知识之间的内在联系。

3. 信息收集和个人实践

分组讨论后,教师和学生一起对案例中的疑难问题、重要知识点和操作步骤进行归纳总结,然后围绕案例涉及的知识点,通过网络或教科课让学生收集、整理相关材料,为解决问题提供理论依据和事件素材。学生在操作实践过程中遇到问题时再寻求小组帮助,在小组内进行讨论分析,并记录未解决的疑难问题和产生的新问题,为归纳总结做好准备工作。

4. 总结归纳

将小组遇到的疑难问题提出来,供全班学生讨论。教师针对每个小组的实际情况进行归纳总结,使知识得以概括和深化,诱发学生积极思考,从而进行深入探究。

5. 巩固练习

教师按照教学要求,适时布置与案例相似的任务,让学生能自己动手完成作品,巩固所学的知识,达到举一反三的效果[①]。

(三)课堂案例

1. 教学目标

通过范例教学法,让学生了解信息技术的实际应用,掌握信息技术的基

---

① 张月琴,孙冰.案例教学法在"大学信息技术"课程中的应用研究[J].中国电力教育,2012(25):63—64.

本技能和应用方法，提高学生的实践能力和解决问题的能力。

2.教学步骤

(1)引入案例。通过引入《森林音乐会》案例①，让学生了解信息技术在同领域的应用情况，引起学生的兴趣和好奇心。

(2)分析案例。通过分析实际案例，让学生了解信息技术在不同领域的应用方式、技术原理、实现方法等，深入理解信息技术的作用和重要性。

(3)案例模拟。让学生模拟实际应用场景，设计相应的信息技术解决方案，并进行实际操作和演示。

(4)课后作业。根据实际案例，布置相应的课后作业，包括文献阅读、案例分析、技术实践等，巩固学生的知识和技能。

(5)总结反思。通过总结和反思，让学生进一步理解信息技术的作用和重要性，加深对信息技术的认识和理解，提高实践能力和解决问题的能力。

3.教学评估

通过学生的实际操作、演示、作业和课堂讨论等方式，对学生的掌握程度、应用能力和解决问题的能力进行评估和反馈。同时，通过教学反思和总结，提出改进措施和建议，进一步完善课程内容和教学方式。

五、协作式教学法

协作学习，是指学习者通过小组或团队的形式参与，为达到共同学习目标，获得学习成果而合作互助的一种行为②。在协作学习过程中，教师发布任务，学习者各自承担角色，相互交流、相互合作，共同完成学习任务，共享信息资源以及成果，最终实现学习目标。在这种形式下，学习者之间不再是竞争对手而是能够促进学习的学习伙伴。同时学习者能够充分发挥积极性和主动性，从而培养了学生的人际交往、协作学习能力。协作学习是传统教学方式的一种补充，开展协作学习必须考虑适合协作学习的教学内容，主要是运用各种基础知识、基本操作，或用多种工具解决实际问题，涉及问题分析、实践等环节，学生不通过讨论、协作难以达到理想的效果，而分工合作才是理想的选择③。

---

① 温守轰.例析范例教学法在《信息技术》教学中的运用[J].考试周刊，2018(5)：118—119.
② 曲晓君.协作学习在中学信息技术教学中的应用研究[D].曲阜师范大学，2012：12—16.
③ 郑明达.过程性评价的组织策略与方法研究[J].中国电化教育，2010(9)：107—109.

(一)协作式教学法的特点

信息时代呼唤学习方式的变革。信息时代由于多媒体和网络技术的迅猛发展,学习的环境和手段正在发生着新的变化,知识获取的多元化使得学生可以通过各种渠道获取知识和信息。在这种情况下,传统的教学目标、教学设计、教学模式和教学方法已经严重不适应信息时代对人才培养的要求。开展信息技术课教育,是培养学生创新精神和实践能力的一个极好的途径。我们不能按照传统的教学方式去进行信息技术课教育,那将禁锢学生的创新精神。而在信息技术教学实践中,运用小组协作学习模式开展教学,有利于发展学生个体的思维能力,增强学生个体之间的沟通能力以及对学生个体之间差异的包容能力。此外,协作学习对提高学生的学习业绩、形成学生的批判性思维与创新性思维、对待学习内容与学校的乐观态度、小组个体之间及其与社会成员的交流沟通能力、自尊心与个体间相互尊重关系的处理等都有明显的积极作用[①]。

(二)协作式教学的具体步骤

协作式教学是一种既适合教师主导作用的发挥,又适合学生的自主探索、自主发现的教学策略。协作学习可为多个学习者提供对同一问题用多种角度进行观察、比较、分析、综合的机会,这种机会可促进对问题的深化理解。协作学习的具体实施步骤[②]:

1. 创建协作小组

为了充分发挥学生个体及学习小组的优势,在组建小组时尽量使成员在性格、才能倾向、个性特征、学习成绩等诸方面保持合理的差异,突出它的异质性。每小组由4—6人组成,每人在组内有不同的角色,如组长、记录员、资料员等,不定期地互换角色,保证每个学生的积极参与性。

2. 创设学习环境

在进行协作学习时,先要明确学习任务与目标,用很短的时间协调合作方法,提高小组协作学习的效率,完成学习任务。在学习中培养学生良好的合作学习习惯,培养虚心听取别人意见,以及积极实践、动手操作的习惯。

3. 师生的协作与交流

小组协作学习的目的是要让人人参与学习过程并尝试成功的喜悦,如果

---

① 林碧春. 信息技术课中协作学习的探索[J]. 福建电脑,2004(7):89—72.
② 王广健. 协作学习在初中信息技术课程的应用研究[J]. 软件导刊(教育技术),2013,12(12):25—26.

处理不好学优生与学困生的关系，不但达不到目的，还加剧两极分化，优者更优、困者更困。活动中，每人各司其职，既是学习的参与者，又是活动的组织者，每个学生都平等合作、快乐学习，在有限的时间内，达到最优学习效率。

4. 学习成果的展示与评价

小组协作的学习重在学习过程，因此学习评价也以自我评价与整体评价相结合的方式进行。学生只要对自己的某一方面满意，就是协作的成功，互评也能增强小组的凝聚力，使学生能以正确的态度继续学习。

5. 过程资料收集

资料收集是贯穿于小组学习中的，依据不同的学习内容，可在准备阶段进行，也可在活动之中运用，也可在协作之后收集。总之，是协作学习的重要内容之一[①]。

（三）课堂案例

1. 教学目标

通过协作式教学法，让学生学会使用 Python 编写简单的计算程序。[②]

2. 教学步骤

(1)引入课程。通过视频或 PPT 介绍 Python 编程的重要性和应用场景，让学生对课程有初步的了解和认识。

(2)分组。将学生分成若干组，每个小组包含 4—5 名学生，每个小组设立一个组长，组长负责组织小组成员进行协作式学习。

(3)学习任务分配。将学生分配到不同的学习任务中，例如有的学生负责学习 Python 基础语法，有的学生负责学习 Python 的条件语句和循环语句等，每个小组的学习任务都要涵盖 Python 编程的基本知识点。

(4)协作式学习。每个小组的学习任务都需要进行协作式学习，组长负责组织小组成员进行合作学习，互相讨论、解答问题、分享经验和资源，每个小组需要在规定时间内完成自己的学习任务，并提交学习成果。

(5)共享学习成果。每个小组在完成学习任务后，需要向其他小组分享自己的学习成果，例如组长可以介绍小组的学习成果和经验，小组成员可以分享自己在学习过程中的困难和解决方法等，从而促进学生之间的交流和互助。

(6)程序设计。每个小组在完成基本的 Python 语法学习后，需要设计

---

① 谭音. 网络学习中共同体学习策略分析[J]. 办公自动化，2009(18)：39—40.
② 王丹，周维斌. 项目式学习在 Python 程序教学的应用研究[J]. 福建电脑，2021，37(8)：145—147.

并编写一个简单的计算程序，并在规定时间内提交程序代码和演示视频。

3. 评价

老师对每个小组提交的计算程序进行评分，评价标准包括程序的功能完整性、代码的规范性和可读性等，同时，老师还要对每个小组的学习成果和协作式学习过程进行评估，为学生提供及时的反馈和建议。

六、游戏教学法

顾名思义，游戏教学法就是以游戏的形式教学，也就是指让学生在生动活泼的气氛中、在欢乐愉快的活动中、在激烈的竞赛中，不知不觉就学到了教材中的内容，或者学到了学生们必须掌握的课外科学知识。"游戏教学法"是"游戏"和"教学"二者巧妙的结合体，是一种全新的且收效显著的教学方法。

（一）游戏教学法的特点

既然称其为教学法，就应该是规范的、严肃的，而不能随心所欲、没有章法。既然又是游戏，就应该生动活泼，有游戏规则。我们常说寓教于乐，游戏教学法的原则就是对"教"和"乐"要有一个严格的界定：教，必须是各科教材中的内容，尤其是其中的重点难点内容，或者是一些必须掌握的课外知识和技能。这些学科应该是语文、数学、英语、理化、史地、音体美等等，这些课外知识和技能应该是交通法规、人际交往、对突发事件的应对能力等等。因为只有这些知识才能被纳入教学范畴，才能对少年儿童今后的成长起到举足轻重的作用和产生深远的影响，才是学生、学校乃至家长最必需的、最迫切的；乐，必须有极大的趣味性，有比较成熟的游戏法则，有很强的竞赛性，有明确的输和赢，并且在一定的机遇前提下，使参赛者拥有尽可能大的发挥主观能力的空间，就像我们传统的和现代的游戏那样。而且这二者要有机地融合为一体，也就是说，应该是在玩中学、在学中玩、边玩边学、边学边玩。[1]

（二）在信息技术课程中应用游戏教学法需要注意的问题

1. 以兴趣为指导的游戏化教学

游戏化教学模式通过设计游戏化教学游戏，将教学内容、教学环境融入其中，通过寓教于乐的模式将教育融入游戏中，改变枯燥的教学内容。使中小学生在学习过程中能够真实地感觉到学习的乐趣所在，从而激发学生的好学情绪，最大激发学生的学习动力。游戏化教学以游戏为教学载体，通过在

---

[1] 张禹. 我的游戏教学之初体验[J]. 中小学信息技术教育，2006(11)：15—16.

课程教学中将信息技术课程与游戏内容相结合,利用游戏中的故事发展作为教学内容的发展,从而使得学生在玩耍、娱乐的过程中加深对课程的理解与记忆,并且充分激发其想象力,让学生在信息技术课程的学习中保持好奇、专注、探索的学习动力。

2. 以比赛为激励的游戏化教学

中小学阶段属于学生对世界、生活环境的认知与适应阶段。在此阶段中,由于中小学生还处于生理发育、心理发育阶段,在教学学习中对教学目标的专注度不够集中,很难长时间保持对教学目标的专注,尤其是在较为抽象、难懂的学科学习中,对学科的新鲜感与兴趣很快被磨灭,学习效率与学习效果均会大打折扣。在信息化教学过程中,以学生小组为团体,组织游戏竞赛,激励学生在信息技术课程学习方面的积极性与主动性,从而更好地参与学习。如在《文字输入比赛》这一课时中,通过信息化教具的使用,举办小组竞赛,由教师指定某一段比赛范文,比赛哪个小组能又快又准确地完成电子输入,并借此机会讲解相关的电子输入技术应用。

3. 以能力为开发的游戏化教学

将学生作为主体,通过游戏化教育平台方式进一步改善中小学的学习成绩,从而达到游戏化教学的目的,通过游戏化教学的实施,提升对学生能力的开发。如在《人工智能》这一课教学中,通过向学生讲解人工智能的意义,结合当前社会中的苹果产品的 Siri 辅助程序、小米手机小爱同学辅助程序、华为手机小艺辅助程序等,加深学生对于人工智能技术的认知,培养学生对信息技术的理解与好奇,培养其好学、探究的学习精神。

(三)课堂案例

1. 教学目标

通过游戏教学法,学生综合利用前面所学的 JavaScript 基本语法、函数和新知识点内置对象完成网页制作。[1]

2. 教学步骤

(1)引入课程。通过视频或 PPT 介绍 HTML 编写网页的重要性和应用场景,让学生对课程有初步的了解和认识。

(2)游戏规则介绍。分成 5 关,难度从低到高,学生在逐级挑战的过程中充分调动原有思维经验与知识基础,经历分析、构想、抉择、发现、归

---

[1] 赵敏之,王敏,廖清远. JavaScript 网页编程课程"3 智慧"教学实践[J]. 计算机教育,2019(4):120-124.

纳，解决未知的问题。在开始比赛前，教师发布学习任务，要求学生观看游戏视频。对照视频，分析游戏需求，并绘制初步的思维导图和简单的流程图。

(3)游戏开始。在蓝墨云班课发布游戏比拼的活动，各小组互相比拼玩游戏，找bug并进行投票评选。学生的角色在游戏开发者和游戏玩家之间转换，通过游戏的测试，完成游戏优化，培养学生的协作能力，提高自学意识。

(4)游戏结束。以小组为单位汇总猜数小游戏网页设计中遇到的问题，相互交流。对于集中突出的问题，教师进行简要的点拨提示，学生课后自己查资料尝试解决，同时选出小组最优的作品作为周末拓展的蓝本。

(5)总结。老师可以向学生介绍一些进阶网页制作技巧，并与学生一起总结本次游戏教学的收获和体会。同时，教师也可以向学生介绍其他编程语言和网页制作相关的知识，为学生未来的学习和职业发展打下基础。

3. 教学评估

老师可以通过观察学生在比赛中的表现和提交的网页作品，来评估学生的学习情况。学生可以通过填写问卷、写作业等方式，来反馈本次游戏教学的效果和体验。老师可以邀请学生在课堂上分享自己的网页作品，并对学生的作品进行评价，从而提高学生的积极性和学习热情。

七、概念图法

概念图(Concept Map)，是康奈尔大学的诺瓦克(J. D. Novak)博士根据奥苏贝尔(David P. Ausubel)的有意义学习理论提出的一种教学技术。[1] 它包括概念(Concepts)、命题(Propositions)、交叉连接(Cross-links)和层级结构(Hierarchical Frameworks)四个要素，是一种用节点代表概念、连线表示概念间关系的图示方法。概念图通常将某一主题的有关概念置于圆圈或方框之中，然后用连线将相关的概念和命题连接，连线上标明两个概念之间的意义关系，构成一个概念关系网络图：最概括最一般的概念置于最上端，局部的概念置于下层，具体细目置于最末端。制作良好的概念图，可以清晰地概括出同一知识领域概念之间的上下位关系，或是不同知识领域间的结构和逻辑关系。[2]

概念图的一般制作流程是：选取一个熟悉的知识领域→确定关键概念和概念等级→初步拟定概念图的纵向分层和横向分支→建立概念之间的连接→

---

[1] 赵国庆，杨南应，贾振洋，等. 概念图的布局算法研究[J]. 开放教育研究，2005(5)：32—36.

[2] 刘赣洪，张静. 概念图作为教学工具的应用探究——以高中信息技术课《计算机病毒》为例[J]. 中国电化教育，2008(10)：92—95.

连线上标明关系→不断修改和完善，运用图形颜色美化概念图。

下面以浙教版普通高中《信息技术基础》书中 2.2.1 节"搜索引擎"为例，介绍制作概念图的流程。

1. 选出课本中重要的概念，包含词汇和事件(见表 3-1)。

表 3-1　课本中的重要概念

概念(词汇)	概念(事件)
搜索引擎、全文搜索引擎、目录索引类搜索引擎、Google、Baidu、Sogou、Sina、Iask、Lycos、"蜘蛛"(Spider)程序、"机器人"(Robot)程序	关键词搜索、检索技术、目录索引，拥有自己的检索程序和数据库，租用其他引擎的数据库，进行自动化信息检索

2. 描述上述词汇和事件的基本概念，区分主要概念和次要概念，定义概念层次。

①主要概念：搜索引擎。

②次要概念：目录索引类搜索引擎、全文搜索类搜索引擎。

③次次要概念：拥有自己的检索程序和数据库、租用其他引擎的数据库。

3. 寻找连接词，使两个概念形成有意义的句子，例如，搜索引擎由全文搜索引擎、目录索引类搜索引擎组成。

4. 制作"前概念图"并进行美化(见图 3-2)①。

实践探究

结合信息化教学背景，思考本章节哪些教学方法可以突出学生的主体性作用，并说明理由。

---

① 屈艳丽，杨成. 概念图在中学信息技术课程中的应用研究[J]. 中国教育信息化，2011(8)：32—34.

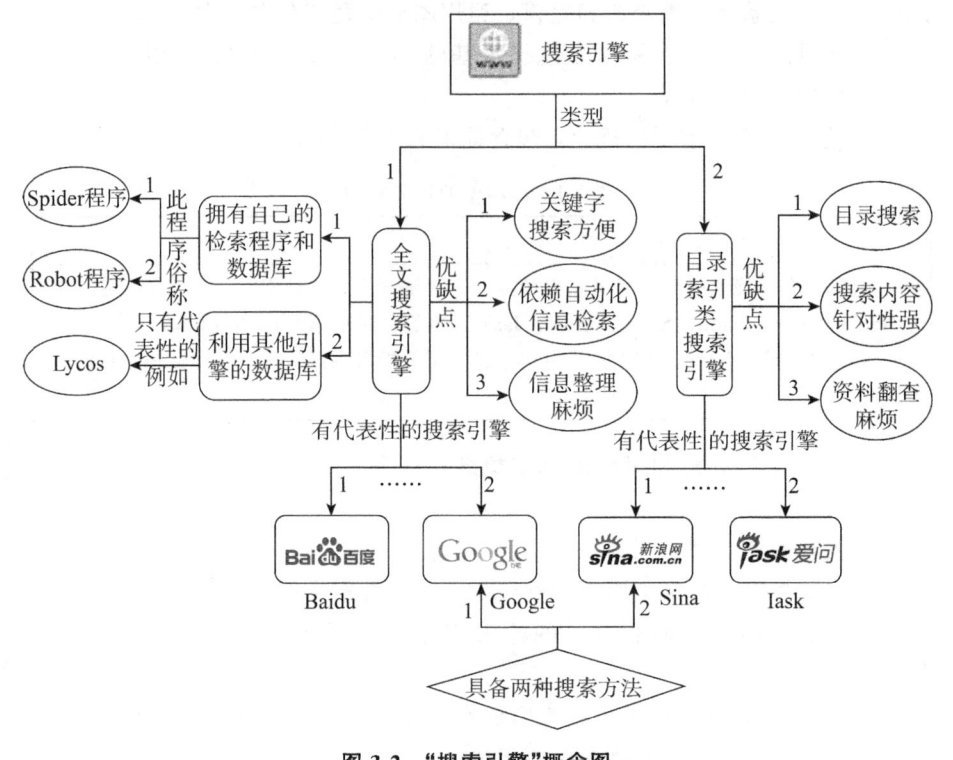

图 3-2 "搜索引擎"概念图

第三节 信息技术教学方法选择及原则

一、信息技术教学方法的选择依据[①]

教无定法，在诸多的教学方法中我们应如何选择才能达到教学的最优化呢？我们知道，教学往往要求的是一系列相互关联的、有一定综合性的方法。因此，教师应该了解每一种教学方法的功能，了解它相较于其他方法解决特定教学任务的优越性，在此基础上才能针对具体情况如教学目标、教学对象、教学环境、教师素养等进行方法的优化选择。

---

① 戴玉．信息技术技能课的分类与教学方法的选择研究[D]．南京师范大学，2011．

(一)从教学的实际出发

依据具体的教学目标、教学内容、学生特点、教师素养条件等因素,恰当、灵活地选用教学方法。

1. 根据具体的教学目标。选择的教学方法要与教学目标相适应,能够实现教学目的。

2. 从课堂教学内容出发。应该根据具体的信息技术课程内容来选择教学方法,教学目的是通过在教学过程中学生掌握特定的教学内容来实现的。

3. 根据教学对象。教学方法要适应学生的基础条件和个性特征,教师的教是为了学生的学,尊重学生的人格,关注个体差异,满足不同学生的学习需要,创设能引导学生主动参与的教育环境,激发学生的学习积极性,培养学生掌握和运用知识的态度和能力,使每个学生都能得到充分的发展。

4. 根据教师的素养。新课程改革成功的关键在于教师素养的进一步提升。教师的素养包括人格素养和智慧素养,在心理学意义上,"人格是个体对人对己及一切环境中的实物适应时所显示的异于别人的性格"。教学方法的运用者是教师,教师在选择教学方法时必须充分考虑到自身的素养条件,根据自身特点选择适合自己教学风格的教学方法。上述各个要素也是相互作用的,首先在选择教学方法之前认真研究教学内容,掌握内容的特点;然后根据学生的年龄特征、个性差异和发展水平来选择;另外,教学方法的选择还要考虑自身特点,教学方法的最优化需要教师自身的创造性,教师应当凭自己的长处有效地运用教学方法。

(二)根据课程类型

课程类型,即课型,可简单理解为课堂的教学结构,其实质是依据学科知识的特殊性、教学目标的特殊性对教学知识的归类。对于教师,认真研究并掌握每种课型的特点,更好地掌握各种类型课的教学目的、教学结构、教学方法的运用都具有重大意义。因为课型是基于教学内容的归类,依据课型选择教学方法,实质上是根据教学内容进行选择。但两者不同之处在于,从课型的角度去选择教学方法,除了考虑教学内容的特点外,还将学生的学习特点和特定课型、教学目标等因素也纳入考虑范围。因此,依据课型进行方法选择的效果明显优于依据教学内容进行选择。

信息技术技能课根据不同的分类基点可以划分为不同的课型,如以教学任务量为基点,可划分为单一技能课和综合技能课,以学习的阶段为基点可划分为新授课、操作练习课、复习课等。每种划分都是基于不同的基点,因此，每种课型都具有不同的特点。不同类型技能课在教学目标、教学条件、学生的学习心理和学习水平等方面都存在差异，而这些差异正是教学方法选择时需要特别考虑的。

不同的知识学习阶段的教学目标和学生的学习心理不同，新授课注重知识的体验和理解，操作练习课更强调知识的运用和实践，而复习课目的在于让学生对所学知识进行提炼和内化。不同课型具有不同的教学目的，因此要求根据不同的课型选择最适宜的教学方法。以新授课为例，若采用"一刀切"的方法必然不能满足全体学生的学习需求。因而教学中需要利用分层教学法来克服教学内容与学生技能水平之间的矛盾，防止出现学生掌握知识水平两极分化的现象，真正做到从学生出发，因材施教。

根据教学任务量划分的两类课型在教学目标、学生的学习心理上也都存在很大的差异。教学任务量少，学生的学习压力小；教学任务量多，学生的学习压力大。因此，在教学方法选择的时候，要针对教学任务量来选择相应的教学方法。在技能课教学中针对技能的训练，常用两种方法——小片段教学和大片段教学。以单一技能课为例，教学任务相对比较小，学生掌握起来比较容易，因此，可以采用大片段教学。一般而言，大型任务要求对技能的综合性应用，对技能的掌握要求相对较高，因此，在教学过程中，可将大型任务拆分为一个个连续的小任务，采用小片段教学。从学习者的角度来看，小片段教学相对适合低年级学生。因为低年级学生的认知水平和技能水平相对较低，这样的小片段教学是非常行之有效的。反之，对于高年级学生，大片段教学有优势。

二、信息技术课程教学原则

信息技术学科的突出特点，就是知识性与技能性并重，科学性与艺术性、趣味性相结合。信息技术课的学习过程是信息科学技术的认知过程。以下是在信息技术课教学中必须遵循的十大原则：

（一）科学性与思想性相结合的原则

科学性与思想性相结合的原则，就是要求教学既有科学性，又有思想性，把两者结合起来。在传授和学习一定知识的同时，总会有某种思想、观点、道德影响学生。教师深入钻研和阐述教材，充分发掘教材中固有的思想内容和科学内容，是在教学中贯彻科学性和思想性统一原则的主要环节。

（二）理论性与实际性相结合的原则

理论性与实际性相结合的原则，是指教学中要善于引导学生了解实践是人们认识的基础，是知识的源泉，使学生从理论与实际的联系中去理解和掌握知识的同时，还要引导学生运用所掌握的知识去解决理论问题与实际问题，培养学生运用知识于实际的能力。

（三）系统性与顺序性相结合的原则

教学的系统性和顺序性原则，是由学科知识本身的特点及学生的认识活动规律所决定的。教材的编排既要遵循学科本身系统的逻辑结构，又要符合学生的认识特点和心理结构。前面的知识是后面知识的基础，后面的知识是前面知识的必然发展，系统连贯，循序渐进，由近及远，由浅入深，由已知到未知，由简单到复杂，由现象到本质，由具体到抽象，不断积累，综合联系，逐步充实和丰富，使学生认识能力不断发展，攀登科学知识的高峰。在实施时要注意使用适当的教学方法，合理安排教学顺序，以适应学生的学习进度。

（四）创新性与可行性相结合的原则

创新性与可行性相结合的原则强调在教学中要平衡创新性和实用性的重要性。在信息技术课教学中，这个原则可以得到广泛应用。首先，创新性教学可以帮助学生在信息技术领域探索新的思路和方法。信息技术是一个不断发展和变化的领域，需要不断探索和创新。在信息技术课教学中，教师可以通过使用新的教学方法和工具，鼓励学生思考如何应用新的技术来解决实际问题，从而提高他们的创新能力。其次，可行性教学可以确保学生的学习成果可以应用于实际生活中。在信息技术课教学中，教师可以帮助学生了解现实生活中的信息技术应用，鼓励学生思考如何使用信息技术来解决现实问题。这可以帮助学生将所学知识与实际生活联系起来，提高他们的应用能力。最后，创新性和可行性教学的结合可以产生更好的学习效果。学生在创新性教学中可以掌握创新思维和方法，而在可行性教学中可以将所学知识应用于实际生活中，从而更好地理解知识和技能的实际意义。

（五）个性化与合作性相结合的原则

个性化与合作性相结合的原则强调在教学中平衡个体差异和合作性学习的重要性。首先，个性化教学可以帮助教师更好地满足每个学生的学习需求。信息技术课程涵盖了很多主题，包括编程、网络安全、数据分析等。不同学生对这些主题的兴趣和掌握程度可能存在差异，因此，个性化教学可以根据学生的兴趣、能力和学习风格等因素来调整教学策略，从而更好地满足学生的需求。其次，合作性学习可以促进学生之间的交流和合作。在信息技术课教学中，学生可以在小组中合作完成编程项目、数据分析等任务。这可以帮助学生学习如何有效地与他人合作，并在实践中掌握团队合作的技巧。最后，个性化和合作性教学的结合可以产生更好的学习效果。学生在个性化教学中可以更好地掌握自己感兴趣的主题和技能，而在合作性学习中可以与他人分享自己的知识和技能，并从他人那里学习新的技能和知识。这可以促进学生更好地准备进入未来的工作场所。

(六)直观性与抽象性相结合的原则

计算机的抽象性都是以具体素材为基础的，都有具体、生动的现实原型。计算机科学中的具体和抽象是相对的，既互相区别，又相互联系，在一定条件下又相互转换，由具体到抽象又由抽象到具体。贯彻直观性与抽象性相结合的原则，是指教师在教学中要使学生通过多种感官去感知事物，获得丰富的直接经验和感性认识，形成表象，然后再经过头脑的分析、综合、抽象和概括，以加深对知识的理解，从而形成科学概念，掌握理论知识。要有利于发展学生的观察力、想象力、思维力和实际动手的操作能力。

(七)发展性与巩固性相结合的原则

将学习新知识与复习巩固旧知识贯穿于教学的全过程，既要重视阶段性复习、总结性复习，更要重视日常课堂教学的复习巩固，充分认识到发展与巩固相结合在教学中的特殊意义，将复习巩固作为一个重要的教学环节。努力改进教学方法，提高教课水平，解决好巩固教学的关键——记忆问题。一般来说，生动的教学，使学生印象深刻，较易记住，理解的东西比尚未理解的东西容易记住。因此，要使教学取得良好的效果，首先要致力于改进教学方法和使用现代化教育手段，提高授课质量，使所教课生动、清楚，给学生留下深刻印象。然后，在理解的基础上，使学生进行联想和思考，并在教学中经常把知识条理化。平时加强上机练习，巩固教学训练。在各种课外活动中，组织增加应用知识、巩固知识的机会，以取得综合的教学效果。

(八)统一要求与因材施教相结合的原则

教学既要面向全体学生进行，向学生提出统一要求，又要承认个体差异，采取各种不同的教学措施，使学生的个性得到充分发展。统一要求指的是把年轻一代都培养成德、智、体全面发展的人才，把传授的计算机知识掌握好，因材施教要求根据不同学生的个性特点、不同的智力情况，采取不同的有效措施，使每个学生的个性都得到尽可能的发展。在教学过程中，教师向一个班集体传授统一的教学内容，并希望全班学生都能听懂、学会、掌握,但实际上每个学生的接受程度是有差异的,有时差异还比较大,这就要求教师因材施教。布置上机、课外作业时,分出哪些是必做的,哪些是可选的。组织学生"一帮一"结对子,效果很显著。全面地、辩证地贯彻各原则,防止产生绝对化、片面化。所有的教学原则都必须在教学活动中加以贯彻。

(九)教师主导与学生主体相结合的原则

我国教育历来重视发挥教师与学生主导作用,并有许多精辟的论述。学生吸收新知识、新信息的能力比教师要强,教师要大胆地把上课时间交给学生,给学生留有更多的思维空间,让他们真正成为学习的主人。要以学生为主体,教师为主导,教师只做教学的组织者、指挥者、管理者、引导者,根据需要精讲,讲规律,讲思路,讲方法,使学生在实践中去亲身体验创新的乐趣。尽量多让学生自学,发展学生个性品质。课堂教学中,要多安排"自学"环节,顺应学生的志趣、爱好,多让他们发表各自的意见,为学生创造独立思考和尝试的机会,充分利用计算机多媒体的交互性和非线性特点,让学生结合各自的实际水平及爱好选择相应的信息随机进入学习,以满足不同类型学生个性化学习的需要,使学生的个性品质在自学活动中得以形成和发展,培养学生的自学能力。

(十)任务驱动与问题激励相结合的原则

任务驱动与问题激励相结合的原则旨在通过将任务和问题作为学习的驱动力,激发学生的学习兴趣和动力。首先,任务驱动教学可以帮助学生理解所学知识如何实际应用。在信息技术课教学中,教师可以设置一系列与实际生活相关的任务,要求学生应用所学知识来解决问题。通过这样的任务驱动教学,学生可以更好地理解所学知识的实际应用,并且能够在实际问题中应用所学技能。其次,问题激励教学可以激发学生的学习兴趣和动力。在信息技术课教学中,教师可以提出一些具有挑战性的问题,鼓励学生寻找解决问题的方法。通过解决问题,学生可以掌握新的知识和技能,并且获得成就感和满足感,从而激发他们的学习兴趣和动力。最后,任务驱动和问题激励教学的结合可以产生更好的学习效果。任务驱动教学可以帮助学生将所学知识应用于实际问题中,问题激励教学可以激发学生的学习兴趣和动力。这样的教学方式可以提高学生的学习效果,同时也可以促进学生的自主学习和自我发展。

自主学习

自行登录中国知网,查阅下表中列出的专业性较强的教学方法应用的文献,通过阅读对比、分析适当修正自己已撰写的教学案例。

序号	参考文献
1	于素云.新课标下的高师"信息技术教学法"课程教学实践探索[J].电化教育研究,2008,188(12):55-59.
2	刘向永,董玉琦.高中信息技术教学方法的评析与应用策略[J].现代教育技术,2009,19(2):42-44.
3	李晓辉,杨洪伟.浅谈多种教学方法在信息技术课程中的应用[J].科技信息,2014,464(7):25.
4	张焕.OBE理念下混合教学在师范生课程中的应用研究——以现代教育技术应用课程为例[J].中国教育技术装备,2020(14):61-63.
5	兰国帅,郭倩,张怡,等.在线翻转课堂教学模式的设计与实践——以"现代教育技术:理论建构与实践探索"课程为例[J].开放学习研究,2020(8):34-42.

第四章　信息技术课程的教学模式

学习目标
1. 知道教学模式的基本概念和构成，了解教学模式和教学方法的区别与联系。
2. 列举信息技术课程中典型的四种教学模式，即任务驱动教学模式、项目式教学模式、WebQuest教学模式和翻转课堂教学模式，掌握每种教学模式的内涵与特征、设计原则、实施步骤等内容。
3. 结合所提供的案例给出评析报告，能够在自主学习和实践活动中设计并应用恰当的教学模式。

知识导图

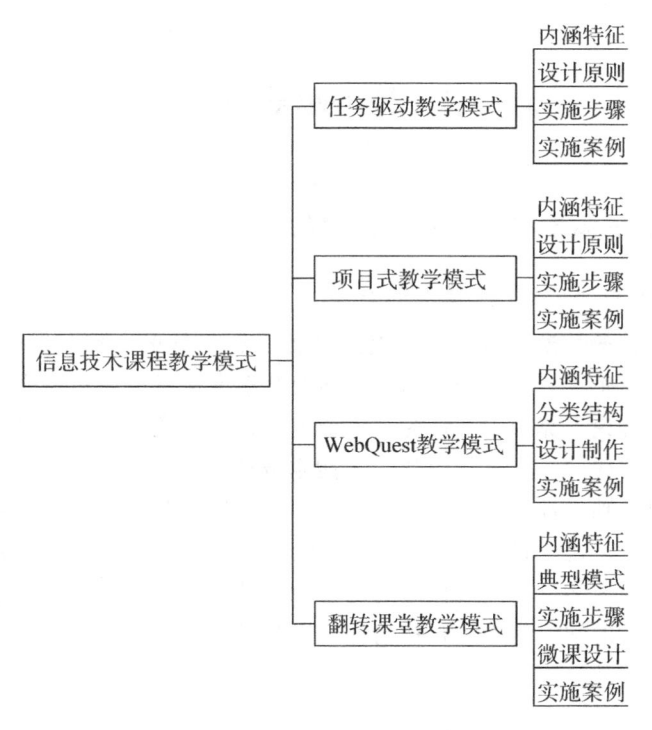

```
                            ┌─ 内涵特征
                            ├─ 设计原则
              ┌─任务驱动教学模式─┤
              │             ├─ 实施步骤
              │             └─ 实施案例
              │
              │             ┌─ 内涵特征
              │             ├─ 设计原则
              ├─项目式教学模式─┤
              │             ├─ 实施步骤
信息技术课程教学模式┤             └─ 实施案例
              │
              │             ┌─ 内涵特征
              │             ├─ 分类结构
              ├─WebQuest教学模式┤
              │             ├─ 设计制作
              │             └─ 实施案例
              │
              │             ┌─ 内涵特征
              │             ├─ 典型模式
              └─翻转课堂教学模式┤ 实施步骤
                            ├─ 微课设计
                            └─ 实施案例
```

教学模式一词最初是由美国学者乔伊斯和韦尔等人在《教学模式》(Models of Teaching)一书中提出的。他们认为，"教学模式"是构成课程和作业，选择教材，指导教师在其他环境中组织教学活动的一种计划或范型。教学模式是指在一定教育思想、教学理论和学习理论指导下，为完成特定的教学目标和内容而围绕某一主题形成的，比较稳定且简明的教学结构理论框架及其可操作的教学活动方式。我国学者张武升早在1988年就指出，一个教学模式应包含五个要素，分别为理论依据、目标、条件、程序、评价，这些要素相互蕴含，相互制约，共同构成完整的教学模式。

第三章对信息技术课程的教学方法进行了介绍，教学方法与教学模式之间的关系通过教学策略相连接。教学策略是教学方式、方法、媒体的总和，涵盖范围远超于教学方法，体现在教与学的交互活动中。由此可见，教学方法是最为具体、最具有可操作性的，在某种程度上可以看作教学策略的具体化体现，而教学模式则具有高度的稳定性，通常涵盖了多种教学策略的运用组合。

总而言之，教学方法、教学策略、教学模式都是教学原则和教学规律的具体化体现，它们之间相互联系，也有一定的区别。本章将对信息技术课程中典型的四种教学模式进行介绍。

第一节　任务驱动教学模式

一、任务驱动教学模式的内涵与特征

(一)任务驱动教学模式的内涵

任务驱动教学模式最早可以追溯到孔子所倡导的"学以致用"的教学思想。其概念诞生于二战后的德国。德国教育学家瓦根舍因和克拉夫基提出了"范例教学"理论，克拉夫基认为，一个范例式的课堂教学就是学习者只有真正从自己所需要的一个例子中学习才能掌握所需要的基础知识和实用技巧，它注重学习的独立性。当下任务驱动教学模式的概念表述为：一种建立于建构主义教学理论之上的教学手段。它以实际任务活动为纽带，以教师为主导，以学生为主体，在完成任务的过程中，形成分析问题、解决问题的能力以及独立探索的学习精神和合作精神，主张"做中学"，广泛应用于实践性和操作性的课程教学中。

在任务驱动教学模式中，教师会将新知识隐含在一个整体任务或者多个子任务中，并以完成任务作为教学活动过程的核心内容。学生则基于教师所提出的任务进行分析和讨论，以清晰了解任务中所涉及的知识点，并在教师的指导和帮助下，明确哪些是重点，哪些是难点。在任务驱动的激励下，学生密切关注任务焦点，充分利用身边的学习资源，展开自主探究和协作学习，以实现在完成既定任务的前提下，提升实践和创新能力。

在信息技术实际教学中，任务驱动教学模式因其能够将学习目标变得更加明确，教与学形式变得更加生动有趣、易于接受，经常被用于操作性知识和专业技能的学习，如应用类软件。因此，在典型信息技术教学案例的指导下，学生以小组为单位搜集学习资料，进行选择性思考和操作性探索，最终得出结论。再将结论应用于真实案例中后又引发争论，产生新问题，如此反复，以丰富学生思维。

(二)任务驱动教学模式的特征

任务驱动教学模式通过设置情境、自主学习、探索问题和完成任务来驱动知识点的学习和技能的掌握。任务驱动教学模式除了具有一般教学模式的特点外，还应该具有以下特点。

1. 创造情境，任务目标导向是前提。运用多媒体方式来创设情景，这就是实施任务驱动课堂教学模型的一个基本前提。建构主义认为，学习是学习者在与环境互动的过程中主动建构内部心理表征的过程。任务驱动教学模式根据教学内容、知识和基本技能的不同特点，运用多媒体技术来创设教学情境，使教学目标清晰明确，更好地指导教学过程、评价教学效果。因此，不仅要选择切实可行的教学内容，更要善于运用启发性讲解，做到推陈出新，激发学生学习动机，帮助学生发现问题，以任务驱动学生学习。

2. 学生为主体，教师为主导是关键。任务驱动教学模式强调学生是学习的主体，教师只是学生的帮助者和指导者。同时，建构主义也强调学生是有意义认知的主体和主动建构者。由此可见，任务驱动教学模式探索的关键在于新课程中教师与学生之间的角色转换和角色关系。

3. 信息化教学设计与课程整合是基础。未来学生面对的社会不是一个被学校学科分割的社会，而是一个充满一系列综合性、整体性问题的复杂社会。其中，课程改革和整合通过有机联系差异化教学体系中各个要素，实现课程的深度整合，优化教学效果，为运用任务驱动教学模式打下基础。

4. 问题探究、自主学习是核心。学生在确定任务后，以任务为中心，引领知识、技能和态度的发展，在完成任务的过程中学习相关理论知识，并与小组成员开展多边联合研讨活动，试图解决问题，完成最终任务，培养自身的综合专业能力。

5. 以总结评价实现意义学习的建构。建构主义认为，学习的过程不仅是对旧知识的重组和重构，也是对新信息的意义建构。因此，任务驱动教学模式是以学生完成相应的任务来驱动知识的学习。其中，总结性评价能够有效地帮助教师评判学生是否做到有意义建构知识，从而实时获取学生学习情况，以适时调整教学方向，保障教学效果。

二、任务的类型与设计原则

任务驱动教学模式中的任务特指学科教师依据教学目标及学生真实情况精心设计的、立足于社会的，其中既包括了学生需要掌握的知识和技能，又涵盖了学生应该接受的能力训练知识，并需要运用特定的学科知识所完成的任务。

（一）任务的类型

在任务驱动教学模式中，任务设计要有针对性，教学内容和教学目标要紧密结合，避免陷入形式主义。要明确的是，任务的分类不是一成不变、非此即彼的。实际上，我们设计的任务通常介于封闭式任务和开放式任务之间。

1. 封闭式任务。由教师依据教学目标事先设计好，再由学生分组或者独立完成的任务。例如，当需要完成大量新知识和技能的学习（如刚开始接触 Flash 软件），而学生的知识背景不足以支撑独立实现既定的教学目标时，则采用封闭式任务。

2. 开放式任务。随着教学的展开与实施，学生的知识技能基础有所提升，但这些基本内容尚未在学生的知识体系中建立清晰的系统结构时，可由教师在不改变现有条件的前提下，替换已有的限制条件，以帮助学生将分散的知识和技能系统化、熟练化（如在写作教学中策划黑板报、设计杂志封面等），为学生创造足够的创作空间。

（二）任务的设计原则

在任务驱动教学模式中设计任务时，应遵循以下原则。

1. 任务设计趣味性原则

任务驱动教学模式中的任务设计首先应以激发学生学习兴趣为首要原则，调动学习者解决问题的积极性，激发和保持他们的学习兴趣和动机，并增加他们的成就感。例如，在一个简单的图像处理任务中，学生可以选择修改或美化自己的照片，因为学习者对美化和修改自己的照片拥有强烈的欲望和兴趣，这可以很好地调动学习者的积极性。如果有条件的话，可以组织学习者将图像作品打印出来，从内容到形式组织一次展览，这同样会起到一定的促进作用。因此，在任务设计时，我们应该采用多种形式，如游戏、问卷、手册等。

2. 任务设计真实性原则

任务设计中的真实性原则有两层含义：一是任务的真实性。任务应基于学生当前的学习生活或他们可能接触到的社会实际情况，并能够为学习者提供真实清晰的信息。因此，任务往往来自生活，而非臆造的。所有任务的设计应贴近学生的日常生活和学习（比如设计关于 Word 中图文混排的任务），这样就能更好地激发学生的学习兴趣和学习动机，调动学生的积极性，在自然、真实或者模拟的情境中，体验任务的目的，掌握相关技能，提高学生解决问题的能力。二则是符合学生能力的真实性。教师在设计"任务"时，要从学生实际出发，充分考虑学生现有文化知识、认知能力、年龄和兴趣的特点，贴近学生的实际能力水平，遵循由浅入深的渐进原则。对于新的内容或一些有难度的"任务"，教师最好能够提前演示或给出清晰、详细的操作步骤，便于学生自主学习。

3. 任务设计整合性原则

任务设计时需将学习模块的内容细化为一个个容易掌握的小任务，再通过这些小任务来体现总的学习目标，同时，每项任务所涉及的知识和技能应尽量涵盖本节或本章的教学目标，以形成一个整体并能够在整体学习目标的框架指导下提高整体综合能力。

4. 任务设计操作性原则

信息技术作为一门实践性很强的课程，学生只有在具体的实践操作中才能真正理解和掌握，经过教师对知识的讲解和示范，最重要的一步是让学生亲自动手实践，让学生在实践中掌握知识，培养实践能力。因此，在设计任务时，不仅要考虑任务的大小、知识点的容量、任务之间的联系等因素，还需要保障任务的可操作性，不能过于笼统和抽象，否则学生将无法上手。一般来说，封闭式任务中不宜设计太多的知识点，特别是重点和难点的安排要适当，太多的安排会增加学生学习的难度，也会降低一些学生的学习积极性。

5. 任务设计层次性原则

任务设计要考虑学生之间的差异，设计不同难度的任务供不同层次的学生选择，以保证大多数学生都能选择难度合适的任务。其内涵包括：

(1)任务的内容要由易到难，逐步提高。依照循序渐进的原则，可由初级到高级的分层过渡形式设计任务，既包含基本任务，又补充拓展了高级任务；既符合学生能力转化的客观规律，又反映了学生认知的规律。给学生留出一定的自我探索和发展空间，不仅有利于新旧知识的融合和学生思维的拓展，同时还有效地培养学生解决问题和独立学习的能力。

(2)依据学生自身情况进行最佳匹配，因材施教。任务设计要结合学生自身实际情况，让学生能够在有限的学习时间内完成，既不能因为缺少任务而盲目乐观，也不能因为任务太多而灰心丧气。关注任务设计与教学任务整体性目标要求的适切程度，认真分析具体任务在整个任务结构中的地位和作用，掌握其内部相互关系、重点和难点，有的放矢地设计任务，注意知识系统的整体性和连贯性。

三、任务驱动教学模式的实施步骤

(一)设计任务，激发兴趣

任务设计是任务驱动教学模式的首要环节。教师在教学前要做好充分的准备，包括理解教学大纲、分析学习内容、确定最终教学计划，根据学生个体的能力差异和知识水平设计学习任务等。课程的教学目标和教学内容需要以具体任务的形式融入教学过程中，任务应该是有趣的、真实的、可操作的。其中，有的任务只需一步完成，而有的任务可能要结合前面已经完成的任务才能进行，应避免流于形式，走传统授课的老路。

因此，一项好的任务是完成教学目的的关键，要把学生应掌握的知识、技能和能力融入任务中，使任务能够激发学生学习的兴趣。例如在《Excel公式与函数》的教学中，以前的教学只是简单地讲授公式与函数的概念，并列举一些简单的数值计算来解释，学生只是被动地听老师讲课，学习兴趣不高，课堂气氛相当沉闷。如果设计一个"商品采购分析表"的任务，要求学生计算这个表中的数据，并利用这些数据对商品采购等任务进行分析，将相关知识具体化为各种小任务，那么课堂气氛会更加生动，更容易激发学生的学习兴趣。

(二)分析任务，引导启发

任务设计完成后，教师应根据学习任务创造真实的情境，引导学生正确地分析任务，或者将任务一步一步地分解，转化为子任务，通过解决这些子任务来完成原来的任务。在这个过程中，教师对任务先作简单的分析，简述本节所要掌握的知识点，指出学习的重点和难点，以及与任务的相关内容。在教学实施的过程中，则需要适时提供脚手架，发挥良好的引导作用，这不仅有助于提高学生的学习兴趣，而且为知识之间的联系提供了一个平台。

明确了要完成的任务后，学生就会根据老师的提示和分析初步了解要掌握的知识。在具备相关知识之后，学生将进一步分析任务，详细分析完成任务所需的步骤，然后尝试解决问题，完成任务。

（三）循序渐进，鼓励互动

任务下达后，学生们肯定会面临一些需要解决的问题，面对这些问题，学生们应该通过查阅资料和讨论来解决这些问题。查阅资料可以加强学生对资料的熟悉程度，巩固所学知识；讨论一方面深化了解决问题的方法，另一方面增强了学生的团队协作能力。在解决问题的过程中，学生应该是主体，教师可以适当引导学生，并提供一些参考资料，或者借鉴一些成功人士的经验和方法，主要是帮助学生培养自主学习的能力。

在任务处理过程中，首先倡导学生进行互动，鼓励成绩优异的学生帮助学习相较困难的同学。其次，师生巡视课堂，发现存在的问题，并加以引导，采取适当的示范教学方法，对疑难问题进行更深入的讲解。同时，教师还要注意对重难点问题的把握，课后通过适当的方式帮助学生解决实际遇到的困难，使得任务顺利完成。在此期间，学生学会独立思考，与教师之间平等正面回答问题，共同解决课堂中的问题，激发了自信心和学习积极性，增强了任务驱动教学的教学效果。

（四）讨论总结，评价作品

评价是这一系列过程中非常重要的一环，不可或缺。这个环节关系到任务驱动教学模式的成败，对结果的客观评价不仅可以准确地检验学生的学习效果，了解学生的学习现状，还可以通过评价使学生对自己有一个正确的认识，端正学习态度。一般来说，评价可以来自三个方面：自我评价、同学评价和教师评价。最终的评价结果往往是这三个评价的有机结合。由于教师设计的任务具有一定的灵活性，对任务的完成没有具体的参考标准，所以教师应该指导学生如何进行客观的自我评价，学会自我反思。评价也要追求多元化，不能从单一方面，在学习过程中，每个学生的创新能力、学习质量、知识转移能力和研究能力都会有不同程度的体现，所以在学习过程中，也要实施评价，即注重形成性评价。教师的评价应注意保护学生的自尊和自信，充分肯定他们的优势，使用更多鼓励的语言，以保持他们良好的学习势头。

每个阶段的任务完成后，组织学生讨论得失和技巧，总结自己的完成情况和原因。同时将所有作品公开展示，互相讨论作品的优点和有待改进的地方，总结评价一些好的作品，从而进一步强化本课的重点内容，培养学生的成就感，进一步激发学生的学习热情，使其保持强烈的学习兴趣，对后续的学习任务有很强的学习动力。

(五)巩固细化，拓展创新

随着任务的完成，学生们获得了新的知识。学生的知识水平和学习质量都有差异，任务完成质量也一定有差异。因此，指导学生在教学活动后巩固和扩展所学知识是一项非常重要的工作。在这个过程中，学生不仅可以巩固所学的知识，还可以补充相关知识点，达到扩展巩固创新的目的。此外，学生可以互相帮助来完成课外任务，以便更高水平的学生能进一步巩固和创新，知识水平不太理想的学生则通过拓展训练，逐渐获得相关知识，充分发挥他们的主动性和学习的热情。

任务的完成并不意味着学习的结束。对于学生来说，他们求知欲的强弱与教师的指导有很大的关系。由于学生水平差距较大，任务的设计具有灵活性和局限性，所以在任务的完成上存在差距。因此，在教学过程结束后，有必要对任务进行扩充和细化，既可以巩固所学的知识，又可以补充相关知识点，从而达到扩充巩固创新的目的。此外，学生也可以完成课后任务，对知识点掌握得好的学生可以进一步充分掌握知识点，学习成绩差的学生可以通过拓展训练逐步获得相关知识，充分发挥学习的主动性和积极性。

四、任务驱动教学模式的实施案例

面向计算思维培养的任务驱动教学设计，见图 4-1。[1]

---

[1] 李天骄. 面向计算思维培养的高中信息技术任务驱动教学设计与实践[D]. 东北师范大学, 2021.

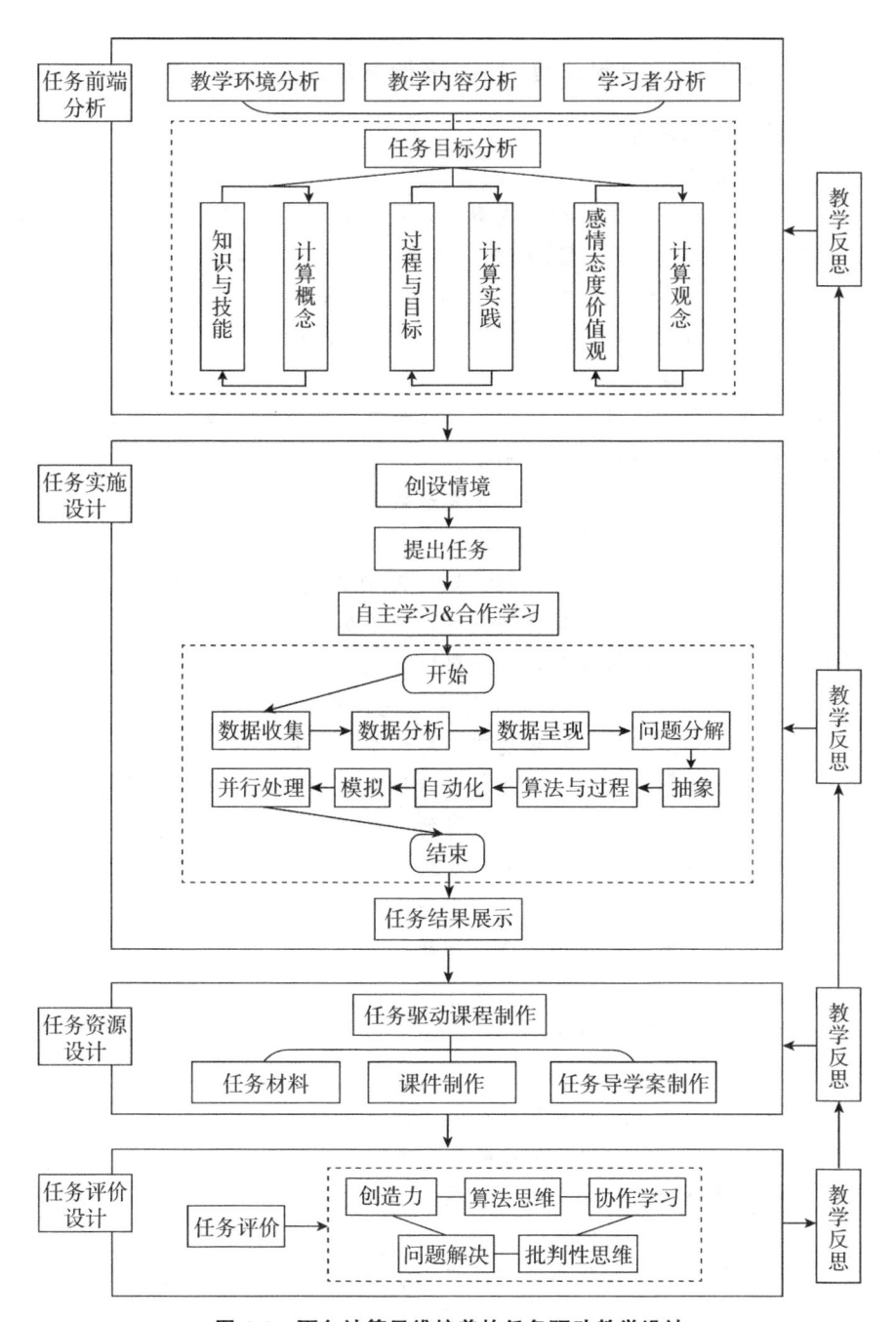

图 4-1 面向计算思维培养的任务驱动教学设计

案例一：《制作食谱》表格信息加工教学实践[①]

一、任务前端分析

1. 教学内容分析

教学内容：在表处理的教学内容中，一些处理表数据的软件需要介绍，主要以 Excel 为主要工具。Excel 的一些基本概念：工作簿、工作表、单元格等。Excel 的一些基本操作，如自动填充、数据排序、自动筛选、设置单元格格式等。Excel 中数据的计算：公式或函数的使用。图表的使用：柱形图、折线图、饼图等。

教学重点：对信息进行表格化处理和加工，掌握基本操作自动填充、数据排序、自动筛选等表格信息图形化。

教学难点：如何选择适当的图表表达数据。

2. 学习者分析

高一年级的学生正处于青春期，这一时期的孩子往往有强烈的独立性、表现欲和逆反心理，他们渴望得到关注，又不想被过度关注，处于比较矛盾的时期。为了使学生积极参与，有必要对其进行调查，了解学生对信息技术学科、课程设置和教学方法的一些看法，使得教学者在教学中能够有的放矢。这一时期的学生对信息技术的感兴趣程度往往是大相径庭的，信息技术的能力往往也是良莠不齐的：一些孩子对计算机的内部构件十分了解，能够侃侃而谈，而且并不满足于课堂上教授的内容；一些孩子却对信息技术的知识不屑一顾；还有一些孩子虽然并不反感信息技术，但在和同学比较的过程中总是容易自惭形秽，显得不自信，在授课的过程中，如何将这些不同类型的孩子都照顾到是教学者需要考虑的问题。

3. 教学目标分析

(1) 知识与技能/计算概念

①熟悉 Excel 界面。

②掌握工作簿、工作表和单元格等概念。

③掌握 Excel 数据的输入及自动填充功能。

④了解计算概念：顺序、条件、运算符、数据的含义。

(2) 过程与方法/计算实践

①通过寻找和揭示事物的特征及变化规律，学习表格处理数据的便利之

---

① 李天骄. 面向计算思维培养的高中信息技术任务驱动教学设计与实践[D]. 东北师范大学，2021.

处，体会图形化表达数据的直观之处。

②通过完成任务，掌握数据排序、自动筛选、汇总、自动填充求和、求平均等函数的使用。

③了解计算实践：再利用和再创作、抽象和模块化。

(3)情感态度价值观/计算观念

①学会从不同的角度挖掘表格数据所蕴含的信息。

②体会计算机解决问题的效率和优势。

③体会计算观念：表达、联系、质疑。

二、任务资源设计

任务资源包括《表处理导学案》、《主要食物营养成分表》和《表处理练习测试题》。制作课堂使用的演示课件，课件中要包含操作步骤，可作为学生的操作导学案使用。准备课堂演示 Excel 文档和学生练习使用的 Excel 文档。准备学生基本情况调查问卷，了解学生对信息技术课程的态度和了解程度；准备课堂观察记录表，观察记录整堂课各个环节的推进情况；准备教学满意度调查问卷，用于收集学生的满意度反馈；准备计算思维能力调查问卷，测试学生在教学前后的计算思维能力变化情况；准备学生课堂交互情况调查表，用社会网络分析的方式了解学生之间的交互情况；准备 Excel 基本操作练习题，检测学生对 Excel 基本操作的掌握程度。

三、任务驱动教学实施

本次授课使用面向计算思维培养的任务驱动教学法为主要教学方法，辅以讲授法、合作学习等方式进行授课。根据 Excel 中涉及的知识点(自动填充、数据的排序、数据的筛选、数据计算、汇总、表格信息图形化等)设计适合的任务。虽然整体上是以"任务"驱动，但是在任务开始之前，一些基本的概念需要使用讲授法进行，以提高课堂的效率，具体细节见表 4-1。

表 4-1 《制作食谱》表格信息加工教学实施流程

教学环节	教师活动	学生活动	设计意图	蕴含的计算思维
创设情境	你达到营养标准了吗？根据中国居民平衡膳食宝塔，高中生每日营养成分需求是这样的： 脂肪 70—90 克；碳水化合物 500—600 克；；蛋白质每日达 80—100 克热量的摄入在 2800—3000 千卡。	课前适当预习，知识准备、材料准备(教师提供)，利用导学案，了	创设一个完成任务的情境，激发学生兴趣。教师综合所有知识点设计	计算概念：顺序、条件、运算符、数据。 计算实践：再利用和

续表

教学环节	教师活动	学生活动	设计意图	蕴含的计算思维
创设情境	我们先来了解一些基本概念，一个Excel工作簿保存在一个文件中，一个工作簿最多可包含255张工作表，每张工作表可以单独命名，同一个工作簿的工作表名称不能重复。 工作表的行用数字进行编号，列用字母和字母组合进行编号。行和列的交叉部分被称为单元格，是Excel最基本的存储单位。单元格使用地址进行引用，地址是列和行的组合，如"A1""B15"。	解Excel的基本概念、基本操作、数据计算、表格的图形化等基础知识。	出适合学生完成的任务。学生初步准备，该阶段学生的任务不重。	再创作、抽象和模块化。计算观念：表达、联系、质疑。
提出任务	制作一份你喜欢且营养的食谱。	认识任务：制作一份喜欢且营养的食谱，按照高中生每日营养成分需求的要求，创作一份个性化的食谱。	提出任务。学生认识任务，明确自己该做什么任务，如何完成。	数据收集、数据分析、数据呈现、问题分解抽象、自动化等。
自主学习 & 合作学习	总任务是制作一份个性化且营养的食谱。 【实施任务】 使学生进入情境，根据任务要求先自主学习，独立思考。之后小组合作完成任务。 指导完成总任务后，根据知识点掌握情况进行补充任务的完成。 ①将《主要食物营养成分表》按食物类别汇总，得出每种类别有多少种食物（蛋类、豆类、谷类、肉类、乳类、蔬菜类、水果类）。（知识点：先排序，后汇总） ②为你的食谱编号。（自动填充） ③你喜欢的食物蛋白质的总量。	实施任务：学生需收集各类食物中营养成分（为节省时间，教师提供），分解任务，实施任务，完成任务（知识点：先排序，后汇总，数据计算—公式—函数—自动）。附加任务知识点。	强调计算思维的实践过程，学生在任务的驱动下，体会思想，学会技能。	问题分解、抽象、自动化、并行处理等。

续表

教学环节	教师活动	学生活动	设计意图	蕴含的计算思维
自主学习 & 合作学习	（要求：利用公式计算） ④你喜欢的食物脂肪的总量。（要求：利用函数计算） ⑤你喜欢的食物碳水化合物含量。（要求：自动计算） ⑥参考高中生每日营养成分需求，核对你的食谱是否合理，每种营养成分中含量最高的是什么食物？是你最喜欢的吗？（数据排序） ⑦青少年对蛋白质的需求尤为突出，在《主要食物营养成分表》找到蛋白质含量超过20克的食物。（知识点：数据的筛选） ⑧将"中国居民平衡膳食宝塔"整合为柱状图和饼图。 将"不同年代城乡居民膳食能源来源比（%）"整合为折线图，对比不同年代居民能源来源变化趋势。			
任务结果展示	【结果展示—交流评价】 大部分学生已经完成了任务，现在我们请同学们思考并观察他们任务的完成过程和你的有什么不同，优点和不足是什么，查漏补缺，看下自己的优点和不足。	通过任务结果展示学生交流评价作品，并思考作品的优点和不足。	通过交流评价，可及时查看学生情况，对共同问题进行纠正，同学之间可以取长补短。	问题解决，批判思维，创造思维，合作能力。

四、任务评价

案例一的评价主要包含诊断性评价和形成性评价。

为全面了解学习者知识起点、技能起点、能力起点、态度起点等，设计出更好的任务和教学流程，笔者通过参与资深信息技术教师的课堂、分析学生的作业作品和学生基本情况调查问卷等方式进行了诊断性评价。

为及时了解信息技术阶段性课程的教学效果、学生任务完成情况、完成任务过程中遇到哪些问题，改进和优化教学过程，笔者在课堂教学的过程中通过课堂观察、课堂交互情况调查表，课程后通过信息技术测试题、学生满

135

意度调查等方式进行形成性评价。

案例二：《鸡兔同笼》Python 编程初体验教学实践[①]

一、任务前端分析

1. 教学内容分析

教学内容：通过《孙子算经》中记载的一个有趣的问题——"雉兔同笼，上有三十五头，下有九十四足，问雉兔各几何"，引导学生使用不同的计算方法去解决，展开教学内容：Excel 公式的使用方法和 Python 编程的过程，包括简单语法及编译过程等。

教学重难点：熟练 Excel 的公式及函数的使用方法；Python 编程初体验，代码含义的讲解。

2. 学习者分析

除了上阶段关注的高中学生的普遍心理状态和特点，本阶段重点分析学生的学习起点。包括态度、技能起点及对任务驱动法和计算思维的了解程度等方面的问题。根据课前简单的问卷了解，38.64%的学生比较喜欢信息技术课程，31.82%的学生一般喜欢信息技术课程，27.27%的学生非常喜欢信息技术课程，2.27%的学生比较不喜欢信息技术课程，没有学生选择非常不喜欢，所以高一学生总体上对信息技术的态度还是比较积极和正面的。在对信息技术的了解程度问题上 65.91%的学生了解 Office 软件，70.45%的学生会使用搜索引擎，50%的同学对图片、声音、视频编辑软件是了解过的，6.82%的学生会一些简单的编程，其中 20.45%的学生选择了其他，他们的回答包括"其实啥也不了解""了解一点 Python"等，高一学生的整体情况是这样的，有一些出乎意料的点，也有一些可预测的普遍情况。在对任务驱动教学法的了解程度的调查中一般了解的同学最多，占学生数量的 38.64%；在对计算思维的了解程度调查中一般了解和比较不了解的人数占比最高，分别为 32.82%和 34.09%。在对教学活动的偏好选择中，超过八成的同学会选择动手实践或实验和现场体验，排名第三的是教师讲解，接下来是小组讨论、独立思考、作业与练习。这个调查结果与我们的预估是一致的，学生更加喜欢在明白原理后自己动手以获得成就感。

根据我们的预设和调查结果，我们选用的教学方法是讲练结合，以面向

[①] 李天骄. 面向计算思维培养的高中信息技术任务驱动教学设计与实践[D]. 东北师范大学，2021.

计算思维培养的任务驱动教学方法为主要的教学方法。在任务开展的过程中，为避免进度差距过大造成课堂混乱，使用异质分组的方式进行合作学习，同时鼓励同学们进行独立思考，自主探究。

3. 教学目标分析

(1)知识与技能/计算概念

①了解计算的发展过程和计算的基本方式；

②掌握 Excel 公式的使用方法，熟练进行数据计算；

③了解 Python 语言的基本写法；

④了解计算概念：顺序、循环、并行、事件、条件、运算符和数据。

(2)过程与方法/计算实践

①通过计算方式的讲解，能根据不同的问题需求，选用恰当的计算方式；

②通过"鸡兔同笼"问题，进行 Excel 练习巩固和 Python 编程的初次体验；

③体会并进行计算实践：递增和重复，测试和调试，再利用和再创作，抽象和模块化。

(3)情感态度价值观/计算观念

①感受计算机在处理数据时的优势，提升计算思维；

②通过团队协作，感受与他人交流的收获；

③体会并认同计算观念：表达、联系和质疑。

二、任务资源设计

教学工具：《计算方法导学案》、《鸡兔同笼 Excel 表单》和《鸡兔同笼 Python 代码》。制作课堂使用的演示课件(导学案)，课件中需要明确任务要求等，学生可参考使用，以及课堂使用的演示 Excel 文档和学生练习的 Excel 文档、学生要使用的 Python 代码及 Python 的编译环境。

课堂观察记录表，帮助笔者有侧重点地观察教学环节的推进情况；教学满意度调查问卷，帮助笔者了解学生对课堂满意度的反馈，以便更顺利地推进下一步的教学活动；计算思维调查问卷，帮助笔者了解学生的计算思维变化情况；学生课堂交互情况调查表，帮助笔者了解学生交互情况。

三、任务驱动教学实施

按照面向计算思维培养的任务驱动教学法的教学环节设计，本轮实验的教学环节依然按照：创设情景、提出任务、自主学习与合作学习、任务结果展示的步骤来进行，根据教学内容和目标的不同，可增减一些教学细节，本阶段的教学过程更加突出计算思维的设计，其详细内容如下表 4-2 所示：

表 4-2 《鸡兔同笼》Python 编程初体验教学实践流程

教学环节	教师活动	学生活动	设计意图	蕴含的计算思维
创设情境	《孙子算经》中记载了一个十分经典又有趣的问题："今有雉兔同笼，上有三十五头，下有九十四足，问雉兔各几何？"请同学们思考这个问题的解决办法？鸡兔同笼问题是一个古老的问题，在我们初中学习二元一次方程组的时候就曾经见过这个问题，接下来，老师需要同学们用不同的方法来解决这个问题。大家也需要小组合作形成解决问题的方案，如何一步一步解决每一个任务，将任务细化分解，逐个解决。	学生复习 Excel 一些基本操作、公式的输入等，同时学生需要理解计算思维中的一些概念。	围绕 Excel 和 Python 知识点的讲解，以任务驱动为主线，在一个主题的指引下设计该阶段的教学。	计算概念：顺序、循环、并行、事件、条件、运算符和数据。计算实践：从递增和重复，到测试和调试，到再利用和再创作，最后还有抽象和模块化。计算观念：表达、联系、质疑。
提出任务	探讨解决问题的计算方式。任务一：人工方式解决"鸡兔同笼"问题；任务二：借助电子表格 Excel 解决"鸡兔同笼"问题；任务三：借助编程解决"鸡兔同笼"问题。	引导学生回忆之前的知识点，包括 Excel 中公式的输入，地址引用等；适当了解编程知识，对 Python 解决问题的优势有一个初步的认识。	创设"鸡兔同笼"的问题情境，呈现任务时，所有的任务都有一个共同的主题，有意识培养学生的计算思维，如：问题解决意识。	学生在问题解决的过程中需要对数据进行若干操作，这要培养其数据收集、数据分析、数据呈现的能力。学生可将问题细化分解，最后形成解决方案，这题是要培养其问题分解、抽象、理解算法的能力。

续表

教学环节	教师活动	学生活动	设计意图	蕴含的计算思维
自主学习&合作学习	自主学习，自主思考后，进入分组学习。 分组：异质分组。 任务一：人工方式解决"鸡兔同笼"的问题。 抬脚法： 同学们，假如说兔子和鸡都能听懂大家的话，大家让兔子和鸡同时抬起两只脚，这样笼子里的脚就减少了总头数×2只，由于鸡只有两只脚，所以笼子里只剩下兔子的两只脚，再÷2就是兔子数了。 公式：兔的只数＝(总脚数－总头数×2)÷(兔的脚数－鸡的脚数) 兔的只数：$(94-35\times2)\div2=12$（只） 鸡的只数：$35-12=23$（只） 方程法： 解：设有 x 只鸡，y 只兔子， 由题意得： $\begin{cases}x+y=35\\2x+4y=94\end{cases}$ 解得 $\begin{cases}x=23\\y=12\end{cases}$ 答：笼子里面有23只鸡和12只兔子。 同学们上述解决问题的过程就是计算的过程。 任务二：使用Excel解决"鸡兔同笼"的问题。 大家想一下都需要哪些信息呢？兔的只数、鸡的只数、兔脚总数、鸡脚总数、总脚数，将这些信息排列于Excel中，利用Excel如何将该问题解决呢？	任务一： 理解抬脚法和列方程法解决"鸡兔同笼"问题的含义及步骤。 在任务一开始之前分好小组，与小组成员一起讨论和解决问题。 任务二：打开电子表格，回顾第一阶段学习的电子表格软件界面，复习数据排序、常用公	任务一、二、三具有不同的变化，需要学生使用不同的解决问题的方法，在这个过程中学生可以体会到不同方法的优缺点。体会计算思维解决这类问题中扮演的角色和起到的作用。 同时使用公式和函数是Excel中非常重要的一部分，为了使学生能够充分理解、灵活使用，这一阶段加入部分练习还是十分有必要的。	任务一是要求学生使用传统数学逻辑解决鸡兔同笼问题，培养学生问题分解、抽象、理解算法的能力。 任务二使用Excel解决"鸡兔同笼"问题，这一解决问题的过程涉及理解问题、分解细化问题、公式的输入和引

续表

教学环节	教师活动	学生活动	设计意图	蕴含的计算思维
自主学习&合作学习	**鸡兔同笼问题(35头94只脚)** 	兔的只数	鸡的只数	兔脚总数	鸡脚总数	总脚数
				| 大家继续想它们之间存在什么样的数量关系呢? A B C D E 鸡兔同笼问题(35头94只脚) | 兔的只数	鸡的只数	兔脚总数	鸡脚总数	共有的脚数
A3	35－A3	A3×4	B3×2	C3+D3 | 首先将问题中涉及的相关量罗列出来,找出其数量关系,然后用之前学过的公式输入其数量关系由计算机自动计算,大家还记得如何自动计算吗?自己动手实践一下吧! | 兔的只数	鸡的只数	兔脚总数	鸡脚总数	共有的脚数
1	34	4	68	72
2	33	8	66	74
3	32	12	64	76
4	31	16	62	78
5	30	20	60	80
6	29	24	58	82
7	28	28	56	84
8	27	32	54	86
9	26	36	52	89		式和函数用法、数据的筛选等第一阶段的基本操作。 步骤: 第一步,选定。 第二步,打开数据菜单筛选→自动筛选。 第三步,设置筛选条件。		用,自动填充等,这些操作步骤有利于学生进一步理解计算思维中的顺序、并行、循环、条件、事件、运算符和数据等概念。

续表

教学环节	教师活动	学生活动	设计意图	蕴含的计算思维
自主学习＆合作学习	最后，大家用之前学到的数据筛选选出符合条件的项就解决了这个问题。 | 兔的只数 | 鸡的只数 | 兔脚总数 | 鸡脚总数 | 共有的脚数 | | 12 | 23 | 48 | 46 | 94 | 好，现在大家都明白了吗？接下来我们来看第三种解决问题的方法。 任务三：计算机编程解决鸡兔同笼问题。 大家可以看到"鸡兔同笼.py"文件，这是一个用计算机编程语言编写的小程序，请大家双击即可运行此程序。大家能得到什么样的结果呢？用计算机编程解决此问题和用 Excel 寻找规律解决有何不同？ 程序设计 1(抬脚法思路)： print('这是一个有关鸡兔同笼问题的程序') heads＝float(input('请输入总的头数 Please enter the total number of heads：')) legs＝float(input('请输入总的脚数 Please enter the total number of feet：')) tu＝int((legs-heads＊2)/(4－2)) print('兔子有：', tu, '头') print('鸡有：', int(heads-tu), '头') input("运行完毕，请按回车键退出 … After running, please press Enter to exit…") 程序设计 2(方程法思路)： print('这是一个有关鸡兔同笼问题	任务三：用 Python 打开"鸡兔同笼.py"文件，运行该文件，感受用程序解决此类问题与以上两种方法的不一样之处。程序设计 1 和程序设计 2 的思路是不同的，分别理解 1 与 2 的思路，并简单地认识一下 Python 编程的语句写法。		任务三：计算实践，即递增和重复、测试和调试、抽象和模块化、再利用和再创作。计算观念：表达、联系、质疑。同时学生还要理解自动化、模拟、并行处理的含义与作用。

141

续表

教学环节	教师活动	学生活动	设计意图	蕴含的计算思维
自主学习 & 合作学习	的程序 This is a program about the problem of chickens and rabbits in the same cage ') heads＝int(input('请输入总的头数 Please enter the total number of heads：')) legs＝int(input('请输入总的脚数 Please enter the total number of feet：')) for tu in range(1, heads-1)： 　leg＝4＊tu＋2＊(heads-tu) 　if leg＝＝legs： 　　print('兔子有：', tu, '头') 　　print('鸡有：', int(heads-tu), '头') input("运行完毕，请按回车键退出…After running, please press Enter to exit…") 讲解 Python 语句的含义与程序运行的流程，让学生体会与学习。			
任务结果展示	学习者进行结果展示。 比较三种计算方式的特点，按小组填写下表： | 计算方式 | 使用成本 | 使用方便性 | 计算速度 | 其他 | |---|---|---|---|---| | 人工计算 | | | | | | 借助电子表格计算 | | | | | | 编程计算 | | | | | 经过讨论，相信大家都有了一些自己的想法。下面我们一起来分享自己小组的成果，并说明理由，同时认真听取别的小组的想法，看看经过交流后，大家会有什么不一样的收获。	通过解决"鸡兔同笼"问题，比较人工计算、计算机软件 Excel 计算以及编程计算在计算成本、便捷性、计算速度等方面的特点，进行小组讨论与总结。	通过让学生比较这三种计算方式，驱使同学们回顾整个学习过程，复习知识点；同时与小组成员充分交流沟通，锻炼学生的计算思维。	在这一阶段中计算思维的培养已经接近尾声。同学们有机会回顾之前所应用的计算思维，同时计算观念中表达、联系、质疑将会得到充分的锻炼。 问题解决，批判思维，创造思维。

续表

教学环节	教师活动					学生活动	设计意图	蕴含的计算思维
任务结果展示	计算方式	使用成本	使用方便性	计算速度	其他			算法思维，合作能力。
	人工计算	高	较方便	较快	计算量较小时用			
	借助电子表格计算	较高	烦琐	慢	计算过程有限时用			
	编程计算	低	方便	快	计算量大、复杂时用			

四、任务评价

案例二中的评价主要包含诊断性评价、形成性评价和总结性评价。

为了解学生的知识技能基础，笔者进行了诊断性评价。为不断完善和优化课堂，笔者进行了形成性评价，评价内容主要为课堂观察。形成性评价还包括对学生作业的分析，下图为学生运行 Python 代码的结果节选（见图 4-2）。

```
print('这是一个有关鸡兔同笼问题的程序')
heads=float(input("请输入总的头数:"))
legs=float(input('请输入总的脚数:'))
tu=int((legs-heads*2)/(4-2))
print('兔子有：',tu,'头')
print('鸡有：',int(heads-tu),'头')
input("运行完毕，请按回车键退出...")
```

```
这是一个有关鸡兔同笼问题的程序
请输入总的头数:35
请输入总的脚数:94
兔子有: 12 头
鸡有: 23 头
运行完毕，请按回车键退出...
```

图 4-2 学生运用 Python 代码的结果节选

总结性评价以测试题的形式进行，笔者使用问卷星制作了关于这一阶段信息技术知识点的测试题和计算思维的测试题供学生作答，作为总结性评价的依据，其分析过程和结果见第五章"面向计算思维培养的任务驱动教学效果分析"。

请你思考

请结合自身的学习和教学经验，尝试总结：任务驱动教学模式的组成要素有哪些？在我们实施任务教学模式时，任务的选取应该需要注意一些什么？

第二节 项目式教学模式

一、项目式教学模式的内涵与特征

(一)项目式教学模式的内涵

项目式教学模式(Project-Based Learning,简称PBL),是指基于学生兴趣与现实的问题情境,通过理论与实践的有机结合来调动和挖掘学生的创新潜能,将传统教学中理论知识与实践技能有机结合的教学方法。项目式教学模式在建构主义的指导下,将教学内容中要掌握的知识内容重新整合,划分为几个相对独立的教学项目,并以项目为依托,将每个教学项目安排为工作任务,确保学生学习任务的完成。在教学过程中,教师首先需要将大项目进行分解,并对过程中难度较大的部分进行适当的示范演示,然后学生相互配合,在限定的时间内完成项目任务。学生通过直接参与项目实施过程,了解项目的每一个环节,总结和评价项目完成后所取得的成果,掌握其中所包含的知识点,把握项目实施全过程的重点和难点,最终实现"做中学"的学习模式。

项目教学旨在把学生置于有意义的实践活动任务中,使学生主动、独立地进行知识建构,以学生在项目开展过程中生成的实践知识和操作技能为最高的成就目标。在项目开展的全过程,培养学生跨学科、跨领域合作解决复杂问题的能力,自主深化与拓展知识的创新能力和团队合作能力。

(二)项目式教学模式的特征

1. 真实、具体的学习情况。项目学习的起点是基于学习者的需要。项目研究问题从学生的经验出发,立足于现实生活情境与真实现实问题。因为当以一种真实的方式进行学习,面对真实的、具体的问题时,解决这些问题才有可能产生实际的结果。通过具体项目,可以增强学生对知识与生产生活关系的思考与探索能力,增加学生运用学科知识解决生产生活问题的经验和体验。

2. 全面、开放的学习内容。项目学习所涉及的问题,无论大小,都是综合性的、开放性的。之所以说它是综合性的,是因为它将理论知识和实际操作结合到一个项目中,涵盖了知识和技能,甚至思维态度等多个方面。学习内容的全面性设计应以课程标准为基础,既能体现学生需要掌握的基本知识和技能,又具有培养学生学科能力的核心要素。它的实施从一个触发问题开始,把握问题的核心本质和解决途径,组织和刺激学习活动的发生。之所以说它是开放性的,是因为它不局限于课本知识,也不局限于某一种观点。它所涉及的问题是存在的,是不断变化和发展的,可以从多种角度、多种途径去分析和解决。

3. 多样、集成的学习方法。项目基础学习往往需要学生通过实践经验来弥补书本理论学习的不足,发挥想象力创造性地探索现实生活中的问题。在学习过程中,学生会使用各种认知工具和信息资源来陈述自己的观点,设计解决方案并验证自己的假设,支持自己的学习。

4. 数字化、网络化的学习手段。在项目开展过程中,教师需要提供必要的软硬件设备、网络等必要数字化现代信息技术支撑以保证学生能够充分利用数字化学习资源,自主发现、协商合作、实践创造,完成学习任务。

5. 个性、多维的学习体验。项目学习要求学生在充分掌握书本知识的前提下,将知识迁移应用到实践活动中,既需吸收前人的文化遗产,又要大胆探索创新。这在提升学生综合能力的同时,也让学生发挥个性化特长。通过项目学习,可以全面培养学生的自学能力、实践能力、研究分析能力、合作互助能力、沟通能力等,学生得到多维度的发展。在项目展开之初,教师、学生和所有参与项目活动的人员相互合作,组成从问题产生、目标设计、活动设计到项目管理的"学习共同体";在实施阶段,学生以合作学习的项目团队方式讨论项目的核心问题和驱动问题。

6. 连续性、多样性的学习评价。评价的连续性是指对学生的表现和学习情况在项目的不同阶段进行评价。它不仅要求对学习结果的评价,而且强调对学习过程的评价,做到定量评价与定性评价、形成性评价与总结性评价、个体评价与群体评价、自我评价与他人评价的嵌入融合。评价的多样性是指构建多维评价指标、多层次评价体系,让评价方式适应项目式教学的内涵主旨。基于项目的学习的最终结果包括产品、报告或实现的设计和开发过程。通过学生系列项目成果展示,教师可以判断学生对知识和概念的掌握情况,以及学生综合素质和创造力的发展与提升情况。

二、项目的类型与设计原则

(一)项目的类型

项目(Project)是指将待解决的问题分解成一系列相互关联的任务,在特定的时间内,使群体内能够相互合作,有效地组织和利用相关资源来创造特定的产品或提供服务,通过每个相关联任务的完成,最终达成与现实相关的特定目标。该项目内容由一组共享一个共同主题的更具体的"主题(Topic)"组成。项目的概念最早出现在管理领域,教育领域的"项目"是指学生围绕选定的主题进行的一系列学习活动,如调查、观察、研究、新知识的表达、学习成果的展示和共享。

　　基于项目的学习可以是基于主题的,也可以是先验的。主题项目学习是围绕某一关键概念和能力专题的项目学习,它将学习的设计要素投射到学科教学中,将低阶认知"套餐"投射到高阶认知中,在保证学科基础课学习知识与技能不流失的情况下,通过项目学习的设计,培养学生的问题解决能力、元认知、批判性思维、沟通与合作能力等。基于项目的跨学科学习是基于两个或多个学科的核心概念和能力,或者基于一套元学科概念系统,以促进对世界的更深入理解。学生将两个或两个以上的学科概念结合在一起,解释现象,解决问题,对问题现象和本质产生全新理解并尝试创造出创新创意作品,这是他们在一个学科里做不到的,也是解决实际问题所必需的。

　　学科项目学习与跨学科项目学习的区别在于,学科项目学习中的核心知识、成果和评价仅基于本学科,仅构建、绘制本学科中知识体系和网络,学科关键概念和能力、学科核心素养是学科项目学习设计的核心。但这也并不是说课题项目学习只在一个学科中挖掘,不涉及其他学科,仍然有可能涉及其他学科,使用在其他学科的学习中已经掌握的知识和技能。在这个过程中其他学科的理解仅作为背景知识而存在,并不是不可或缺的。而跨学科项目式学习的核心知识来自两个或两个以上的学科,是对涉及的相关学科核心素养的整合与再提升。单一学科的知识网络不能解决跨学科项目学习的问题,而是作为背景知识隐含在跨学科解决问题的过程中。跨学科项目学习的最终项目成果综合体现了多学科的联合效应。

　　(二)项目的设计原则

　　1. 学科项目设计原则

　　①找到核心知识。找到与此项目学习相关的关于本学科的关键概念以及与之相关的一系列基本知识和技能。其他学科,如果有相关知识,也可以纳入其中,但不能作为重点。

　　②设计驱动问题。项目学习的本质问题必须是学科性问题,并且项目的开展与完成必须是对相关学科中的关键概念做出回应。不过,驾驶问题并不一定要把驱动问题纳入历史、现实、艺术、工程等大背景,激发学生的

兴趣。

③设计公共成果和评价点。学科项目化的成果往往具有较强的学科性，深层次、多维度剖析了学科的本质。在绩效评价指标中，对核心知识、技能的成熟程度进行评价和分析是十分必要的。

④设计认知策略。高层次认知策略在项目学习中具有普遍性和共同的心理机制，这在本书的第二部分中得到了强调。这些高阶认知策略与不同学科对应的低阶认知策略存在一定的差异，在具体的设计过程中，如数学问题解决策略、阅读策略等，都可以进一步考虑它们的独特性。

⑤设计学习实践和评价要点。项目学习的实践是普遍的，但为了激发学生对学科的探究和深入思考的投入，一些实践也可以进行筛选、匹配和集中，使之更加学科化。比如，在数学项目研究中，如果要强调和突出学生的数学家身份，或者突出锻炼学生的数学思维，可以特别注意学生呈现数据或推理的清晰性和可靠性，要求学生用计算进行数学思考。但所有这些学习实践并非都需要评估，我们需要评估的是反映现阶段的要点的实践活动。

⑥深化全过程评价。项目式学习依赖于学科的核心知识，因此需要更高的评价，回答教师最关心的学生的学习方式的问题是必要的。无论是在过程评价还是总结评价中，纸笔测试都是必不可少的。除了传统的试题外，纸笔测试还需要一些长文本的情境问题，以测试学生综合水平能力的习得情况。学科项目学习评价还包括对学生成绩的评价和报告、走访等主要实践，突出学生评价的综合性。在项目学习评价中，除了纸笔测试外，教师还需要进行其他评价，而必要的讨论和制定评价量表也是学习的重要组成部分。

上述六维设计要点在一个单元中全面呈现，使项目学习单元能够有足够的张力，拓展和深化学生的思维，同时掌握关键知识点。

2. 跨学科项目设计原则

设计维度在以跨学科项目为基础的学习中会有怎样的表现呢？

①核心知识。在跨学科的项目学习中，概念的选择是最重要的，它直接决定了项目学习的性质。如果只反映了一个学科的关键概念，那就是学科项目学习；如果同时指向两个或两个以上学科的关键概念，那就可能是跨学科的项目学习；如果它指向学科概念之外的另一个概念体系，则是跨学科的。

②驱动的问题。跨学科项目学习的本质是整合学科内容使之指向与该学科相关的所有概念，并尝试引导学生在学科交叉地带发现、解决问题。驱动问题的真实性和复杂性也比基于跨学科项目的学习更强。

③高阶认知。高阶认知策略在教师项目式教学中具有普适性，在学生开

147

展项目中普遍存在，具有共同的心理机制。

④研究和实践。在以项目为基础的学习中，实践本身也是普遍的。

⑤发布结果。跨学科项目学习的结果反映了整体问题情况探索的结果，并包括对所有相关概念的理解的分析。

⑥整个过程评估。跨学科项目学习一般不以考试为方向，尤其是跨学科项目学习，但可以包括各学科的纸笔测试。跨学科专题学习也注重学生概念理解和学习实践的深度。跨学科项目学习的评价还包括学生的成绩评价和过程中的各种实践，如技术实践、探究实践、口头和书面报告等。在跨学科项目学习的评价中，除了纸笔测试外，还可以由学生进行其他评价。必要的讨论和评价标准的制定也是学习的重要组成部分。

上述六个维度的设计原则，可以使跨学科的项目化学习单元充满张力，拓展和深化学生的思维，达到单一课程教学和设计无法达到的整合效果。

三、项目式教学模式的实施步骤

学习是一个受内部心理活动与外部环境因素影响的复杂过程。建构主义理论认为，学习是基于项目的学习，是一种动态的活动建构主义教学方法。学习者利用自己的背景和经验，在特定的情境下，借助外部条件建构知识。它强调以学科的理念和原则为中心，以创作和展示作品为目的，借助现实世界中的各种资源进行探索活动，在规定的时间内解决一系列相互关联的问题。

有学者认为，在信息技术教学中实施项目式教学模式的基本策略是选取或创建一个贴近学生生活的学习项目，创设问题情境，在教师的指导下划分学习小组，引导学生通过完成课题和实践来探索解决问题的方法，做到边"学"边"做"。项目式学习在信息技术教学中的实施通常分为七个基本步骤：设计项目、分组、制订计划、探索与合作、制作作品、报告与示范、总结与评价。

(一)设计项目，创设情境

项目式教学模式中教学项目的选择来源于工程实践。每个项目的学习目标都不同却又相互承接。多个相互关联、相互作用的知识点可以通过系统处理整合到一个项目中进行教学。在教学设计过程中，要以学生为中心组织教学。教师不再只是课堂上的知识传授者，学生也不再按照教师设计的固定过程被动学习。教师在设计教学项目的内容时，要充分考虑学生的学习兴趣，充分发挥学生的主动性、积极性和创造性，确保每一个学生都亲自参与完成任务的全过程。教师设计的项目结构应该包括一系列结构不好、复杂、真实性差的问题，让学生尽可能多地参与并调动自己一切可利用的资源解决项目问题。项目的内容集合构成了一个特殊的主题，让学生明确自己要探索和学习的范围。学生在完成任务的过程中参与学习过程的设计，通过不断发现问题和解决问题，获得更多的知识，拓宽视野。教师应该在适当的时间或环节针对学生的问题给予适当的指导。项目式教学模式使每一个学生都直接参与项目的实施，从而激发学生的好奇心，吸引学生的注意力，增强学生的学习主动性。学生可以通过完成项目任务，对大量的新知识进行整理与实践，使其更容易理解和记忆，并能保持更长的时间，从而提高教学成效。

（二）选择主题，分组分工

项目选择是影响项目教学效果的关键环节。选择项目要遵循以下三个原则：第一，项目要紧密结合理论知识。项目不仅要使学生巩固基础理论的学习，还要锻炼他们在完成项目的过程中分析和解决问题，迁移应用创新理论知识的能力。第二，项目难度要适中。该项目应使学生在工作的基础上做出一定的努力，项目难度过高或过低，都不利于调动学生学习的积极性。第三，项目要强调团队合作。项目教学的目的之一是培养学生的团队精神和合作能力，所以所选的项目应该在一个团队的所有成员的合作下完成。

每个学生从老师提供的项目列表中选择一个主题。由于每个学生的兴趣爱好不同，选择的话题也不同，为了充分调动学生的学习积极性，全班可以根据主题分组，每组5~8人，要选好组长，分配好组员的角色，明确分工。

（三）分解问题，制订计划

系统思维要求我们对整体而不是单独的部分进行深入的思考和有效的把握，从而保证整个系统有序地运行。项目式学习的发展体现了系统思维的过程。为了完成一个项目，学生要从系统思维的角度考虑很多方面，比如整体的探索计划，如何划分小组的工作，需要调动哪些学科知识，如何分步实施计划，最后生产什么形式的产品。这种系统思维有助于培养学生的非标准复杂思维能力。

为了更好地探索研究课题，每个小组应提前列出所选课题中需要研究或解决的若干问题。

（四）探究协作，收集整理信息

团队成员收集有助于回答或解决主要问题的信息。这时，学生需要学习信息收集、筛选、分析、辨别等技能，以确保小组的每个成员都应该参与并很好地合作。确定数据来源(互联网、报刊书籍、广播电视、访问相关专家等),并按照一定的规则对数据进行分类,形成一个或多个已分类封装完毕的数据文件夹。每组选出一名数据保管员,对每组获得的数据进行组织整理,并对数据进行有效管理,供组内查阅使用和组间共享交流。

(五)讨论策略,制作作品

经组内讨论项目计划后,确定解决问题的策略和方法,并开始实施。每组选择一种或多种方式(电子文档、多媒体、动画、表格、网页、编程等)展示研究成果,作品初稿完成后,在组内进行交流,提出改进措施,反复修改。

(六)交流分享,汇报成果

完成专题研究后,研究小组将互相交流,并向全班展示他们的发现。成果交流的形式多种多样,并不拘泥于演示文稿讲解式的展示,如举办展览、报告、录制项目过程视频、动画演示等,每个学习小组都会展示自己的研究成果,表达自己在项目式学习中所获得的知识和技能。

项目负责人将做总结报告和分享。其他小组会边听边提问。记者或小组其他成员将回答。报告结束后,其他组别的师生将根据项目完成情况、报告和答题情况进行打分。本课程为学生提供了一个学习和交流的机会,并鼓励学生进一步思考项目的实施。通过参考其他小组的成绩,学生也可以达到进一步学习的目的。

(七)反馈评价,总结反思

小组审阅报告并互相审阅,教师和学生对课题研究进行总结和反思。教师在此环节可组织学生参与制定评价表。或在评价前,向学生讲解评价表和评价标准,引导和激励学生理解开展项目的意义和要达到的效果要求。在设计标尺时,教师应根据具体情况设计评价指标,为每个指标设置相应的权重,制定合适的标尺格式。评价指标要全面、细化。

根据项目的完成情况来评价学生的学习效果。这一环节将过程性评价与综合性评价相结合,强调学生自我评价、群体相互评价、教师评价等多方面的评价。其中,学生的自我评价可以帮助学生梳理项目历程,发现自己的不足并加以改正,在下一次的项目中激发积极的思考;小组评价能充分培养学生合作与沟通的意识和能力;教师的评价重点在于项目的完成过程,而不是项目的完成结果。

总之,与传统的教学模式相比,PBL 模式强调中学生的主体地位,强调项目的选择必须是围绕学科核心概念的现实社会问题,并且解决后会产生一定的社会效果或制作出可以解决实际问题的项目作品。学习的结果呈现在多个作品中，学习的形式主要是小组合作，在合作中进行合作和交流。最终的评价方法也是基于项目过程的多元化的评价，项目式的学习更加注重能力的提高和知识应用水平的内化。

四、项目式教学模式的实施案例

案例：数据分析与表达

一、学科核心素养

1. 能够分析数据中所承载的信息；在合作解决问题的过程中，愿意与团队成员共享信息，实现信息的更大价值。

2. 在信息活动中能够采用计算机可以处理的方式界定问题、抽象特征、建立结构模型、合理组织数据；通过判断、分析与综合各种信息资源，运用合理的算法形成解决问题的方案。

3. 掌握数字化学习系统、学习资源与学习工具的操作技能，用于开展自主学习、协同工作、知识分享与创新创造，助力终身学习能力的提高。

4. 具有一定的信息安全意识与能力，能够遵守信息法律法规，信守信息社会的道德与伦理准则。

二、课程标准要求

1. 通过典型的应用实例，了解数据采集、分析和可视化表达的基本方法。

2. 根据任务需求，选用恰当的软件工具或平台处理数据，完成分析报告，理解对数据进行保护的意义。

三、学业要求

1. 掌握数字化学习的方法，能够根据需要选用合适的数字化工具开展学习（信息意识、数字化学习与创新）。

2. 了解数据分析和可视化表达的基本方法，能够利用软件工具或平台对数据进行整理、组织、计算与呈现；在数据分析的基础上，完成分析报告（信息社会责任、计算思维）。

四、学情分析

学生在初中阶段已经初步接触表格加工软件，有基本的数据统计和图表制作的经验。但是对于数据分析的方法缺少归纳和总结，缺少应用分析工具解决实际问题的能力。

五、教学目标

1. 通过公交车乘坐体验案例，了解数据分析的基本方法（对比分析法和平均分析）和可视化表达的特点，感受数据分析的一般过程；

2. 通过阅读数据报告范例，了解分析报告的一般结构和表述规范；

3. 通过公共自行车项目，能够熟练选用合适的数据分析与可视化方法和工具，形成结论，并用数据分析报告表达观点，提升数据备份和安全意识。

六、教学重难点

教学重点：了解数据分析的基本方法（对比分析法和平均分析）；了解数据可视化表达的特点；了解分析报告的一般结构和表述规范。

教学难点：能够根据实际解决问题的需要，选择恰当的分析方法，多角度进行分析，得出结论，并有效表达。

七、教学策略分析

由于数据分析方法、数据可视化表达和分析报告的书写都是实践性很强的教学内容。因此教学采用项目式教学模式，让学生在解决公共自行车使用情况的问题中，掌握技术，提升素养。教学活动包含项目和知识两根主线，如图4-2所示。

八、教学环境

多媒体网络机房、教学广播系统、学习平台。

九、教学过程设计

大力发展公共交通成为解决问题的有效途径之一。随着公交、地铁等公共交通工具的发展，"公交最后一公里"的问题日益凸显。为了解决此问题，公共自行车应运而生，成为城市公共交通的重要组成部分。今天我们就面临这样一个项目任务，关于公共自行车使用的情况。

1. 项目任务布置

①项目主题：某市公共自行车使用情况调查分析

②项目说明：某市第一期建设了50个公共自行车站点，主要布局在居民生活工作集聚区出入口、公交车站附近等地。1240个锁车柱已经全部建成，1000辆自行车也已经配备到位。在使用一段时间之后，相关管理部门对公共自行车使用数据进行采集，详见"某市公共自行车一月份运营数据.xls"。同时对使用者进行访谈。受访者均表达了公共自行车方便了自己的出行，但也提出了很多问题，如自行车损坏严重、借不到车、还车桩满等问题。

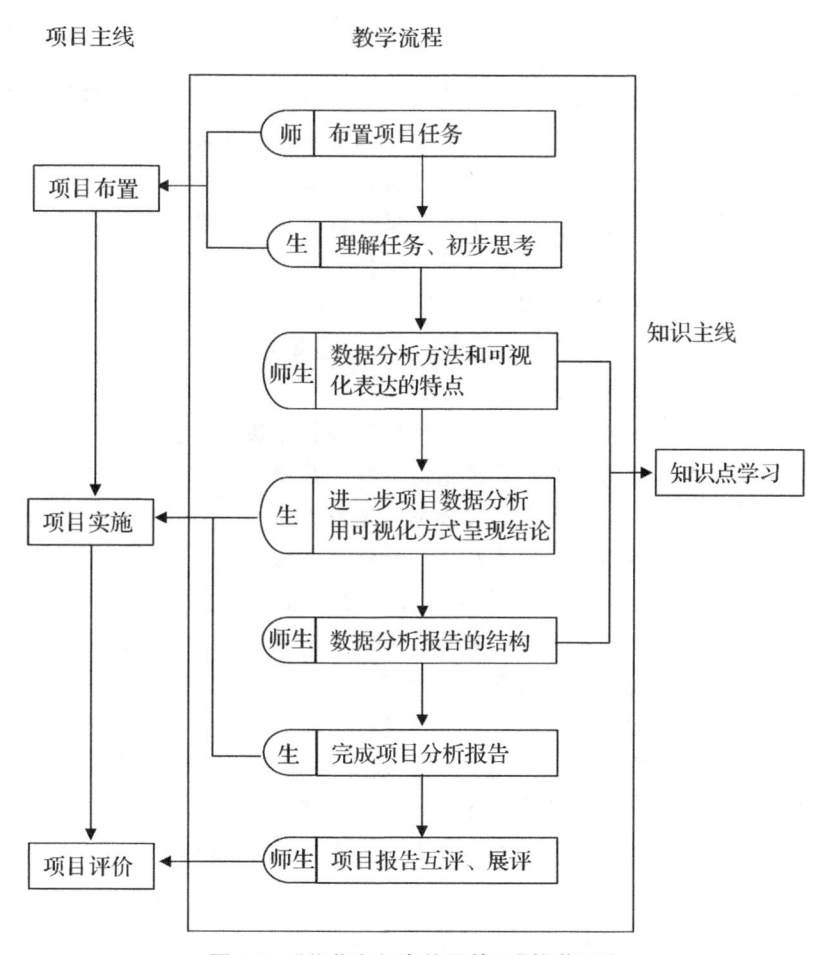

```
项目主线         教学流程

              ┌─────────────────────────┐
              │   师 │ 布置项目任务  │      │
              │      └──────┬────────┘      │
  ┌──────┐    │             ↓               │
  │项目布置│◄──┤   生 │ 理解任务、初步思考│  │
  └──────┘    │      └──────┬────────┘      │
      │       │             ↓               │
      │       │   师生│数据分析方法和可视│   │ 知识主线
      │       │      │化表达的特点     │    │
      │       │      └──────┬────────┘──┐   │
      ↓       │             ↓            │   
  ┌──────┐    │   生 │进一步项目数据分析│  │ ┌────────┐
  │项目实施│◄──┤      │用可视化方式呈现结论│ └►│知识点学习│
  └──────┘    │      └──────┬────────┘      │ └────────┘
      │       │             ↓               │
      │       │   师生│数据分析报告的结构│   │
      │       │      └──────┬────────┘      │
      │       │             ↓               │
      │       │   生 │完成项目分析报告 │    │
      │       │      └──────┬────────┘      │
      ↓       │             ↓               │
  ┌──────┐    │   师生│项目报告互评、展评│  │
  │项目评价│◄──┤      └─────────────┘      │
  └──────┘    └─────────────────────────┘
```

图 4-3 "公共自行车使用情况"教学活动

2. 项目要求

①学生 4 人一组，阅读整理相关文字和表格数据资料，明确项目任务，填写附件 1 中的《项目合作分工表》；

②对资料进行分析，发现该市公共自行车使用中存在的问题，为二期工程建设提出合理化建议；

③将分析结果以分析报告的形式提交。评价要求见附件 2《分析报告评价量规》。

153

3. 项目实施

①活动1：项目任务初步设想

活动要求：小组内部讨论，明确项目需求，对相关文字和表格数据资料进行初步分析，提出可能存在的问题、预期使用的方法和工具。

设计意图：学生基于以往的学习经验，初步思考解决项目任务的数据分析方法，让学生深入理解项目需求、数据分析存在的问题等。为活动2归纳和总结数据分析方法和可视化表达进行铺垫。

②活动2："公交车乘坐体验"的数据分析和可视化表达

活动要求：依据数据分析验证"公交车乘坐体验"的假设。归纳和总结数据分析方法和数据表达方式。

知识技能：数据分析是指用恰当的统计分析方法对收集来的大量数据进行分析，提取有用信息，并形成结论的过程。数据分析的一般过程为根据分析的目标提出假设，然后收集有关数据，选恰当的分析方法进行分析，验证假设是否正确，继而得出相应的结论。数据分析的基本方法有对比分析和平均分析。对比分析是指将两个或两个以上的数据进行比较，分析它们的差异，从而揭示这些数据所代表的事物发展变化情况和规律。对比分为横向对比和纵向对比。横向对比指的是类似的事物或者同类的事物之间进行比较；纵向对比指的是和相同事物的不同时期进行比较。平均分析就是运用计算平均值的方法，来反映总体在一定时间、地点条件下某一数量特征的一般水平。平均分析和对比分析常结合使用。数据可视化表达是以图形、图像和动画等方式更加直观生动地呈现数据及数据分析结果，揭示数据之间的关系、趋势和规律等的表达方式。

设计意图：考虑到以项目本身数据为分析对象，容易限定学生的思维。活动2以一个相近的案例，让学生归纳和总结基本的数据分析方法（对比分析法和平均分析法）。并让学生在分析过程中体会数据可视化表达的特点。

③活动3：项目任务数据分析及可视化表达

活动要求：在活动1初步分析的基础上，运用活动2归纳的数据分析方法和表达，对项目数据进一步进行分析。用可视化的方式表述分析结论。

设计意图：学生对项目数据进一步进行分析，用图表方式表述分析结论。

④活动4：项目任务分析报告撰写

活动要求：阅读《中学生上网行为典型特征与潜在需求调查报告》（见附件3），了解分析报告的一般结构和规范表达；完成项目分析报告的撰写。具体报告要求见附件2《分析报告评价量规》。

知识技能：数据分析报告是项目研究结果的展示，也是数据分析结论的有效承载形式。通过报告不仅把数据分析的起因、过程、结果及建议完整地展现出来，更为决策者提供科学、严谨的决策依据。在数据分析报告中首先要明确数据分析的目的和背景，阐述目前存在的问题及通过分析希望解决的问题；其次需要描述数据来源和数据分析的思路、方法和模型；重点要呈现数据分析的过程、结论和建议。

设计意图：学生通过阅读报告范例，了解报告的结构形式，从而能够模仿撰写本小组的分析报告。

4. 项目评价

①将数据分析报告提交至学习平台；

②请部分小组展示分析报告，由教师和其他组给出点评意见；

③各小组依据《分析报告评价量规》对其他小组进行评价。

十、附件

附件1：

表4-3 项目合作分工表

小组姓名_____   组长_____

小组成员姓名	具体分工	实际完成工作

项目结束后请完成以下调查问卷。（有什么证据表明，学生在项目活动中能相互合作，共同完成项目任务。）

①小组成员是否有明确分工

☐没有分工　　☐有初步分工　　☐有明确分工

②有多少人在项目活动中发表过自己的意见

☐没有人　　☐1个人　　☐2个人　　☐3人及以上

③小组成员对数据分析结果是否达成统一意见

☐ 没有意见　　☐ 有不同意见　　☐ 基本统一　　☐ 完全统一

④ 数据分析和报告由哪些成员完成

☐ 没有人　　☐ 1个人　　☐ 2个人　　☐ 3人及以上

附件2：

表4-4　分析报告评价量规

评分领域	初显	发展中	熟练	高级
分析过程及结论：有什么证据表明，学生能够根据项目需求，进行数据分析，形成合理的分析观点。				
使用数据工具	只在数据整理、论证、展示等部分环节使用软件工具；技术运用有明显错误。	能够在数据整理、论证、展示等环节使用软件工具；技术运用不熟练。	能够在数据整理、论证、展示等环节使用恰当的软件工具；技术运用较熟练，有个别错误。	能够在数据整理、论证、展示等环节使用恰当的软件工具；运用技术熟练、效果显著。
核心观点	试图建立相应的观点	能够建立1个明确观点	能够建立>1个明确观点	能够建立>1个可信的观点
分析方法和效果	试图应用某种分析方法回应观点，但没有足够的论据支持相应观点或与观点缺乏相关性。	能够准确使用1种分析方法，支撑相应观点，但在分析和推理过程中存在小的欠缺。	能够准确使用多种分析方法，支撑相应观点，呈现较为合理的分析论断。	能够准确使用多种分析方法，有效支撑相应观点，呈现全面而详细的分析论断。
分析报告：有什么证据证明，学生能够清晰阐述分析报告，表达思想。				
表现形式（可视化表达）	仅用单一表现形式来表述分析报告。	尝试使用多种表现形式（文字、表格、图表）来表述报告，但形式选择或格式应用存在明显错误。	使用多种表现形式（文字、表格、图表）来表述报告；形式选择或格式应用基本正确，仅存在个别问题。	使用多种表现形式（文字、表格、图表）来表述报告；形式选择正确；格式应用恰当。
结构和描述	报告条理混乱，表述不清；无法体现分析报告规范；文本格式不当。	报告有一定条理；方案有些不符合规范；文本格式基本恰当。	报告条理清晰，方案基本符合规范，文本格式恰当，仅有个别问题。	报告条理清晰；方案符合规范，文本格式恰当；并且整体协调。

附件 3：

表 4-5 分析报告范例

文章内容	写作要求
中学生上网行为典范特征与潜在需求调查报告 作者：××× 时间：×××	标题：报告的题目，撰写者及所在单位部门。
分析背景与项目说明……………………2 分析思路……………………………2 ……	目录页：如果报告篇幅较长，内容较多，可以采用目录呈现报告的结构，方便阅读。
一、分析背景与项目说明 1. 分析背景 截至 2018 年 6 月，我国网民规模达 8.02 亿。其中中学生群体占比最高，达到 24.8%。那么他们具有哪些典型特征，有什么潜在需求？从中能挖掘哪些潜在机会？这是本次项目调研的目的。 2. 项目说明 中学生的定义：初中、高中、中等专科及技术学校的在校学生。 数据来源：2017 年底某市"中学生生活调查"项目。 来源1：某市中学生生活调查问卷，回收 4025 份样本。 来源2：抽取共 21 人进行访谈及回访，样本选取包含学生、家长和学校人员。	分析背景和项目说明：用于阐述项目需求、分析目的、市场情况，以让读者了解项目的前因后果。项目说明用于注明假设、数据来源等。
二、分析思路 本项目将从中学生的学习、生活、娱乐、情感、偏好等方面了解其典型特征，挖掘其潜在需求，识别面对中学生的市场机会。	分析思路：描述数据分析的思路、方法和模型。
三、数据呈现 在学习方面近六成中学生每日平均学习时间超过 10 小时，五成学生可自由支配时间不足 3 小时…… 每日平均学习时间 （饼图：5 小时以下、5~7 小时、9~10 小时、10 小时以上）	分析主题：呈现各种数据表，数据分析图。对表与表之间，图与图之间的联系进行阐述。

续表

文章内容	写作要求
四、结论和建议 在学习方面的特征和需求：为了提升个人素养和满足升学要求，有主动学习和参与课外培训的愿望，但时间有限。 潜在机会：远程教育	结论建议：依据分析过程，给出合理的结论和相关建议。此部分也可放在分析主体前，为了给决策者快速了解结论建议。

自主阅读

认真阅读下表中 3~5 篇有关项目式教学的文献，注意记录自己的心得体会与感悟。

序号	参考文献
1	张文兰，张思琦，林君芬，等．网络环境下基于课程重构理念的项目式学习设计与实践研究[J]．电化教育研究，2016，37(2)：38—45，53．
2	王海澜．论作为学科学习框架的项目式学习[J]．教育科学，2003(5)：30—33．
3	卢小花．项目式学习的特征与实施路径[J]．教育理论与实践，2020，40(8)：59—61．
4	杨明全．核心素养时代的项目式学习：内涵重塑与价值重建[J]．课程·教材·教法，2021，41(2)：57—63．
5	胡红杏．项目式学习：培养学生核心素养的课堂教学活动[J]．兰州大学学报（社会科学版），2017，45(6)：165—172．
6	朱金秀，陈小刚，朱昌平，等．项目式实验教学的探索与实践[J]．实验室研究与探索，2008，27(11)：93—95．
7	周业虹．实施项目式学习发展学科核心素养[J]．中小学教师培训，2018(8)：33—37．

第三节 WebQuest 教学模式

一、WebQuest 教学模式的内涵与特征

（一）WebQuest 教学模式的内涵

WebQuest 教学模式由美国圣地亚哥州立大学伯尼·道奇（Bernie Dodge）和汤姆·马奇（Tom March）于 1995 年提出。在英语中，"Web"是指"网络"，"Quest"是指"寻求"、"探究"，组成"WebQuest"以后，可以理解为"基于网络的探究性活动"。这种教学模式可以有效激发学生到网上去查找相关资料并在此基础上开展自主探究活动的积极性。对于 WebQuest 的产生背景，伯尼·道奇教授用下面这段简洁的语言做出了准确的表述："美国的权威教育研究机构总结了全美对人类学习的研究，发现教育研究并没有做出人类学习方面的关键性的发现。在研究的过程中，大量的情境被剥离了，人工的成分很多，获得的研究结果对学校教育很难有切实的指导作用。……真实的学校环境极其复杂难于控制，教学实验充满开放性和不确定性，往往存在多种合理解释，这就给研究结果的应用造成了很大困难。……和学生学习需要支架一样，教师的教学设计能力的发展同样需要支架。在 WebQuest 中，我们给教师们提供固定的结构、大量的规则和指导，教师们不需要从头开始设计，操作性强，容易去做。我想这是众多教师选择 WebQuest 的原因。"这也正是伯尼·道奇等人研究 WebQuest 的初衷与背景。

WebQuest 创始人伯尼·道奇等人为 WebQuest 给出的定义为：一种以探究为取向、利用因特网资源的课程单元教学活动，在这种活动中，学生使用的全部或大部分信息都是从网上获得的。在这类课程计划中，呈现给学生的是一个特定的假想情景或者一项任务（通常是一个需要解决的问题或者一个需要完成的项目）；课程计划中为学生提供了一些网上的信息资源，要求学生通过对信息的分析与综合来得出创造性的解决方案。为了便于开展这种教学活动，WebQuest 还要为教师提供固定的设计模板和有关的规则及指导，使教师们不需要从头学习设计，因而操作性强，容易实施。

本章所讨论的 WebQuest 教学模式，是一种以探究为取向的学习活动，在这类活动中，学生活动的内容往往都是围绕某个主题进行的，部分或所有与学生互相作用的信息均来自互联网上的资源。因此我们可以叫它为"网络

专题调查"或"网络主题探究"。WebQuest 的目标是帮助学生进行高层次的思维和推理，使用信息来解决问题。

(二)WebQuest 教学模式的特征

第一，WebQuest 的主题(这类课程计划的主题)是"一个需要解决的问题或者一个需要完成的项目"，即现实生活中的真实任务；这点和"研究性学习"教学模式从自然界或社会生活中选择某个真实问题作为专题去进行研究是完全一致的。

第二，在 WebQuest 这种活动中，"学生使用的全部或大部分信息都是从网上获得的"，所以 WebQuest 能有效激发学生上网查找相关资料的积极性，这也是 WebQuest 模式的主要特征之一(而"研究性学习"过程中所需要的各种信息资源却绝不仅仅限于因特网，还包括通过个别访谈、问卷调查、实际测量等多种其他研究方法与手段所获得的相关资料。正是这个缘故，一般说来，"研究性学习"教学模式在教学上所能达到的深度与广度要比 WebQuest 模式更胜一筹)。

第三，由于 WebQuest 为教师提供有固定结构的教学设计流程模板和一系列的指导信息，这就相当于为一线教师提供了一种便于掌握、运用教学设计新理念的脚手架，从而使广大教师易于上手、易于实施。[①]

二、WebQuest 的分类和结构

(一)WebQuest 的分类

根据完成时间的长短可将 WebQuest 分为短周期 WebQuest 学习和长周期 WebQuest 学习(见表 4-6)。

表 4-6　WebQuest 的分类

类型	短期 WebQuest	长期 WebQuest
周期	1—3 课时	1 周—1 个月
教学目标	知识的获取与整合	知识的拓展与提炼
要求	要求学习者能够掌握大量新的信息，并且理解他们。	要求学习者对知识体系进行深入分析，能够将知识进行某种方式的转换，并要求他们通过制作一些可供他人在线或离线交互的多媒体作业来证明自己对这些知识的理解。

---

① 何克抗，曹晓明. 信息技术与课程整合的教学模式研究之五："WebQuest"教学模式[J]. 现代教育技术，2008，88(11)：5—12.

(二)WebQuest 的结构

WebQuest 通常由 6 大基本模块(关键属性)组成：绪言(Introduction)、任务(Task)、过程(Process)、资源(Resources)、评估(Evaluation)和结论(Conclusion)，其中每一个构建模块都自成一体，设计者可以通过改变各模块来实现不同的学习目标(见表 4-7)。除此之外，还可以有学习者角色扮演、小组活动、跨学科等非关键属性。

表 4-7　WebQuest 的结构说明

模块	内容	要求
绪言	为学生制定方向，提升学习者的兴趣，提供某些研究背景信息。	主题设计应该与学习者过去的经验相关；与学习者未来的目标相关；充满吸引力，生动有趣。
任务	练习结束时，学习者对将要完成的事项进行描述。	包括编撰、复述、判断、设计、分析等等，或是这些任务不同程度的综合。
过程	学习者完成任务将要经历的步骤。	将任务分块，对每一学习者扮演角色或看问题的视角进行描述等等；提供学习建议及人际关系建议；整个过程描述应简洁而清晰。
资源	完成任务所必需的信息资源。	许多资源是"嵌入"在 WebQuest 文档中，作为问题研究的"抛锚点"，并且预设于互联网网页中。这些资源将引导学生不至于在网络空间盲目地"冲浪"，而忽略了探究学习的主要目标。也可以包括非网上资源：教科书、录音带、与他人讨论交流等。
评估	对学生学习效果进行评价。	根据预期学生学习水平、学习任务的不同层次制定一个评价量规，是评价主体对学生在整个活动的全过程中的认知、情感、能力、态度、技能做出价值判断的活动。
结论	总结经验，鼓励对过程的反思，拓展和概括所学知识。	进一步解释、说明文档，提示读者这是文章的结束；结论部分还可以为教师提供许多问题供全班讨论。

三、WebQuest 教学模式的设计

(一)WebQuest 的设计原则

1. 选择合适的搜索网站。例如运用百度、Google 等搜索引擎找到相应

网站。在网络中有些资源，如期刊、图片、文档等往往需要较深的搜索才能找到有用的信息，而且查找信息的过程可能很长，但这可以激发学习者的学习兴趣和探索成功的信念感。

2. 有效地组织学习者和学习资源。有效组织资源，通过对资源的重新分配和重组，防止资源匮乏。同时也要创建良好的小组协作学习环境，促进学习者在协作中相互交流，提高学习效果。

3. 要求学生思考。首先要赋予学习者值得深入探讨的学习任务，引导学习者如何进行下一步工作。其次，激发学习者的学习兴趣，促进学生探究能力的养成。最后可以通过一些手段引起争议，让学习者从多个角度来看待问题，将任务朝着最佳方向解决。

4. 选用有针对性的媒体，提高学习者的学习效率。一方面要选择交互功能强的媒体，互动交流是网络的一大特点，信息也是通过人际交流相互传递。网络媒体中的交流可以使资源得到更新和扩展，帮助学习者更好地进行学习。另一方面，选择的网络媒体应能促进学习者将注意力集中于所要完成的任务上，避免受与学习无关的广告、音频等干扰。

5. 利用资源的支持促进学习者高阶思维的发展。WebQuest可以使学习者对未知世界进行探索。这就需要对学习过程进行支撑。首先选择的资源应在学习者已知资源基础之上，高于学习者的认知基础，能够对学习活动进行指导。其次，资料之间应有可对比性，也具备共同点，促使学习者将掌握的资料进行加工处理，转变为新的资料，然后进行小组讨论并得出结论。最后，提供学习成果的输出支架，基于范例、模板、成果纲要等，学习者根据输出支架，学习能力得到攀升，当能力超过他们原来的预期时，学习内容就能被学习者自主完成。

(二)WebQuest的设计流程

1. 真实的探索

①主题的选择与积累。主题的制定需要根据课标来设置，要对学生知识水平有一定的了解，知道学生已具备的知识，主题要能激发学习者的学习兴趣，要能达到任务设定的学习目标。

②学习差距分析。由于学生本身素质的不同，学习者间必然存在一定的个体差异，只有找到学习者间的差距，才能使任务达到比较好的学习效果。教师可以通过选用各种媒体方式来缩短学生个体差异。

③资源整理。在选择资源时，要根据学生的学习习惯进行选择，要能够培养学生的协作学习意识，加强学生的互动交流。在选用网络资源时，资源

应是具有争论性的，这样能够激发学生讨论，学生可根据自己找出的结果与他人做比较，得出最好的结果。

④揭示问题。WebQuest 问题的设置一定是真实而有意义的，只有真实的问题才能激起学生解决的动力和想法。因此，教师一定要用心选取问题。问题应能使学生进行解释、争论、猜想等活动。如果完成以上活动，则说明问题设置是成功的。

2. 成功的设计

①自由讨论。在集体讨论过程中，教师应考虑到所有可能发生的讨论，将提出的问题与讨论的任务相结合。

②反馈。学生根据教师提供的网络资源，对所提出的问题认真思考，并向老师提出问题，这是一种反馈的方式。教师根据学生的反馈结果，对学生做最后的评价。

③资源链接分类选取。资源链接可重复浏览，从中找到问题的矛盾与关联，针对不同学习者，应能划分不同任务，主题范围宽泛但不分散，能激发学生兴趣。

④学习任务确定。任务要是真实情景中的，任务要正确运用时间，有效利用技术，充分利用网络资源，使学习者高阶思维能力得到提高和培养。

3. 制作 WebQuest

①制作网页。可以使用 FrontPage、Dreamweaver 来制作网页。

②组织学生。要充分组织学生活动，刺激学生学习主动性，激发学生兴趣，增强学生注意力和创造力，增强学生思维活性，帮助学生反思与批判性思维。

③搭建思维"脚手架"。安排好学生学习任务，为学生的学习任务作指导。合理分配任务，促使小组竞争与讨论。促进学生根据自己经验，得到最终结果。

④评估。学生可以提交 WebQuest 要求的作品，教师根据学生提交作品的完成情况，给学生以评价。评价根据之前制定的评价机制给出最后结果。

四、WebQuest 教学模式的实施案例

案例一：拒绝服务攻击——Smurf 攻击

"网络信息安全"这门课程需要掌握大量的概念和知识点，而且很多知识点枯燥难懂。用传统的教学方法讲授，学生学习积极性不高，对知识点多是

简单的记忆背诵，以便应付考试。为更好地发挥学生在学习中的主体作用，培养学生自主探究的能力，笔者在这门课程的辅助教学中引入 WebQuest 教学模式。下面以《拒绝服务攻击——Smurf 攻击》的教学案例来具体说明。

1. 教学目标

本节教学目的是理解 Smurf 攻击的原理；掌握 Smurf 攻击的全过程并掌握防范 Smurf 攻击的方法。学习任务是分析和解释 Smurf 攻击的原理并形成调查报告，分角色模拟 Smurf 攻击的过程并将 Smurf 攻击的全过程做成演示文稿提交；提出防范 Smurf 攻击的方案，并形成研究报告。

2. 问题的引入和介绍

教师提出问题，导入情境，学生思考老师提出的问题，并进入学习情境。教师协助学生分组，注意帮助在交往上有困难的学生，并根据自己的判断做出适当的调整。每个组 6 人，由小组成员共同决定每个人扮演什么角色，将任务细化为若干个子任务，分配给每个成员，要求成员间互相帮助，共同完成所规定的任务。

教师为学生的学习搭建脚手架，通过一系列问题，启发学生对已有知识的回忆和未学知识的渴望，例如：你知道的网络攻击手段有哪些？有一种拒绝服务攻击叫 Smurf 攻击，能很好地隐藏攻击者，保护攻击者不被受攻击者发现，它是怎样实现的呢？一个小小的 Ping 包是如何使一个网站瘫痪的呢？……学生针对教师提出的问题展开讨论，并将讨论的信息进行整理、分类，对讨论的主要观点做记录，教师在学生讨论的过程中给予适当的指导和监督。

3. 进行网络探究，完成调查报告

教师提供相关的网络资源，及时处理学生的问题，并指导学生的探究过程。学生查找，收集信息，登录教学网站，使用教师提供的网络资源、数据库系统或通过各种搜索引擎查找与主题相关的信息形成调查报告。学生进行相互交流合作，讨论所做的调查报告是否符合要求，是否全面，在哪些方面需要完善。然后小组综合讨论得出最后可提交的调查报告。

4. 继续网络探究，模拟 Smurf 攻击，完成研究报告

教师在这一阶段主要指导学生实验，给出实验角色说明及实验任务。学生以小组为单位模拟 Smurf 攻击，将自己小组的成果与其他小组的成果相比较，取人之长补己之短，并做好记录，小组分工合作完成研究报告，将本组的研究报告向其他小组汇报，并回答其他小组提出的问题，同时改进研究报告，形成最后提交的研究报告。

5. 展示结果、总结

教师将所有小组的电子学档共享，全班讨论评出最佳作品，对本课程进行总结，学生回顾和反思本课程的学习过程，总结自己所学到的知识，分析自己提升的能力及自己有待提升的方面。

6. 评价

教师提供个人评价量表，学生对自己和小组其他成员进行评价。评价量表在开始 WebQuest 学习之前就呈现给学习者，让学习者明确自己该如何探究和发展。该案例的评价方式采用学生自评、学生互评和教师评价三方面综合评价的方式，把学生学习过程和学习作品相结合进行评价，对学生的学习从多个角度进行评价，以保证评价的客观性。

7. 应用总结

WebQuest 教学中，教师在活动中起组织和引导作用的程度和学生自主设计进行探究的程度可以根据教学内容有所不同，一些知识点多而杂的章节，教师可以事先查找一些 PPT 课件或相关知识内容，并辅之以实例教程，这样学生就可在教师的指导和实例教程的帮助下一步步掌握。教师以问题为纽带，让学生进行思考和探索，给学生布置任务，让学生自主上网查资料。在此过程中，教师是以指导者、促进者的身份出现的，在学生对知识认识零散、缺乏系统性时，教师再从旁指导。从学习过程看，大部分学生的学习兴趣高，课堂气氛比较活跃，多数学生能紧随教师的问题进行相应的探究活动，思路也比较清晰，对理论知识掌握得比较系统、深刻。

案例二：《多媒体作品的制作流程与设计》WebQuest 学案[①]

表 4-8　多媒体作品的制作流程与设计

学科：初中信息技术	年级：初二年级	课时：2 课时
课题名称：多媒体作品的制作流程与设计		
绪言	动漫、声音、动画、多媒体，这些词对你来说肯定不陌生，你接触过，但未必亲自实践过。那今天，就需要你的亲自探索，来将这些词关联在一起。咱们学校将要举办一次"我喜欢的动漫"为主题的活动，到时候，展厅的显示屏上将会播放优秀的多媒体作品。那从现在开始，你就要和你的小组合作一起来展开探究多媒体作品的设计与制作之旅了。	

---

① 王文笑. WebQuest 学案在初中信息技术课程中的实践探索[D]. 扬州大学，2015.

续表

学习目标	本节课的内容是有关多媒体作品的制作流程。首先，我希望你们通过此次的学习和探索，能够了解制作多媒体作品的一般流程，能够学会对多媒体作品的需求分析和规划设计，要明白"凡事预则立，不预则废"的道理。同时也希望你们能体会到信息技术的应用就在我们身边。
任务	任务一：按照学案的过程和资源部分，来完成"制作一个多媒体作品一般流程"的任务探究。 【过程】 现在按照学号的顺序排序，连续学号的四人组成一个小组，机房中的座位顺序同学号一致，这样可以方便小组的交流与讨论。 1. 首先，回想一下你以前制作卡片的经历，想想自己在制作卡片的时候都首先考虑了哪些东西？你当时是给谁制作的卡片呀？上面画了哪些东西呢？选择画这些东西的理由是什么？还记得自己使用了哪些色彩吗？ 2. 根据下面提供的资源清单，迅速定位资源，认真学习资源后，思考问题的答案，并同小组成员讨论，填写完成多媒体作品制作的一般流程结构图。 任务二：你需要根据提供的网络资源来思考并和小组讨论回答下面的问题： 1. 规划设计多媒体作品的时候，你们觉得需要遵循哪些原则呢？ 2. 在具体规划的时候，应该包括哪些方面的内容呢？ 【过程】 1. 以多媒体作品《苏州园林》为例，分析其在各个流程中都考虑了哪些内容。 2. 观看优秀的多媒体作品，小组讨论优秀多媒体作品的特点。你可以从以下方面进行总结：作品名称、作品的主题、总体印象、包含的多媒体元素、主色调、版面效果等。 任务三：小组合作，确定你们的主题内容，并对此进行需求分析和规划设计，小组成员分工完成设计方案的书写，并提交作业。 【小组的分工】小组讨论后，规划一个多媒体作品，各个同学负责不同的板块阐述。 同学A：阐述方案的主题和需求分析。包括设计的内容构成、板块的设计、模板的选用、色彩搭配的依据。 同学B：阐述方案的内容设计。 同学C：阐述方案的结构分析。 同学D：阐述方案的风格设计。 【过程】当小组了解了制作的具体流程，并且知道该从哪些方面去设计一个多媒体作品，那现在你们的小组可以开始讨论有关的动漫主题作品了，并且要提交一份详细的设计方案。设计方案包含的内容有：主题名称、需求分析、制作目的、作品的结构设计、内容和版面设计、总体风格设计等。

续表

任务	相关资源列表： 1. 多媒体作品规划与设计的案例介绍，本地资源。 2. 多媒体作品的制作流程介绍的视频文件。 3. 本地视频资源苏州园林的案例设计阐述。 4. 教材资源：书本第118页、工具书。 5. 多媒体课件的作品赏析：http://www.qiexing.com/post/cai-tj-mediaart.html。 6. 多媒体课件的作品赏析：http://www.doc88.com/p-3783900879741.html。 7. 多媒体课件的作品赏析：http://www.56.com/u62/vODc3NklNDc.html。		
结论	1. 通过本节课的学习，你了解知道了哪些内容：_____ 2. 你还获得了什么样的学习启发：_____		
学生作品的评价	评价项目	评价标准	小组互评	教师评价
	主题	很有特色和代表性(10分)		
		贴近生活但代表性不强(7分)		
		主题代表性不强，实际意义不大(5分)		
	需求分析	各项分析详细、可行(10分)		
		分析简单，可行性比较差(7分)		
		分析脱离了主题(5分)		
	内容设计	栏目设置比较合理，选定的内容较好且突出主题(10分)		
		栏目设置比较少，不能很好地突出主题(7分)		
		栏目的设置不合理，选定的内容脱离主题(5分)		
	版面设计	版面设计有创意、色彩的搭配比较协调，能够体现多媒体作品的特点(10分)		
		版面设计能够体现多媒体作品的特点，但没有创意(7分)		
		版面设计比较混乱，需要继续完善修改的(5分)		
结论	1. 这节课的学习，你了解知道了哪些内容：_____ 2. 获得了什么样的学习启发：_____		
拓展任务	已经构思好的同学可以尝试着收集素材，使用PPT来制作你们的首页。课后，你可以尝试着按照制作流程设计自己想要的多媒体作品。你也可以去研究色彩的搭配与设计，这里面也包含着一些你意想不到的知识。		

实践活动

请以小组为单位分工合作，选择合适的主题设计并制作一个使用 WebQuest 教学模式的教学案例，并针对案例实施过程中遇到的问题及解决方案进行讨论。

_____

_____

_____

第四节 翻转课堂教学模式

一、翻转课堂教学模式的内涵与特征

（一）翻转课堂教学模式的内涵

2007 年春天，位于美国科罗拉多州的一所山区学校——落基山的林地公园高中，就有两位化学教师——乔纳森·伯尔曼（Jon Bergmann）和亚伦·萨姆斯（Aaron Sams）为解决由于各种原因缺课而跟不上学习进度的学生的学习困扰，尝试着使用屏幕捕捉软件（即录屏软件）去录制 PPT 和教师的实时讲解声音，形成包含"教学课件和讲课音频"的讲课视频。两位教师将该教学视频传至网络，以供缺席的学生下载和观看。由于学生们的一致好评和教学效果的显著提高，这一模式逐渐被两位教师所应用，即形成了"学生单独在家看视频，一起在学校讨论做作业"的教学情境，使学生"课堂上听教师讲解，课后回家做作业"的传统学习习惯、学习模式发生了翻转。两位教师成功的翻转教学实践逐渐被全区的家长、社会同行和学校所关注，在附近地区以至国内外教育界产生了越来越大的教学影响。

通俗地讲，翻转课堂可以简单概括为：学生回家后听"视频老师"上课，第二天上课跟"真人老师（或同学）"讨论问题，这跟以往教学中"真人老师"在教室上课，学生回家做作业正好颠倒，就好像白天上课的课堂被挪动到了家里一样。在这个语境下所说的翻转课堂，其实强调的是学生课前使用在线视频学习的一种场所，翻转课堂翻转了学习场所，这便是引发这场在线学习风暴的中心所在。

要认识到，学习场所的变化不能替代真实的师生互动教学过程，也不足

以让教和学的关系发生本质变化。翻转课堂的基本要义是教学流程变革所带来的知识传授的提前和知识内化的优化。从这个意义上说，流程要素仅是定义翻转课堂的重要因素之一。作为真正意义上的翻转课堂，还需要添加另外两个要素：技术要素和环境要素。技术要素是指翻转课堂需要微视频支持学生的自主学习；环境要素是指翻转课堂需要借助网络学习平台分析学生在学习过程中的问题，以真正提高课堂互动的质量。

所以，翻转课堂包含三个基本构成要素：一是技术要素，主要为微视频；二是流程要素，主要为"课前—课中—课后"的教学活动；三是环境要素，主要为有智能诊断功能的学习分析系统。不难看出，这里讨论的翻转课堂的语境已经发生了变化：翻转课堂已经由关注学习场所转变为关注教学活动的全过程；已经由关注单一学习行为转变为关注富含教师、学生、内容、媒体、环境等多因素的复杂教育行为；已经由关注在线视频观看转变为关注智能诊断系统支持下的、以学生为中心的富媒体环境；已经由关注信息技术的使用转变为关注信息技术与教学全过程的自觉融合甚至是学生课堂精神生命的唤醒。从这个意义上说，翻转课堂应该更名为"翻转'教''学'"，关键是教师和学生之间的关系、地位和作用发生了本质的变化。总之，翻转课堂被引入我国以后，无论是在内涵、方式、形态上都发生了改变。虽然我们都称之为"翻转课堂"，但是意义已经完全不一样了。

如今，很多人将杜郎口模式、可汗学院模式作为第一代、第二代翻转课堂，理由是这些模式都实现了教学流程的"翻转"。按照上述对翻转教学内涵的新解，杜郎口模式不能算作翻转课堂，只能算是一种课前导学模式，因为它缺少了微视频和支撑环境两个要素；可汗学院模式虽然引发了全球的"翻转"风暴，但也不能算是真正意义上的翻转课堂，只能算是一种视频支持下的在线学习模式。在线学习只有能够紧密地结合课堂教学，才能称为翻转课堂。

国内学者大都将"翻转课堂"定位于新课程改革、数字化校园环境和信息技术等因素的相关整合，它是一场意义重大的教学变革行动。然而，每个试点学校之间的着眼点又有所区别。重庆市聚奎中学强调翻转课堂是包含有"教育目的""教育理念""教学方式"三类翻转的课堂；上海市仙霞高级中学强调翻转课堂是"促进教师专业化发展和学生学习效果提升"的翻转，重点关注基于知识的"对话、讨论与练习"；上海市行知中学则强调翻转课堂是"基于网络的教学模式新探索"的翻转。张宝辉等人更是将翻转课堂看作未来教育理念下课堂中"微课程设计"的一个典范。

(二)翻转课堂教学模式的特征

1. 学生的积极参与

提高学生课前和课中的积极参与度,让学生最大限度地利用自己的大脑、嘴巴、双手参与到教学活动中去,充分体现学生在学习活动中的主体作用,使学生在道德、知识、技能、身体、心理等方面得到全方位提高。创建高效课堂是教育教学的出发点和归宿,提高学生课堂学习参与度是教育教学的重点。高效课堂要引导学生通过多渠道主动、自由、快乐和有效地学习,激励学生勤于思考,合作展示,从而取长补短。

2. 有效的学习活动设计

翻转课堂以促进学生对衍生性问题的深度理解、关键技能的熟练掌握为核心目标来设计学习活动,以学生理解的程度作为主要评价标准,通过贯穿始终的学习活动设计实现课堂的有效翻转。学习活动设计的前提是对学生有全面、充分的了解,包括:要在教学活动之前先呈现理解性学习目标,让学生对后续的学习活动有合理的心理准备;要分析学生当前的理解水平,有针对性地进行教学;要合理设置衍生性问题。总之,教师在整个教学过程中要适当地为学生搭建脚手架,提供各方面的学习支持,促进他们对知识的深度理解。

3. 课堂学习的深度

英特尔全球教育总监布赖恩·冈萨雷斯(Brian Gonzalez)在2011年的英特尔一对一数字化学习年会上提出:颠倒的教室(即翻转课堂)是指教师留给学生更多的时间,课前让学生用适合自己的方式学习新知识,完成浅层认知,而课中则主要是师生讨论、交流的时间,是完成学生深层次认知的教学过程。因此,翻转课堂是把知识传递(浅层认知)的过程放在课堂外,通过学生自学的方式来完成,而把知识内化(深层认知)的过程放在课内,通过师生、生生之间的互动交流来完成,符合学生认知规律,把最宝贵的时间留给最重要的事情,即高阶思维的锻炼。

翻转课堂提倡的实际上是深度学习。有关深度学习的研究有很多,本杰明·布鲁姆(Benjamin Bloom)在"教育目标分类"中对认知维度层次的划分就已蕴含了"学习有深浅层次之分"这一观点。费尔伦斯·马顿(Ference Marton)和罗杰·萨尔霍(Roger Saljo)在长期的实验研究后首次于1976年提出深度学习的概念,此后彼格斯(Biggs,1982)和科利斯(Collis,1982)的SOLO分类理论(Structure of the Observed Learning Outcome,即"观察到的学习结果的结构")从不同角度发展了深度学习的相关理论。深度学习是指学习者以自身的全身心投入状态为基础，以高深、复杂的知识为学习对象，借助高阶思维和问题解决的能力实现对学习内容的分析、综合、评价等高层次学习目的。

我们可以看清翻转课堂的另一个关键，那就是必须促进学生高阶思维的发展和提升，有效促进学生的深层次学习。教师关注学生的深度认知思维发展，不应仅仅是运用信息技术手段上一堂现代化的课。我们应意识到，信息技术虽然是存储、传递和展示学习资源的载体，但信息技术不能成为学生思维发展的助推剂，学生的深度学习更应该是教师精心设计课堂活动的体现，是学生可持续发展的核心价值观的体现。

二、翻转课堂教学的典型模式

本节旨在对翻转课堂掌握式、探究式、建构式这三种教学模式进行概述，内容包括各模式的内涵、实施的重要环节、原则，以及各模式相较于其他模式所具有的优势。通过本节的学习，要能够对翻转课堂这几种教学模式有基本的认识。

（一）翻转课堂掌握式教学模式

掌握学习理论的代表人物是美国芝加哥大学著名的心理学教授本杰明·布鲁姆，他在大量实验、观察和个案研究的基础上认为，学生具备的学习能力不是绝对一成不变的，也不像人们所想象的那样具有很大差异；学生的学习可以通过提供合适的环境条件（如学校、家庭环境）来改变。他还强调，只要有合适的教学条件，一个人能学习的东西几乎所有的人都能学习；我们的基本任务是确认怎样才算掌握了这门学科，并且探求能使最大部分学生掌握的方法与材料。基于这些认识，布鲁姆提出了学生为掌握而学、教师为掌握而教、教学应面向绝大多数学生等基本的教学理念。

所谓"掌握学习"是指把系统的个别化反馈—矫正程序，与常规的群体教学结合起来，给学生提供必需的时间去掌握所学内容，并提供适当的教学条件和个别指导，最大限度地发现每一个学生的潜力所在，做到大部分学生能够完成学习任务和掌握学习内容。不同的学生所具备的学习能力不尽相同，这表现在掌握同一知识达到相同程度所需要的时间上，学习能力强的学生用的时间较短；而学习能力差的学生，会花费更长的时间来学习同一知识才能达到相同的效果。因此，教师要因材施教，根据学生们的实际情况不断调整教学方法、教学内容、教学资源、课堂节奏等，来满足不同学生个体的需求，使每个学生都可以按照自己喜欢的方式以及节奏来学习。

此外，布鲁姆还认为，一旦具备了学习所需的一切必备条件，什么样的学生都可以达到学习目标，掌握课程内容。所以，在学习过程中所具备的学习条件显得特别重要。布鲁姆指出，学习必备的首要条件是教师必须能够对他们所指的"掌握"是什么予以确定，能够明确判定学生究竟是否达到了教学要求与目标。详细地说，一是要明确具体的教学目标，清晰地知道学生对哪些知识掌握到什么程度，达到哪种层次的教学目标。具备明确具体的教学目标，既方便落实，又可以用于检测学生对知识点的掌握情况。如果学生没有掌握，也容易查出原因，对症下药，从而进行及时有效的帮助和指导。二是有能评定是否达到这种教学目标的标准与手段，即具有系统性的形成性测试、总结性测试和评价反馈。布鲁姆在掌握学习理论中强调应用系统的个别化反馈—矫正程序，简单地说，就是在讲新课之前对学生进行测试（测试内容是在学习新知识之前需要掌握的旧知识），来了解学生的掌握程度，从而进行查漏补缺，为接下来的学习打下扎实基础；在每学完一个单元时，再通过测试进行查漏补缺，直到学生掌握本单元的所有知识点为止。就这样反馈、矫正，一环扣一环，扎扎实实地学习每一个知识点，这样对于保障学生的学习成效具有重要作用。教师可以通过形成性测试的结果来了解学生对知识的掌握情况和程度。若已经掌握，就开始后面知识的学习；若还没掌握，就要究其根本原因并分析，再对学生进行有针对性的帮助与指导，最终让学生完全掌握所学。这样的方式保证了绝大部分学生的掌握程度，一直到知识点都学会为止。最后，编制覆盖各单元的所有内容和教学目标的总结性测试，一方面起检测作用，另一方面促进学生对各单元知识的巩固。

实施掌握学习方法可以让大多数学得慢的学生达到和学得快的学生同样的成绩水平。另外，学得慢的学生和学得快的学生在已经掌握的学科态度及兴趣方面表现得同样积极，这也是布鲁姆和他的团队在进行了大批课堂内研究和实验室研究后得到的结论。

（二）翻转课堂探究式教学模式

一般来说，学生获取知识主要通过两种途径：一是通过他人直接获得已经被发现和总结的知识，学生要做的就是识记或理解知识；二是学生自己通过主动发现和探究获取知识，即发现和创造知识。前者称为被动接受式学习，后者称为主动探究式学习。被动接受式是一种相对消极的学习方式，表现在学生所处地位被动。在探究式学习中学生可以围绕着某一问题、材料等，在教师的指导下自主地建构答案、意义、理解。在探究式学习中，学习由知识的传输过程变为知识的建构过程。知识建构是主体围绕着自身需要的实现而自主完成的，不是通过授受和意义解读完成的，学习成为需要意志的、有自主意图的、自觉自主建构的积极实践过程。由此可见，学生在探究的过程中发现和创造知识的自主意识强烈，从而使得其学习印象更为深刻，体验也更强，因而探究式学习成为学生学习的一种重要方式。

在探究式学习过程中学生能够发现和创造知识，虽然这种发现、创造与科学家的发现、创造是不同的，学生的发现、创造大多数指的是学生通过自己的研究、实验或实践，"发现或创造"出他人已知的东西；但也要注意到，学生有时也可能发现或创造出的是全新的未曾被认识或发现的东西。另外，学生的探究式学习并不是随随便便就可以开展的，它还需要一些条件的支持，例如，教师要为学生的探究式学习创设相应的问题情境，以及学生要具备一定的知识与经验基础，还有就是学生的探究离不开教师的指导与帮助。

既然学习方式有被动接受式和主动探究式两种，那么从教学方法的角度，我们也可以将教学分为两大类别：讲授式教学和探究式教学。讲授式教学就是传统的以教师讲解、学生听讲为主，学生能够识记和理解讲授的内容即可。探究式教学以学生自身积极主动地思考探究、动手实验为主，强调学生在实践中发现新的知识、总结规律，有所发明创造。在探究式教学过程中，教师和学生是平等的关系，相互尊重、协商、质疑、批判等，形成知识探究的共同体。而学生拥有完全的自主权，可以建构个人知识，教师看重的也不再是以何种方式让学生更牢固地掌握知识，而是怎样为学生提供更有效的帮助，来促进学生的探究式学习，助其成功。在整个教学过程中教师都要以学生具有自主探究的学习时间、空间为前提条件，把让学生学会独立思考、解决问题、创新地建构知识当作目标。最早提出在学校教育中采用探究方法的是约翰·杜威(John Dewey)。他坚决反对把学习知识从生活中孤立出来，他在《民主主义与教育》一书中提出教育即生活、成长和经验的改造，还提倡"从做中学"。另外，杜威认为科学教育除了是要让学生学习大量的知识，更重要的是还要让学生学习如何从事科学研究的过程或方法。他认为教学理应遵循以下步骤：设置疑难情境、确定问题、提出假设、制订解决问题的方案并实施等。

细细研究上述教学模式我们可以看出，它与如今所说的科学探究有着密不可分的联系。讲授式教学和探究式教学这两种教学形式，对于学生的学习而言都是很重要的，其各自的优势与特点适用于不同的学习任务和学习类型，像数学、物理、化学、生物这类以培养学生探究精神和能力为目标的学科，其最好的方式就是探究式教学，而像历史、政治、地理等人文社科类学科则较多采用讲授式教学方式。

(三)翻转课堂建构式教学模式

建构主义理论是一种学习理论,在认知主义的基础上进一步发展而来,它融合了皮亚杰的"自我建构理论"和维果斯基的"社会建构理论",并把两者有机地运用到学习理论中来,在此基础上形成了"意义建构"。建构主义学习理论首先强调以学生为中心,认为学生是学习的主体,是认知和信息加工的主体,是知识意义的主动建构者,教师对学生的意义建构具有帮助和促进的作用。其次建构主义学习理论强调学习情境的重要性,认为学生的学习是与真实的或类似于真实的情境相联系的,是对真实情境的一种体验。学生只有在真实的社会文化背景下,借助于社会性交互作用,利用必要的学习资源,才能积极有效地建构知识,重组原有知识结构。再次,建构主义学习理论认为"协作学习"对知识意义的建构起着关键作用。它强调学生之间、师生之间的协作交流以及学生和教学内容与教学媒体之间的相互作用。最后,建构主义学习理论强调对学习环境的设计,认为在学习过程中,教师要为学生提供各种资源(包括各种类型的教学媒体和教学资料),鼓励学生主动探索并完成意义建构,以达到自己的学习目标。

信息化社会在给人们的生活、学习方式带来大的变化的同时,也深刻地影响了学校的教育方式。在计算机和网络环境的支持下,信息传递快,交互性和共享性强,信息保存的格式和操作的范围自由度大,这些使得学生的学习具有更强的自主性和灵活性,学校的教育方式也从以"教"为主转变为以"学"为主,有效地改变了过去的那种死记硬背、机械训练的状况,学生能够充分利用网络所带来的便利条件,主动、探究、创造性地学习,生动、活泼、全面性地发展。翻转课堂教学模式利用信息技术与网络环境,让学生的学习更加自主化、个性化,并在课堂学习中注重培养学生的自主探究的能力、协作学习的能力以及解决问题的能力,同时发展学生的合作精神、创新精神及能力,这与建构主义学习理论相契合。建构主义学习理论强调以学生为中心、强调学习的自主灵活性,这一点与翻转课堂教学模式的优势及特点不谋而合,建构主义关于知识观、学习观和教学观等方面的观点对于翻转课堂教学模式下学习活动的设计具有一定的指导意义。

翻转课堂探究式教学模式适用于像数学、物理、化学、生物等这些理科类学科。而且在分析众多翻转课堂教学案例和翻转课堂应用实践研究的文献后,我们可以发现学校和教师往往也更愿意从这些理科类学科开始尝试翻转课堂,却鲜有学校或教师对历史、政治、地理等人文社科类学科进行翻转课堂教学。纵观以往历史、政治、地理等人文社科类学科的教学，我们可以发现其教学内容多以基于文本的事实传递为主，而教学形式多以教师的讲授为主，学生学习的重点也只是识记文本上那些事实，学习方式就是被动地识记知识。从布鲁姆认知目标分类学的角度看，"识记书本上的事实"即学生对知识进行理解和识记的过程，处于认知目标分类的底端。因此我们可以说人文社科类学科以传统讲授方式进行教学，学生往往容易达到教学目标的最低要求，但其高阶思维能力（自主建构：学生运用知识进行分析、综合、应用和评价的过程）没有得到很好的锻炼与发展。如历史学科在教学中一方面要注重对历史事实的把握，另一方面也要强调学生对历史事实的理解与思考，鼓励学生发表自己的主张与见解，即要求学生在对历史事实识记的基础上进行自主建构。我们可以把上述教学思路简称为"基于文本，自主建构"。那么基于这种教学思路，我们可以将建构式的教学理念与翻转课堂教学模式相结合，建构翻转课堂建构式教学模式，以应用于历史等人文社科类学科的教学实践。

三、翻转课堂教学模式的实施步骤

（一）翻转课堂掌握式教学模式实施的重要环节

1. 明确教学目标和内容，制订合理的教学计划

所谓的明确目标，即要求教师要在分析国家课程标准、学生的学习基础以及教材内容等基础之上，制定相应的教学目标，也就是学生通过学习所要达到的学习目标，该目标既要包括每节课的目标，也要包括在每个单元学习结束后学生所要达到的目标。教师在制定目标时要具体、明确，以便落实与检测。另外根据翻转课堂教学的特点，教师还要针对课前、课堂的教学内容制订合理的教学计划。在课前学生要通过教学视频等学习材料进行自主学习，因此，教师在制定好目标后，还要分析哪些目标是学生通过教学视频和其他资料自学就可以完成的，由此将通过学生自学就能完成的教学内容与目标制作成教学视频或其他形式的资源放到网上或传给学生；而那些需要通过探索研究或操作实践的形式来完成的目标就放到课堂上来实现。课堂是促进学生知识内化的过程，因此教师在制订课堂教学计划时要以教学目标为依据，以学生为中心，在充分调动学生的积极性与主动性的情况下开展学习活动。由此我们可以看出在教学目标明确的前提下，教师教学工作的开展更加井井有条，而学生在明确学习目标的情况下能进行更加自主化、个性化的学习，从而有利于知识的针对性学习和巩固。

2. 课前：学生自主学习，初步掌握知识

教师依据翻转课堂教学的特点提供适当引导与帮助。课前是学生进行自主学习的时间，在这一阶段，学生通过教师提供的教学视频等学习资源自主学习，从而对知识进行初步的理解与掌握。该阶段学生的学习是自主化、个性化的，学生可以选择适合自己的学习方式，学习时间和学习进度也是自主把握的，直到掌握教学视频等学习资源所呈现的知识为止。课前学生自主学习的过程，是学生之间缩小知识掌握差距的过程。通过这种自主学习形式，每个学生都有可能达到布鲁姆认知分类学中识记与理解的水平，从而为课堂上的拓展探究、知识内化做好铺垫。

虽说课前是学生自主学习的阶段，但这并不意味着教师就可以完全放任不管，学生在学习过程中难免会遇到一些困难，这时候就需要教师适时地给予引导与帮助。根据以往课堂自主学习的安排，教师会根据教学内容以及教学目标，并基于学生的学习情况，制订出对应的"学习任务单"来引导、帮助学生进行学习活动。"学习任务单"是教学目标实现的载体，在学习任务单上可以标明实现教学目标所需的内容、途径、方法和评价方式等，具体包括如下内容：需要达到的教学(学习)目标、学习资源及其获得途径、学习活动及其要求、思考性的问题、学习结束时的反思，以及学生表明其达到学习目标的证明。因此，教师在学生进行课前学习时也可提供这样一份"学习任务单"以帮助学生有目的、有计划地完成学习目标。而"教师的指导作用"则是通过"学习任务单"中的学习指南、学习任务、困惑与反馈体现出来的。

3. 课中：师生共同进行探究活动，促进知识内化，实现教学目标

课堂学习是学生知识内化的过程，教师可以通过组织学生进行交流讨论、探索研究以及引导学生做实验或项目等形式来实现。因为是要促进学生对知识的内化，所以课堂学习应以学生为主体，充分调动学生的积极性与主动性，开展形式多样的学习活动，让学生真正参与其中。例如，学生可以以小组协作形式展开探索性研究或实验，教师在此过程中有针对性地对小组或学生个人在学习、探究和实验过程中出现的问题及时给予引导、帮助或者反馈、纠正，最后学生小组或个人以汇报、答辩、成果展示等形式向教师证明他们已经掌握了这些知识。在这个过程中，学生是活动的主体，学生在活动中应用知识、巩固知识、内化知识；教师在活动中起到引导、辅助的作用，是学生学习的支持者、帮助者、合作者。

4. 单元测试：学生反馈学习情况，教师有针对性地进行矫正

在完成某一课程单元的教学之后，教师针对该教学单元对学生进行形成

性测试。对于在形成性测试中达到掌握水平的学生而言，测试能够起到强化学习的效果，同时提示学生开始进行下一单元的学习；还未达到掌握水平的学生则可以根据测试结果进行查漏补缺。由此可见，形成性测试可以反映每个学生的学习进度和学习困难，教师可以根据学生的这些学习反馈对后面的教学安排及时进行适当调整，并针对学生的学习困难及时矫正。布鲁姆认为掌握学习教学策略的关键在于采用系统的反馈—矫正程序，即在反馈的基础上，教师可针对不同学生的学习困难，提供个别矫正性帮助。在测试中成绩优异的学生，可以尝试完成提高性的学习活动或者辅导未达到掌握水平的学生；而对于成绩不理想的学生，教师可根据测试结果采用个别帮助方式（例如学习小组、个别辅导、教辅材料学习等）对其进行矫正。在补救教学结束之后，教师可让还未掌握单元学习任务的学生重新进行一次相同水平的形成性测试，直到他们在测试中达到掌握水平，以此来保障大多数学生对每一单元的学习都达到掌握水平。

(二)翻转课堂探究式教学模式实施的重要环节

探究式教学模式的目的不再是一般的知识掌握，而是将问题解决作为中心，以学生为主体，重视学生的自主认知活动，引导学生通过探索、研究的方式来获取知识，强调培养学生的创新思维能力和意志。在探究式教学过程中，教师角色也随之发生了改变，教师不再是主导者，而是学生学习的引导者、帮助者，学生则真正成为学习的主体，以独立或协作的形式开展探究式学习活动，在独立、自主和灵活的学习环境中获取知识。但探究式教学活动并非随随便便就能开展，它需要学生具备一定的知识与经验基础，也需要教师的指导与帮助。与此同时，其活动的开展也需要有充足的时间。如果按照传统教学模式开展探究式教学的话，教师要在课堂的前10—15分钟先进行知识的讲解与传授，剩下的时间再让学生进行探究式学习。那么显而易见，这种探究式学习的开展是不够充分的，效果也是不太理想的。但是如果将翻转课堂与探究式教学相结合，则能充分发挥翻转课堂与探究式学习的优势，一方面培养学生的自主学习能力，另一方面也有利于提升学生解决问题的能力以及培养其探究精神、创新精神。学生在课前利用教师精心准备的教学视频等学习资源进行自主学习，将进行探究式学习所需的基础知识准备充分，然后再在课堂上通过探究式学习加深对知识的理解，促进知识的内化。

因此，在研究了翻转课堂教学模式和探究式教学模式的基础之上，提出翻转课堂探究式教学模式在实施的过程中可以遵循以下几个环节。

1. 创设问题情境，提出探究问题，激发探究兴趣

在课前准备阶段，教师需要做的是提出能够引发学生思考的问题，并准备好与问题相关的学科知识和背景知识。而学生则要带着问题学习教师提供的教学视频等学习资源，如果问题较为贴近生活，学生可以从生活体验出发，在课前自行思考、理解，课中再进行更多的交流、联系和应用。如果问题较为复杂，那么学生课前的学习就需要在教师和相关专家的指导下完成。在课堂上，教师可通过创设问题情境来激发学生学习的兴趣，并提出探究问题。知识产生的背景和知识发挥作用所在的情境是情境脉络注重的内容。而探究式学习则注重个体知识建构的情境脉络，强调情境化思维与真实、自然的情境脉络的重要性。学生自主建构的知识空间若是离开情境脉络，不真实、结构严谨的情境则会是狭小的。因此，创设特别的学习环境是探究式学习顺利开展的首要任务，把学生放在一个具体而又具有真实意义的问题解决情境脉络中，这样才能使学生处于与所要探究学习的内容相融合的情境之中。

2. 分析、讨论探究的问题，提出问题假设

首先，学生在先行学习相关知识的基础上思考问题，以小组形式交流与分享，提出研究方案。其次，教师组织各小组说出自己的问题假设和思路，以及需要做的各方面的准备。针对各小组的问题假设和思路，师生还可以一起讨论其合理之处和不合理之处以及需要修改的地方。

在学生分析、讨论的过程中，教师应适时引导学生，并以启发性的问题来帮助学生，使学生探究有方向、发现有可能，从而保证探究活动顺利进行。

3. 论证假设，不断修正、解决、研究问题

在上述的学习、思考、交流和准备较为充分的基础上，学生就可以动手操作，尝试设计，并在此过程中不断地反思与小结。学生发现错误及时纠正，遇到问题及时与教师、同学商量，寻求解决或改善的方法。有时候探究式教学的过程是一个较为长期的过程，并非一两次尝试实验就能完成的，因此这需要学生具有耐心与毅力。当然，在整个探究过程中，学生不仅掌握科学知识和技能，而且提升多方面的科学素养、培养科学精神，为后续的研究奠定了良好的基础。

4. 交流展示成果，评价反思

最后，各小组汇报各自的问题探究成果，例如，探究问题的最终解决方案、在探究过程中遇到的问题以及解决方法、小组成员在探究问题过程中的

贡献等。教师与其他组成员可针对该小组的汇报内容进行评价。在交流、讨论各小组成果的过程中，师生、生生之间要相互倾听、合作和交流。教师要重视学生在探究中的独特感受、体验、理解和发现，要鼓励和支持学生大胆创新，多方面、多角度、创造性地表达自己的看法。在学生汇报探究结果后，教师应当给予反馈，便于学生了解自己对知识的掌握程度；梳理知识脉络及教学重难点，进一步引导学生学习。另外，教师与学生之间或者学生与学生之间在课后还可以利用网络交流平台对相关问题再进行交流、讨论。

(三) 翻转课堂建构式教学模式实施的重要环节

翻转课堂建构式教学模式汲取了翻转课堂教学模式的优点，将学生阅读文本、了解与把握时事这些识记文本知识的过程放于课前，从而大大减少教师课堂讲授的时间；学生课前的学习过程是主动、积极、个性、灵活的。这种教学模式体现了建构式教学的优势，在课堂上教师通过情境创设，组织师生、生生之间的交流、讨论，学生可以各抒己见，加深对知识的理解与认识，从而促进知识的内化以及学生高阶思维能力的培养。

基于对建构主义学习理论的研究和对翻转课堂内涵的理解，我们总结出翻转课堂建构式教学模式实施的重要环节如下：

1. 学生课前自主学习，理解掌握基本知识

学生课前学习的主要任务是识记与把握基本知识。教师在学生进行自主学习之前，通过事先搭建好的网络学习平台将学习所需的学习任务单、教学视频、测试题等学习资源发给学生；学生则需要在学习任务单的帮助下，明确学习目标、学习内容以及学习重点和难点，然后根据教学视频等学习资源进行自主学习。同时，学生还可以根据教师的提示或自己的兴趣，拓展学习与本知识点相关的内容，以便对知识有更全面、深入的理解。在课前学习的过程中，学生还可以将自己学习遇到的问题与同学、教师进行交流、讨论。

针对人文社科类学科，学生课前学习的主要任务是完成对资料的阅读与把握，掌握基本事实与概念，初步形成自己的理解与看法。

2. 教师创设情境，组织协作，建构意义

教师根据课程内容和教学目标，创设与当前学习主题相关的、尽可能真实的或接近真实的学习情境。情境的创设必须有利于学生对所学内容的意义建构。教师可以通过视频、音频等网络媒体资源创设真实的或模拟的学习环境，也可以利用直观教具、实物、图片等方式把教学内容融入形象直观的教学情境之中，从而最大效能地激发学生的联想，唤醒他们长时记忆中的有关知识、经验，调动他们参与交互式学习的积极性，促使他们在交互过程中去

完成对问题的理解、知识的应用和意义的建构，使学生意识到他们所学知识的相关性和有意义性，并能将所学知识应用到新的情境中。

在组织学生完成指定的学习任务时，教师可以将学生分成若干个学习小组，采取多种协作方式，要求他们合作完成学习任务。比如，教师先让整个班级进行沟通交流，再依据话题、观点或者学生的兴趣，把学生分成若干个小组进行讨论汇报，或者一开始就把学生分成若干个小组进行交流、讨论，然后再进行全班范围内的学习交流。在建构社会知识、把个体意义建构转变到集体意义建构从而达成对某个问题的共识时，小组协作学习就显得尤为重要。小组成员间的讨论、协商，可以使学生进一步完善和深化对主题的意义构建。

该环节在人文社科类学科中的教学应用就是师生通过创设问题情境，在课堂上开展深入的交流、讨论，所讨论的问题可以来源于学生在课前学习时所提出的问题，也可以是教师或学生针对社会生活中的事件或现象提出的质疑。在课堂上，学生针对同一问题大胆发表自己的观点与见解，教师、其他学生可以相互补充、相互激发、相互质疑。这种交流、讨论的过程不仅能帮助学生解惑，而且能深化和丰富学生对知识的理解和认识。另外以社会事件或现象为例展开问题讨论，可以让学生结合个人体会和理解针对具体问题（或现象）形成自我主张，提出服务于现实的思路与想法，从而真正做到学以致用。

四、翻转课堂中的微课设计

（一）微课选题与前期分析

微课的教学内容是精选的，往往是针对教学中重点、难点、疑点设计的，是适合学生自学的资源。微课选择什么样的内容，要因人而异、因课而异，就教学内容而言要尽量选择课程中的主要知识点，或者常规教学不太容易理解的教学内容。

并不是所有的知识点都适合做微课。能够被选作微课的课题应该满足下面三个条件：小、巧、精。小是指知识主题小，一个微课只讲一个特定的知识点或一个问题，3—9分钟就能将其讲清楚，如果牵扯到其他知识点，则另设微课。巧是指所选题材是教学中的重难点。微课是为了解决学生学习中存在的问题，所以在选题上要尽量挑选平时学生学习中容易混淆、出错的内容进行制作，使之成为解决重难点的有力武器。最后，微课的课题应当是精选的，其内容需要用视频呈现。虽使用黑板教学或进行活动实践的教学效果更佳，但不符合微课的选题。如制作面包怎样发酵的微课，教师口述或图片都不能直观表达，将其制作成动态演示就成了必需。

在确定选题之后，我们也需要对学习者和学习内容进行分析。分析学习者的知识储备、接受能力、学习动机、学习特点、学习风格等，以"学生"为中心的微课能满足学生的自主学习需求，微课的设计更具针对性。学习内容分析选题决定了学习内容的选择方向，学习者的需求决定了学习内容的深度和广度。

(二)微课教学设计

1. 教学导入设计

课前学习是保证课堂教学有效进行的重要阶段，微视频展现出来的信息更加形象、具体，将微视频应用到课前的导学部分也恰巧摆脱了传统枯燥的背诵、做练习环节。情境认知理论的学习观认为将知识学习置于一定的情境中，更有利于学生的知识建构。在课前进行微视频学习，能营造很好的学习情境，学生还可以自主掌控学习进度，提高学习兴趣，培养自主学习能力。微视频就如同教师的离线小课堂，微视频开头需要吸引学生，才能够提高学生学习的积极性，因此如同在课堂授课。

微视频的导入部分也相当重要。微视频导入设计的主要目标是引入主讲内容，引起学生注意。设计者可以通过多种方式导入所要讲解的主题，从而在短时间内引起学生对新知识的好奇心和学习期待。这一环节设计的关键点在于新知识导入方式的选择，选择恰当的导入方式将有利于促进学生积极主动地学习。

常见的导入方式包括设疑导入、直观导入、趣味导入和认知冲突导入等。其中设疑导入可以是以简洁有力的提问直接引出主题，也可以以旧知识引出新知识的方式进行导入；直观导入则是直接通过相应的实物、教具、实验、录音、图示、录像或动画等引出主题；趣味导入可以通过猜谜语、歌谣、讲故事以及做游戏等方式进行导入；认知冲突法则是主要通过现有知识与原有知识的不同，引发学生的认知冲突，从而引起学生的学习兴趣。这些导入方式的选用与课程具体内容有关，但是设计微视频必须注意以下几点：

(1)要控制导入的时长，尽量在1分钟之内；

(2)内容精练，紧扣课程主题；

(3)节奏紧凑，让学生能够紧跟课程内容；

(4)注意点题，要做到承前启后、首尾呼应等。

2. 讲解过程设计

根据教学内容的不同，微视频讲解可分为不同类别，如讲授类、实验类、解题类等。讲授类微视频以学科知识及重点、难点讲授为主；实验类微视频针对教学实验进行设计、操作与演示；解题类微视频针对典型习题进行讲解分析与推理演算。设计者应根据教学内容来设计脚本，进而完成讲解过程的设计。这里要注意的是，讲解过程应尽可能突出重点内容，做到精简，力争在有限的时间内，圆满完成讲解和教学任务。

3. 微视频结尾设计

微视频的结尾内容一般是要点归纳。因为前面的重点内容占用了大部分时间，因此微视频结尾要简短、精练、有力，起到画龙点睛的作用。

(三) 微课其他内容设计

1. 微视频交互设计

微视频的学习往往是学生自主控制学习时间、学习节奏的非正式学习，与教师在空间上是分离的。因此，当学生在观看微视频学习课程时，往往只能是被动地接受知识，缺乏及时的交流互动和反馈，从而使得学习效果不理想。因此，在设计微视频时我们应着重加强微视频中的交互设计。微视频中的交互大致可以分为两类：一类是人人交互，在微视频中表现为教师与学生之间的协同效应；另一类则是人机交互，往往表现为学生通过在微视频中进行诸如点按、拖拽等操作进行的交互。人人交互一般需要开发相应的学习平台实现，主要表现为教师对学生的评价和反馈。因此，我们着重讨论一下如何做好微视频设计中的人机交互设计。微视频中的人机交互可以分为以下几类。

(1) 信息交互

微视频的信息交互即内容交互，主要包括言语交互和画面内容交互。其中，言语交互往往指通过微视频的语音讲解中提问性的、引发认知冲突的、叙述性的语言，来引导学生进行深入思考，从而不断学习新的内容。因此，言语交互的设计在一定程度上指的就是微视频语音讲解的设计，除了要达到语言精练的标准之外，对于提问性语言以及引发认知冲突的言语都要围绕微视频的具体内容进行合理、精确的设计，即要聚焦于某一个具体的与微视频后续内容相关或与当前内容拓展相关的问题或画面，使学生在有一个明确的学习思路的同时，带着疑问和好奇继续学习新知识。画面内容交互则指的是微视频中的课件、视频、动画、图形、图像、文字等多媒体信息呈现的一些引发认知冲突的、叙述性的、趣味性的画面与学生之间的交互。这类交互有助于教师更好地呈现所要讲授的内容，在一定程度上刺激学生对这类视觉化内容的学习，从而在短时间内进行知识的学习和对某一问题的思考。因此，这类交互的设计在一定程度上与画面内容的呈现设计紧密相关，除了要合理地呈现信息以外，更重要的是利用图文并茂的方式创设一个具体的情境，帮助学生更好地学习新知识。

(2) 界面交互

微视频的界面交互主要包括暂停交互和热区交互。其中暂停交互指的是学生在学习微视频时，可以在思考问题中通过点击视频中的播放或暂停按钮进行视频播放的控制，同时也可以通过翻页操作随时复习前面的学习内容。这类交互的设计主要是相关技术的实现，例如在微视频中的播放和暂停按钮以及 Flash 课件、HTML5 课件中的翻页按钮等都可以实现这些功能，在具体的制作中制作者可以根据具体情况进行选择。热区交互则主要指的是通过对界面内某一区域进行鼠标操作后出现的页面内容的跳转、显示等。这类交互包括常见的导航交互、图标交互、下拉菜单、超链接等，具体的操作方式包括点按和拖拽等。热区交互有助于将微视频内容与学生紧密地联系在一起，使学生通过这种交互式的体验对学习内容进行个性化、系统化、结构化的学习。这种交互同样可以利用 Flash、HTML5 这类交互式的课件制作工具来进行制作。

(3) 测试交互

微视频的测试交互主要指的是通过根据具体的教学内容设计相应的测试题并提供正误判断、提供相应反馈的方式来与学生进行的交互。这类交互通过提问、测试的方式帮助学生理清学习思路和学习中的重难点，在学生回答完问题时或表扬或鼓励的情感反馈和对知识点进一步解析的内容反馈，也能够在一定程度上促进学生的学习效果和学习动机。在具体设计时，常见测试题的类型有单选题、多选题、填空题以及拖拽、连线等形式的题型，常见的反馈方式包括在学生答对问题后出示"恭喜你，答对了！""你真棒！"等表扬性的话语，在学生回答错误后出示"很遗憾，答错了！继续努力！"等鼓励性的话语。对于答案解析的设置，需要根据具体的情况来进行，相对简单的问题往往通过对先前学习的知识的回顾复习就可以答对，所以在设计时我们可以要求学生对一个问题有三次回答的机会，如果这三次都回答错误，才可以查看解析。这种方式有助于督促学生进行深入思考和及时复习所学知识，对学生的学习也有一定的监控作用。

2. 微课件的设计

微课件的设计需要根据微课类型和工具来决定。微课件的质量决定微视频的质量，直接影响微课的实施效果。一般制作课件应注意以下几点：

一是风格统一，学习内容完整；

二是内容有交互性，图文并茂，有视觉美感；

三是播放符合学生的认知习惯、特点和审美层次；

四是选择合适的精彩的动画、视频、图文呈现方式。

微课件为了观赏舒适，对它的美学设计也是非常重要的。如果微课件形式为PPT，应当是50％文字、20％图片和30％空白。整个PPT文字颜色不要超过3种，最好只使用2种。PPT上下一致，左右协调，PPT的上半页与下半页内容数量差不多，不出现头重脚轻，不要出现一边重一边轻的现象，左半页与右半页协调。翻页动画可以有数种，但是不能太多，2—5种翻页效果是合适的。审美不疲劳，不要出现连续的好几张都是图片或者是文字。如果是视频、动画、H5、静态图文类的微课，画面和美学设计也可以参照PPT设计的要点进行设计，将想要呈现的内容呈现出来。

3. 思考题与测试题设计

为了强化所学知识，微视频结尾处往往会以思考题或者测试题的方式，帮助学生对所学内容进行梳理、总结，为学生提供在线或者离线的评价方法；可以用封闭式习题来巩固知识，或者用开放式习题培养学生的高阶思维，促进学生对知识的迁移。习题的难度依据用途需要有所区别，用来进行知识巩固的习题往往较为基础，用于强化知识学习的习题则难度较大，测试方面的习题要求较为全面地考查所学知识。思考题和测试题的设计，要求"精"不求"多"，求"巧"不求"偏"，一般设计3—5个，能够起到举一反三的作用即可。

（四）微课视频的制作

目前的微课以微视频为核心，因而，微课视频的制作尤为重要，可以说微课视频的制作质量反映了微课的制作水平。有关微课视频的制作方法主要有以下五类。

1. 教学录像

将教师的讲课、演示、示范等教学活动利用摄像机或录播系统拍摄下来，制成教学微视频。教师的教学活动可以在教室、实验室、演播室、微格教室、实习场地、室外操场等。可以有学生听课或观摩，也可以无学生。可以使用黑板、白板、投影、触摸屏、演示设备、器械、道具、模型等。出现在视频镜头里的教师要求形象好、口齿伶俐或身体健捷，最好是教学名师或权威专家、示范模特等，否则教学效果会受一定的影响。这种微课视频制作简单，但要求主讲教师备课充分，教学环境安排恰当，学生配合自然，工作量较大。如视频公开课、百家讲坛等教学视频均由国内著名专家、学者讲授,制作精良。

2. 屏幕录制

利用 PPT、多媒体课件、计算机软件或工具等教学或辅助教学材料在计算机屏幕上展示,教师对着计算机显示的教学材料讲解教学内容,或者教师直接利用鼠标、手绘板或触摸屏等在计算机显示器上书写教学内容,利用计算机录屏软件将屏幕显示的教学内容、教师的书写和点评、教师讲解的声音录制下来,实现微课教学过程的视频录制。屏幕录制型微视频制作方法简单、方便,几乎没有技术门槛,很容易在普通教师中推广,但微课质量参差不齐,难以保证。为了提高这类微课视频的制作质量,视频录制最好在学校的录音室、电教室或家中比较安静的房间内,选择合适的时间,避免环境嘈杂。教师的讲解要流畅、亲切、自然,避免咳嗽、过多停顿、读错别字、方言或口音过重、翻书等杂声。最好能写出讲解词,请人或自己在幽静的环境中播读录音,然后在计算机中播放,配合精制的 PPT、多媒体课件或熟练的计算机软件、工具操作等,将计算机屏幕显示的教学内容、教师的书写、点评操作和播放的录音一并录制下来,制成微课视频。

3. 多媒体讲解

利用 Authorware、PPT 等多媒体工具将文本、图形、图像、声音、动画、视频等多媒体元素同步讲解、展示教学内容,再直接转换或利用录屏软件录制成自动讲解多媒体课件的微课视频。这类微课视频的质量由多媒体课件的质量决定,通常画面清晰,讲解流畅,声画同步,效果良好。解说词可以事先写好,自己或请人提前录制,再经过编辑去除噪声、错误等,避免实时录像或录音时解说紧张、干咳、不连贯、发音错误等现象。这类微课视频画面清晰、美观,制作有一定的难度,可用于制作较高质量的微课。

4. 动画讲解

动画是按时间排列的序列图像。教学的讲解声音就是教学过程的时间轴。根据教师讲解的声音在时间轴恰当的位置呈现教学内容的文本、图像、表格、数据或连续变化的序列图像,则形成一段教学动画,可以转换为微课视频。制作知识讲解型微课可利用二维动画制作软件,就可以制作漂亮的动画型微课视频。事实上,任何有趣、过程性的讲话录音都可以制作成生动有趣的动画片,例如 Flash 动画。同样,将一段有意义的教学讲解录音做成动画型微课教学视频,配以必要的教学文字,更能生动形象地讲解教学内容,教学效果更好。这类微课视频画面清晰、生动、漂亮,但制作难度较大,需要的绘画素材较多。

5. 视频剪辑

优秀的微课视频应该像电视教学短片那样综合使用各种影视拍摄技巧与后期编辑手段完成制作。在视频中一般包括教师或主讲人的讲解、示范或演示活动，体现了教师的教学风采。引领性的教学活动，也常常包括师生互动、实验操作、实训实践等教学活动。更多的是显示教学内容的PPT、多媒体课件、演示动画、计算机操作截屏等，通常添加字幕、特技效果等，综合利用远近景别、多机位拍摄等手段。这类微课视频效果好，但制作难度大，制作成本高，通常需要专业的策划、拍摄、动画制作、后期编辑，甚至配音、配乐等。如果从制作精品微课的角度考虑，不仅需要一流的教学设计，还应有一流的微课视频制作水平。

此外，还可用手机拍摄教师在白纸上书写与讲解教学内容、用课堂录播系统录制教师授课与计算机屏幕等方法制作微课视频，但做出来的微课视频质量不高。在微课推广阶段不妨推行，但当微课建设达到一定规模、微课制作达到一定水平后，应提倡制作高水平、高质量的微课，以便获得学习者的认可和兴趣。如果海量的微课制作水平不高，应用效果不佳，管理不到位，势必引起广大的学习者反感，将丧失微课在网络教育中应用的优势。那样，微课将成为网络资源垃圾。

五、翻转课堂教学模式的实施案例

案例一：昌乐一中特色"二段四步十环节"翻转课堂模式

山东省昌乐一中自2013年9月开始实施翻转课堂，在原有课堂教学改革的基础上，广泛吸收国内外的教学经验，积极开展行动研究，探索具有自身特色的翻转课堂教学模式，到目前为止已在全校全学科全面实施基于学校自身特点的"二段四步十环节"翻转课堂模式，其模式如图4-4所示。

其中"二段"是指学生学习的两个阶段，即"自学质疑阶段"和"训练展示阶段"；

"四步"是指教师在课前进行准备的四个步骤，即课时规划、微课设计、两案编制、微课录制；

"十环节"是学生学习的两个阶段各分为五个环节，其中自学质疑阶段包括"目标导学""教材自学""微课助学""合作互学""在线测学"，训练展示阶段包括"疑难突破""训练展示""合作提升""评价点拨""总结反思"。

第四章 信息技术课程的教学模式

```
课时规划    微课设计    两案编制    微课录制
    ↑         ↑          ↑          ↑
    └─────────┴──────────┴──────────┘
              │
    四步：教师备课的四个步骤
              │
    "二段四步十环节"翻转课堂
              │
    二段：学生学习的两个阶段
    十环节：两段各五个学习环节
         ┌────┴────┐
    自学质疑阶段      训练展示阶段
    ┌─┬─┬─┬─┐     ┌─┬─┬─┬─┬─┐
    目 教 微 合 在    疑 训 合 评 总
    标 材 课 作 线    难 练 作 价 结
    导 自 助 互 测    突 展 提 点 反
    学 学 学 学 学    破 示 升 拨 思
```

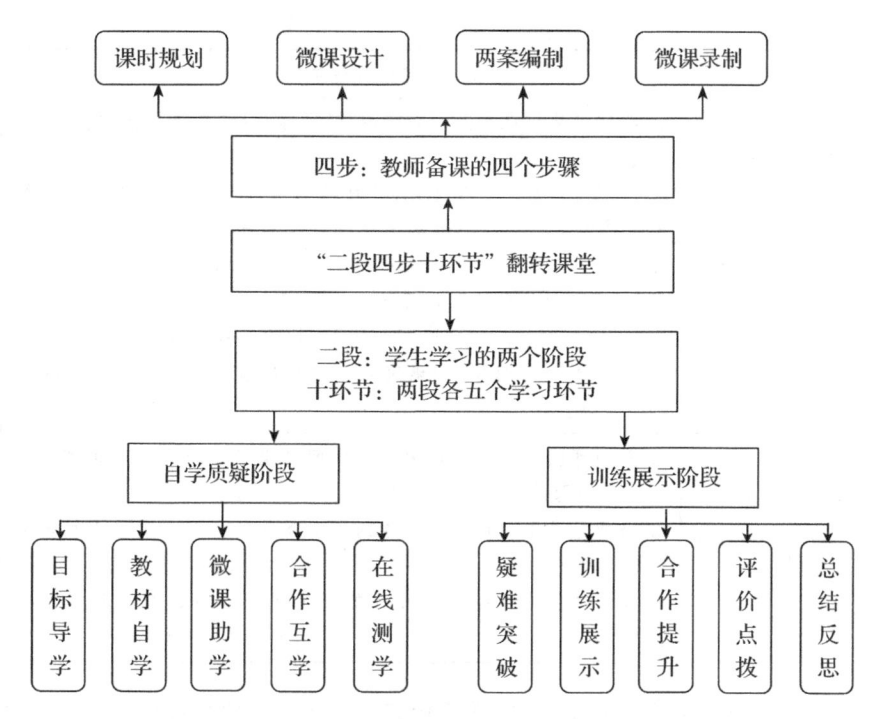

图 4-4 昌乐一中"二段四步十环节"翻转课堂模式

学生在昌乐一中的"二段四步十环节"翻转课堂模式中开展混合式学习，各阶段学生对应的任务如表 4-7 所示。

表 4-9 "二段四步十环节"翻转课堂学生和教师对应的任务

环节		学生和教师任务
自学质疑阶段	线上学习	1. 学生通过观看教师录制的微课，解决学习的重点和难点。 2. 学生通过完成在线测试题目，获得即时性学习反馈，知道自己的知识漏洞，有重点地查补漏洞。 3. 学生通过在线提出问题，与教师和同学在线交流讨论。
	线下学习	1. 学生可通过学案上的自主学习指导自主学习教材，发现问题，再与同学交流讨论，解决自学过程中的疑问，促进深度学习和理解。 2. 教师通过网络平台的后台数据分析，快速深入了解掌握学情，从而开展更有针对性的指导。

187

续表

环节		学生和教师任务
训练展示阶段	线上学习	1. 教师可通过课堂互动系统的"教师客户端"在线指导学生学习，与学生实现在线互动。 2. 在互动系统上，教师可以"直接推屏"，即导入授课资料，给学生推送学习资料，而学生端可以收到相应的推屏内容，完成相应的学习任务，进行强化练习，巩固知识；也可以"同屏讲解"，将需要讲解的页面直接推送到学生端，学生端与教师端同步显示；还可以通过"即时答题"掌握学生完成学习任务的情况（完成人数及正确率），确定点评学生的答题内容等，实现在线即时互动。
	线下学习	1. 教师可以根据学生自学出现的问题组织试验或进行讲解，当生成新问题的时候，师生可以面对面交流。 2. 当堂完成作业时，如果遇到不会解答的问题，学习小组内部可以开展讨论。 3. 下课之前，还要就一节课的学习进行过程、内容和方法的反思。

昌乐一中的"二段四步十环节"翻转课堂发展了已有的翻转课堂模式，让教师备课和学生学习两种活动边界清晰，过程明确，操作性强；学生由"自学质疑"到"拓展提升"完成进阶式学习，步步为营，层层提升。"二段四步十环节"翻转课堂模式具有鲜明的特色：

1. 全校全科整体推进

学校采取"点上突破、逐步推广"的推行策略，目前已在全校（从初一到高三6个年级所有班级）全学科常态化实施翻转课堂。学校能够如此迅速地推进翻转课堂模式的原因有二：一方面全校师生对新颖的翻转课堂模式跃跃欲试，都想先试先得；另一方面，取决于合理的推进策略和不断深入的研究。全校同一学科的教师，年龄不同，背景各异，对翻转课堂有不同的理解，即使在同一模式的引导下，课堂执行时也会产生个别差异，同一学科全面实施翻转课堂，就可以让这些差异产生碰撞和融合，从而产生促使课堂改变和生长的力量。全校全面实施翻转课堂，能够促使各学科教师同步交流遇到的问题，相互学习，彼此借鉴，共同提升。

2. 自主开发学习资源

学校以校企合作的方式架构了网络平台，但是平台上如果用购买的方式来获得学习资源，不符合学校的实际学情和教情。于是，学校决定走自力更生的道路。首先，提高教师的课程资源开发能力，如通过外聘专家培训、内部研讨等措施，很好地解决这个问题。其次，制订学习资源建设方案，对建设时间、打造方式、质量标准提出具体要求。例如学案的编写，一般都是利用寒暑假组织骨干教师完成，这样在正常的教学时间里，教师就有更多的时间来研究怎么使用的问题。为了保证学案编写的质量，昌乐一中设计了假期学案编写流程（见图4-5）。实施翻转课堂三年后，学校基本上自主开发完成了"学案＋微课＋教学设计"等课程资源体系。目前，学校在尝试借鉴区域资源与企业合作开发，进一步提升学习资源，尤其是微课资源的质量。

集体确定模式 ⇨ 编写学案目录 ⇨ 小组分散编写 ⇨ 年级把关验收 ⇨ 学校集中修订

图4-5　昌乐一中假期学案编写流程

3. 全面优化教研体系

因为学校是全校全科全面实施翻转课堂，所以必须让全体教师行动起来，投身到不断深入的教学研究中。为此，针对全校推进的实情，重新构建了不同层次、上下联动的教研体系，主要包括课程表编制、校本教研、师生培训、学案编写、集体备课、公开课研究课等制度，研究内容涉及教师教学、学生学习、课堂评价等方面。例如，在课时安排上如何保证学生拥有充足的自学时间，教师和学生须做出哪些变化以适应新的教与学环境，如何评价编制的学案是否适应学生自主学习……这些问题都需要我们认真思考和解决。其中，最重要的研究载体是翻转课堂研究小组，它是一种伴随翻转课堂推进而诞生的新的研究机制。首先，基于项目管理，自愿参与，跨年级确定学科研究成员，规定三周为一个研究周期。其次，开展行动研究，第一周自定研究课题并开展同年级同学科的横向研究；第二周，不同年级相同学科进行展示交流，开展纵向研究；第三周，不同年级不同学科进行展示交流，开展交叉研究，并进行评价和奖励。

案例二：初中信息技术课程翻转课堂的设计——《制作一份电子报》[①]

1. 学情分析

《制作一份电子报》是《初中信息技术》第三章第六节所涉及的内容，教学对象是初中二年级学生，他们经过一段时间的学习，已基本掌握了 Word 2000 的基本操作技能：文字的输入和编辑、图片和艺术字的插入和编辑、表格的编辑等。组织该项活动旨在让学生在电子报制作的过程中去发现 Word 操作中还存在的问题，以期进一步学习；同时，能够利用所学信息技术知识去解决实际问题，做到信息技术与其他学科或知识的整合。

2. 教学内容

分析本节所涉及的是集成办公软件 Word 2000 操作的内容。学生不仅要学会如何制作 Word 文档，还要学会制作电子报刊，通过制作电子报刊更好地掌握 Word 文档的制作，并能利用电子报形式来表达思想或信息。

本节课要达到的教学目标有：

(1)知识与技能方面：

①能综合运用 Word 2000 的知识和操作技能创作一份电子报。

②学会设计电子报。

③学会评价电子报。

(2)情感态度价值观方面：学会用信息技术课程学到的内容解决实际问题。

(3)过程与方法方面：

①学会独立学习和协作学习。

②学会探究和发现问题。

3. 教学重点、难点

重点：电子报的设计与设计思想的体现(制作)；

难点：对电子报的评价。

4. 课前准备

教师将制作的视频传到群共享里，学生自行下载进行新知识的学习，并且学生将疑难点标注。

[①] 所维佳. 初中信息技术课中翻转课堂教学模式的设计与应用研究[D]. 渤海大学，2016.

5. 课上交流讨论，完成教师布置的任务

表 4-10 课上交流讨论内容

教学内容	教学的组织和引导	学生活动	设计意图
介绍小组协作学习任务，从老师提供的三个主题任选一个主题（学生也可以自己确定制作的主题），围绕该主题综合运用 Word 2000 的基本知识和操作技能，设计制作一份电子报；开展活动学习的计划、电子报制作过程说明、各成员的分工、完成进度以及小组成员的自我评价。	通过优秀的电子报，解释电子报的设计要点：主题鲜明突出、内容健康、有吸引力。表现形式多样，赋予创意形式和内容统一。引导学生如何选题，如何围绕主题进行制作电子报。三个可供选择的主题有：(1)步入信息时代：可介绍信息技术的分类、发展。(2)网络与我：通过一段时间的学习介绍怎么防护网络安全。(3)我的多媒体作品：可介绍媒体及其分类、多媒体作品的一般制作步骤、多媒体素材的收集与整理、赏析多媒体作品等。	小组成员讨论，确定制作的主题并初步制订小组活动计划、制作方案、成员分配任务等。(1)关于小组学习任务的设计思路是基于学生对计算机知识的掌握、操作技能的熟练程度的参差不齐与完成任务的能力不同，故采用小组协作学习的方式，使学生能够互相帮助、互相促进，共同完成学习任务。(2)展示优秀电子报及说明电子报的设计要点旨在向学生提供学习的样板，同时希望学生一开始的制作即能做到规范、严谨。(3)规定了三个要表达的主题，原因在于电子报的表达主题是非常广泛的，由学生自拟不容易控制和把握；同时三个主题的确定又是基于教材内容的，并根据教材内容来组织和表达。(4)知道资料搜索的途径与方法在本次翻转课堂的教学中是必要的。教师告诉学生知识方法，而实际操作则由学生来完成。	小组学习和在课上自主探究、讨论的意义在于促进学生学习的积极性和自主性，翻转课堂教学模式就是将课堂交给生生与师生之间进行共同探究和讨论，实现最优化课堂。

6. 课后进行教学反思

本节课是在翻转课堂教学模式指导下，利用网络环境下的多媒体教学系统呈现教学内容和控制教学过程，并采用课前学习知识、课上讨论等方法进行组织教学的。教学中以学生为中心，教师主要是组织者、引导者的角色，这更有利于培养学习的探索精神和自主学习的能力。同时，通过展示学生作品，师生共同评析，促使学生更深入地理解各知识点，进一步完善作品，同时也增加了学生的自信心和学习的动力。

请你思考

1. 请你思考传统课堂与翻转课堂在课前、课中、课后这三个阶段教学活动设置上的区别，并填写在表中。

教学阶段	传统课堂	翻转课堂
课前		
课中		
课后		

2. 有的教师对慕课、微课、翻转课堂等这些新的教学要素或模式有抵触心理，认为这类课程的产生与发展是对教师角色的取代和摒弃，你认为这种想法是否正确？教师在这些课程中承担着怎样的角色？

_____
_____
_____

实践探究

如果你是一名正在实施或准备实施翻转课堂教学的一线教师，请适当参考上述案例，根据前面章节的相关内容自选一个角度撰写一个翻转课堂教学案例；如果你是一名学生，可以参考下表的分析框架对前文所述的任何一个翻转课堂教学案例进行分析、评价。

分析项目	详细描述
教学过程	课前
	课中
	课后
学习资源	教学视频（＋教材）
	学习单
学习环境	学习平台
	课堂情境

续表

分析项目	详细描述
学习活动	课前学习活动
	课中学习活动（独立学习与协作学习）
	课后学习活动
教学效果	学业成绩
	综合素质

第五章　信息化教学环境

📁 **学习目标**

1. 理解信息化教学环境的概念与特征。
2. 了解多媒体技术、多媒体网络教室、虚拟教室等典型的信息化环境的概念和功能。
3. 了解智慧教室学习环境，智慧教室的概念、特征及发展现状。
4. 了解创客空间学习环境、创客教育的内涵以及创客课程的内容与特点。

🔍 **知识导图**

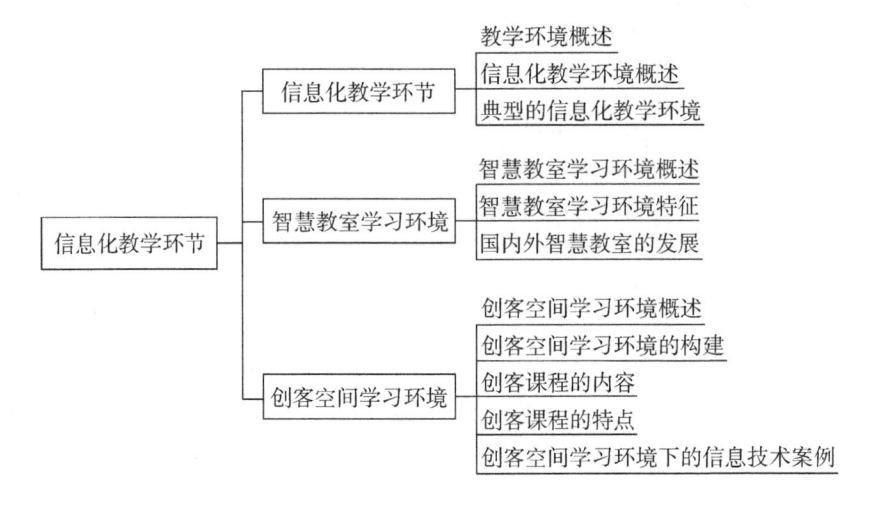

```
                              ┌── 教学环境概述
                 ┌─信息化教学环节─┼── 信息化教学环境概述
                 │              └── 典型的信息化教学环境
                 │
                 │              ┌── 智慧教室学习环境概述
信息化教学环节 ───┼─智慧教室学习环境─┼── 智慧教室学习环境特征
                 │              └── 国内外智慧教室的发展
                 │
                 │              ┌── 创客空间学习环境概述
                 │              ├── 创客空间学习环境的构建
                 └─创客空间学习环境─┤── 创客课程的内容
                                ├── 创客课程的特点
                                └── 创客空间学习环境下的信息技术案例
```

第一节　信息化教学环境

一、教学环境概述

教学环境是一个由多种不同要素构成的复杂系统，广义的教学环境是指影响学校教学活动的全部条件（包括物质的和精神的），它可以是物理环境和心理环境。而这两类环境又可作为相对独立的子系统存在，并具有各自不同的构成要素。狭义的教学环境特指班级内影响教学的全部条件，包括班级规模、座位模式、班级气氛、师生关系等。

（一）物理环境

教学的物理环境是由学校内部的各种物质、物理因素构成，如校舍建筑、教学工具、时间、空间等。我们又可以把教学的物理环境再划分为设施环境、自然环境、时空环境。

1. 设施环境

设施环境包括教学场所和教学用具，是物理环境中的核心组成部分，教学设施是否完备、良好，直接关系到整个学校环境的质量和教学活动的正常进行。

(1)教学场所

教学场所包括教室及其他活动场所，如校园、运动场、图书馆、会议礼堂、学习园地、教师办公室、宿舍、食堂、校办工厂等等。狭义的教学场所一般专指教室，包括各科通用的普通教室、为不同学科设置的专用教室，如音乐教室、语音教室、计算机教室及理科实验室等，它们是学校教学场所的重要部分。研究表明，教学场所的质量对教室和学生的身心活动有直接的影响。它们一方面可以引起教师和学生在生理上的不同感觉，另一方面能使师生在心理上产生共鸣。一个良好的教学场所（教室）应具备以下条件：第一，要有良好的位置、方向和足够的空间。第二，教室要有良好的通风、采光、照明条件，保持适当的温度，无噪声。第三，教室的造型设计和色彩运用要恰当，教室建筑应布局合理、实用，能满足教学需要，外观造型还应有一定的审美效果，色彩运用也应慎重考虑不同颜色给师生情感带来的影响。

(2)教学用具

教学用具主要指教学活动所必备的一些基本用具，如课桌椅、实验仪器、图书资料、运动器材和各种电化媒体手段(录像机、录音机、电视机、计算机多媒体、语音室等)等。教学用具是教学活动所必需的，对教学活动起着制约作用。课桌椅的规格要符合教学和卫生要求，造型与摆放形式要便于适应教学活动的需要。书籍是最重要的教学用品，对其文字、插图及各种符号的设计应考虑到视觉表征对学生学习知识的影响，各种符号要清晰、文字和纸张的色彩搭配要柔和，且对比明显；纸面平坦、光滑但不反光；版面印刷美观，制作经久耐用。随着现代教育技术的发展，教学用具不断更新换代，教学手段日益丰富，教学设施与教学环境也变得越来越复杂了。

2. 自然环境

学校自然环境是指学校所处的自然地理位置和气候条件，它们从总体上规定了学校大的环境面貌。依山傍水，风景秀丽，自然会给教师和学生带来愉悦之情。尽管无法靠人力改变这些自然环境因素，但我们可以充分利用它们，不但可使学校的建筑风格与自然环境达到和谐一致，而且这些宝贵的自然资源可以成为学生进行爱国主义、陶冶情操以及进行研究性学习的源泉。

3. 时空环境

时空环境指的是学校内时间和空间两大因素构成的特定环境。时间与空间不可分割，并互为补充。教学是一个连续的过程，但为教学提供的时间总是一个常数。空间作为一种教学场所，其容量总是受到一定的限制。不同的时间安排将学校内一切活动有序地在有限的空间内组织起来。在单位时间内合理地组织教学的空间活动以提高教学效率，就等于为学生赢得了更多的学习时间；而在一定空间范围内，若能充分提高对空间的使用率就等于扩充了教学空间。研究表明，人的心理活动能力在一天中的不同时段有着不同的表现。因此，能否科学地安排分配时间对师生生理及心理都有较大影响，从而对教学成效产生影响。因此，根据青少年学习心理特点及不同学科的性质，合理安排好学习时间，使学生在学习中有张有弛，劳逸结合，是创设良好教学环境的重要内容。

研究还发现，不同的教学空间组织形式和空间密度对师生的身心健康和教学成效可以产生不同的影响。班级规模和座位编排方式就是两个最重要的教学空间变量。班级规模主要是指班级内学生的人数，是关系到教学空间密度的因素。国内外关于班级规模对教学成效的研究表明，无论是学习过程、学习纪律、还是学习成绩都是小班优于大班；小班学生的积极性高于大班；空间拥挤可以引起行为异常和生理上的不良反应。

(二)社会文化心理环境

社会文化心理环境是由学校内部许多无形的社会、文化、心理因素构成的一个复杂的环境系统,它与物质环境共同构成了教学环境的整体。与物理环境不同的是,社会文化心理环境是一个看不见、摸不着的无形环境,但它对师生的心理活动和社会行为,乃至整个学校的教育、教学活动都有着重要的影响,有时其影响力会超过物理环境。

1. 班风与课堂气氛

班风是指班级所有成员在长期交往中所形成的一种共同心理倾向。班风一经形成,便成为一种约束力,反过来又影响班级团体中的每个成员。它塑造了学生的态度和价值观,又影响他们在教室里的学习活动。因此,班风对班集体成员的约束作用最终不是靠规章制度,而是依靠群体规范、舆论、内聚力等一些无形的力量。

课堂气氛指学生在课堂上所知觉到的班级团体中影响其学习的心理氛围,包括班级目标导向、学习进度、困难、偏向、内聚力、团结友爱、冲突、民主、满意度、竞争等心理因素。课堂气氛是在教师交往、传递的学习活动和在彼此的交流中形成的,它不仅对每个学生的学习行为产生一定的影响,对班级群体的学习行为也会造成一种"社会压力"或"社会助长"。良好的课堂气氛会促使师生之间相互尊重、密切合作,学习活动有明确的目的性,学生对自己的学习充满自信。

影响课堂气氛的因素很多,特别是教师的领导风格。注重权威的教师,当其在场监督时学生的学习效率较高,而不在场或监督不严时则可能表现较差。坚持民主领导的教师,学生之间可以表现较高程度的尊重与互助友爱,学习效果一般较好。另外,课堂气氛还与师生价值观、行为准则等文化现象有关。

2. 情感环境与师生关系

影响班风及教室气氛的重要因素就是由师生关系营造的情感环境,它是指教学中形成的一种情绪、情感状态。课堂教学既是信息交流过程,也是情感交流的过程。要想形成良好的班风和课堂气氛,教师必须改进领导方式,与学生建立良好的关系。研究发现,教师适当的期望、端正的教学态度、恰当的奖惩及引入适宜的合作与竞争,都会给课堂情感状态带来积极的影响,从而能最大限度地满足学生的学习需要,使他们产生愉悦的情绪,达到满意的教学效果。而这一切必须建立在师生相互尊重、相互信赖的良好关系基础上。

良好的师生关系有两个特征：其一是学生对教师组织和管理的"权威"地位的接受。教师要赢得学生的尊重，其地位、教学能力、管理能力等必须得到学生的承认。在学生眼里，理想的教师应是能维持秩序但又不过分严厉，公正无偏私，讲课清晰有趣，知识渊博，能给学生以实际的关怀、帮助。其二是师生之间的相互尊重。

从教师的角度讲，这种关系的建立有赖于师生交流的三个方面：

第一，教师关心学生的进步，尽可能依据学生的需要和理解来开展教学，指导学习，通过多种形式的评价给不同认知水平的学生以学习指导和帮助，运用适当的期望和奖惩让他们始终保持旺盛的求知欲。

第二，教师尊重学生作为"学习者"的角色。学生是学习的主体，有权对学习内容和目标做出选择，教师应在教学过程中尊重他们对学习的自主意识，充分鼓励学生积极主动地探索。

第三，教师应视学生为独立的人，师生之间是平等的，通过互相了解和互相尊重而建立起良好的关系。当然这种关系应保持适当的距离，不能因为个人感情问题而影响正常的教学。

请你思考

请你结合学习理解，从物理环境和心理环境两个角度分别归纳，有利于教学的教学环境应该具备哪些条件；请你说一说，作为一位教师，在教学中可以通过哪些可行性方法来营造更好的教学环境。

二、信息化教学环境概述

（一）信息化教学环境的内涵

信息化教学环境是不同于传统教学环境的一种新形式的教学环境，它建立在多媒体计算机和互联网的基础之上，是在现代教育理论指导下，充分运用现代教育理论以及现代信息技术建立的能够实现信息化教学活动所必需的诸多客观条件和力量的综合，是信息化教学活动开展过程中赖以持续的情况与条件，包含在信息技术条件下直接或间接影响教师"教"和学生"学"的所有条件和因素，能实现教学信息的获取和呈现方式多样化，有利于自主学习及协作学习的现代教学环境。信息化教学环境有利于学习者获取广泛的教学信息和相关资料。

信息化教学环境有广义和狭义之分。从广义上说，信息社会中与教育、教学有关的各种要素皆属信息化教学环境，如：公共通信网络、现代媒体资讯等。从狭义上说，信息化教学环境主要是指开展信息教学的物理教学环境、信息资源环境、人际关系环境等显性环境和文化心理等隐性环境的总和，即开展信息化教学的硬件环境、软件环境、时空环境、文化信息环境、人文环境的总和。本章所讨论的信息化教学环境主要是指适应课堂教学的硬件环境，包括多媒体教室、多媒体网络教室、智慧教室、创客空间、虚拟现实教室等。

信息化教学环境主要包括教学支持环境和信息化教学资源环境。具体到实际应用中，信息化教学环境比较典型的教学支持环境有多媒体教室、语言实验室、多媒体网络教室、智慧教室、创客空间、课程录播室、虚拟现实教室、校园网、因特网（主要指远程教育网）以及支持网络教学的网络教学平台、各类管理和控制软件等；比较典型的教学资源环境有电子备课室、电子阅览室、数字图书馆、学习资源中心等。信息化教学环境是包括教学支持环境和教学资源环境两大部分的总和，其中教学支持环境是实施信息化教学的前提和基础，教学资源环境则是教学活动赖以进行的根本和关键。

（二）信息化教学环境的特征

信息化教学环境改变了传统的教学方式，使数字化学习成为可能。信息化教学环境不仅提供了现代化的教学手段、教学工具，还赋予了教学实践活动新的内涵与特征，变革了教学内容呈现、教学进程、师生互动、教学组织管理等环节，也改变了学生的学习方式。从教师的"教"和学生的"学"的角度出发，信息化教学环境具有以下几个基本特点。

1. 教学内容多媒体化

信息化教学环境中，教学资源种类丰富，除了文本信息外，还包括了大量、丰富的非文本信息，如图形、图像、音频、视频和动画。它们以非线性的方式整合在一起，为师生提供了更生动、直观和形象的信息和感官刺激。现代教育技术手段为课堂教学所提供的教学环境，使得课堂上信息的来源变得丰富多彩，教师和课本不再是唯一的信息源。多种媒体的运用不仅能够扩大知识信息的含量，还可以充分调动学生的各种感官，为学生提供一个良好的学习情境。

2. 教学资源高度共享

信息化教学环境能够实现优质教育资源的共享、学习环境的共享。信息化教学环境为学习者提供了连接外部学习资源的一切软硬件条件，使学习者突破时空界限，实现最大范围的共享。信息化教学资源能够通过网络实现快速、方便、高效的复制与共享，为教育信息的传播提供了便利。目前，多所学校进行了教学资源库的建设、课程网络教学平台的建设等，有效地推动了信息化教学资源的共享共建，提高了资源的利用率。

3. 自主学习个性化

信息化教学环境下现代教育技术手段的加入，尤其是多媒体计算机和网络的加入，使教师的主要作用不再是提供信息，而是培养学生自身获取知识的能力，指导学生的学习探索活动，让学生主动思考、主动探索、主动发现，从而形成一种新的教学活动进程的稳定结构形式。以通信、多媒体、人工智能等为标志的信息技术快速发展以及在教育领域的应用，使得信息化教学环境从支持知识的自我构建逐渐扩展到支持个别化学习，即能够提供适合每个学习者个别化需求的学习内容和学习支持。

4. 师生交流多样化

信息化教学环境为学生的学习活动提供了便利，同时也为学生和教师之间的互动交流提供了多种渠道和多种方式，学生在学习活动中可以随时进行沟通和交流，让师生的互动交流不再受时空的限制。通过网络交流工具，如微信、QQ、钉钉、腾讯会议等，学生与教师的交流沟通不再局限于课堂，学生可以在学习过程中与教师进行实时或非实时的交流，交流的方式可以是文字、图片、语音和视频。

5. 教学组织方式多样化

各种新型的课程教学方式，突破了学校教学时空的限制，推动学校的教学模式由封闭走向开放，从结构化良好的封闭式课堂发展到半开放的混合式课堂，实行完全开放的社会化课程教学。基于MOOC的学习是完全依赖于网络的社会化学习，是基于自组织的深度协作式、开放式教学；翻转课堂拓宽了课堂的教学时空，构建了"半开放式"的教学系统。

6. 教学管理自动化

信息化教学环境能够利用各种过程感知与数据采集技术，辅助教育管理者和教学者对学生进行自动化监控、自动化管理和智能化服务。同时，信息化教学环境可以融入数据感知、数据挖掘、专家系统和智能代理系统等技术，通过模拟教育者进行自动化分析、判断和决策，使得整个教育管理更加高效。

🔊 请你思考

对比传统教学环境与信息化教学环境，信息化教学环境有哪些优势？请分享一个你亲身实践过或阅读过的信息化教学环境教学案例，基于信息化教学环境，谈谈作为一名教师应当如何有效利用信息化环境促进教学。

_____

_____

📔 自主学习

自行登录中国知网，查阅下表中列出的 3—5 篇信息化教学环境相关文献。通过阅读、对比与分析，增进对于信息化教学环境的理解。

序号	参考文献
1	钟晓流，宋述强，焦丽珍．信息化环境中基于翻转课堂理念的教学设计研究[J]．开放教育研究，2013，19(1)：58—64.
2	余艳，余素华．信息化环境下课堂评价系统的研究与应用[J]．现代教育技术，2015，25(8)：53—59.
3	刘晓琳，经情霞．学校信息化环境下教学创新的机制和策略：基于案例的研究[J]．中国电化教育，2016，351(4)：79—87.
4	孔晶，赵建华，张惠敏．疫情视域下在线教学环境、实践设计和满意度分析[J]．电化教育研究，2021，42(8)：88—92，100.
5	吴砥，王俊，王美倩，等．技术发展视角下课堂教学环境的演进脉络与趋势分析[J]．开放教育研究，2022，28(5)：49—55.

🔊 分析总结

通过对文献的阅读，请你谈一谈，信息化教学环境为教育教学提供了什么样的帮助，具体是怎样促进教育教学展开的？

_____

_____

三、典型的信息化教学环境

信息化教学环境按照功能的不同可以分为两大类：一类是支持教师教学

活动和学生学习活动的教学支持环境，是课堂教学活动或学生自主学习活动赖以进行的各种客观条件的综合；另一类是支持教师备课与交流，为教师和学生提供服务和资源为主的教学资源环境。常见的信息化教学环境有多媒体教室、多媒体网络教室、智慧教室、创客空间和虚拟现实教室。

1. 多媒体教室

多媒体教室是根据现代教育教学的需要，将多媒体计算机、多媒体投影机、视频展示台、中央控制系统、交互式电子白板、电动屏幕、录像机、影碟机、调音盒、功放、话筒、音箱等现代教学媒体结合在一起，以利于教师学生运用现代教育媒体开展教学活动的场所。

多媒体教室被广泛地应用在各级各类学校课堂教学中，其中多媒体教室最主要的应用途径是课堂演示教学。教室中的多媒体设备主要用来辅助教师教学，教师利用多媒体设备将教学内容通过多种方式呈现给学生，在授课内容中合理增加丰富的图像、声音、视频等多媒体元素，创设特定的学习情境，将抽象的知识生动化。教学中教师通过操作计算机和实物展示台，可以灵活组合文字、图片、动画、音视频等现代教学媒体进行授课，可用无线话筒进行讲课并且可以用于记录讲课内容，学生可以图文并茂地展示作品和研究结果，多媒体教室也可用于学术报告活动和观摩示范课。

2. 多媒体网络教室

多媒体网络教室又称计算机网络机房、计算机教室，是以教师机为控制端、以学生机为终端、以局域网(有线、无线均可)为基础而组成的网络信息化教学环境。计算机教室的环境必须满足计算机等各种微电子设备对温度、湿度、洁净度、电磁场强度、消防、电源质量、防雷等的要求，因此，建设一间计算机教室造价较高，进入计算机教室学习要遵守计算机教室的使用制度。

多媒体网络教室的基本组成包括计算机网络系统、多媒体教室系统、网络教学控制系统、教学信息资源系统。多媒体网络教室的功能包括教师机功能和学生机功能，主要通过教师机的控制系统来实现。在多媒体网络教室中，教师计算机可以把文字、声音、图像、动画和视频等多媒体信号同步传送给学生计算机，并可控制、监视学生计算机的操作。利用多媒体网络教室，不仅可以开展多媒体教学，而且可以进行分组教学和在线讨论等多种形式的教学。

3. 智慧教室

智慧教室，又称未来教室，是随着以物联网、云计算、大数据为代表的新一代信息技术在教育领域中的应用，而出现的一种典型的智慧学习环境，是多媒体教室和多媒体网络教室的高端形态。立足教学活动需求，提供智慧化的应用服务是智慧教室的核心使命，达成最优化的教学效果是智慧教室的终极目标。运用智慧技术，提供智慧化服务和功能，对智慧教室实现智慧管理，满足教学活动的高交互特性是智慧教室区别于以往多媒体教室和多媒体网络化教室的主要特征。

智慧教室拥有强大的硬件系统和软件系统，能使教学内容智慧化呈现、学习资源泛在获取、课堂交互立体多样、现实学习空间和网络学习空间相互融通、学生主体作用和教师主导作用充分发挥。随着技术的发展，智慧教室的功能和实施设备会不断变化和发展，中小学常见的智慧教室通常由以下基本部分组成：教学系统、LED 显示系统、人员考勤系统、资产管理系统、灯光控制系统、空调控制系统、门窗监视系统、通风换气系统和视频监控系统。

4. 创客空间

创客教育是创客文化与教育的结合，基于学生兴趣，以项目学习的方式，使用数字化工具，倡导造物，鼓励分享，培养跨学科解决问题能力、团队协作能力和创新能力的一种素质教育。

创客空间（Maker Space）源自英文"Maker"与"Space"的组合。创客空间是创客活动的载体，是人们能够聚集在一起通过分享知识与创意，并以共同工作来创造新事物的实体实验室，具有实体空间并采用社区化的方式运行。一个典型的创客空间通常配备有包括 3D 打印、激光切割、数控机床等新型的生产设备以及各种生产工具，并且广泛采用 Arduino 单片机等开源硬件平台。创客空间并不是某种正式的组织结构，而是一系列与开源软件、硬件和数据等要素相关的共享技术、治理过程和价值观。在创客文化中，核心的前提是共享的技术、工具与场所。

5. 虚拟现实教室

虚拟现实（virtual reality，VR）技术，又称灵境技术，是以计算机技术为核心，综合了计算机图形学、仿真技术、多媒体技术、计算机网络技术、传感器技术、光学技术和人工智能技术等现代高科技技术，生成的一个集听觉、视觉、触觉、嗅觉和味觉等感官模拟的虚拟环境，用户借助多种设备在这个多维空间内与虚拟环境中的对象进行交互，从而得到身临其境的感受和体验。沉浸性、交互性和构想性是虚拟现实技术的三大特征。

虚拟现实教室是虚拟现实技术在教育领域的应用，基于虚拟现实技术打造的虚拟现实教室，主要包括 VR 硬件、VR 课程资源和 VR 软件。借助设备,可以让学习者沉浸到虚拟学习空间,脱离现有的真实环境,获得与真实世界相同或相似的感知,产生身临其境的感受,并通过相关交互式虚拟化学习,提高感性和理性认识,深化概念和萌发新的联想。

🔊 **请你思考**

信息化教学环境按照功能的不同,可以分为教学支持环境和教学资源环境两大类。请你思考怎样通过教学支持环境支持教师教学活动和学生学习活动,怎样利用教学资源环境的服务和资源支持教师备课交流,请谈谈具体做法。

第二节 智慧教室学习环境

新技术的不断出现和发展促进了技术在教育领域的应用,学生的学习环境伴随着技术的进步也在不断出现新的变化,从传统的以桌椅黑板为主的学习环境,到"计算机＋投影仪"的多媒体的学习环境,再到如今的智慧教室学习环境,信息化时代给学生的学习环境带来了巨大的改变。

一、智慧教室学习环境概述

(一)智慧教室的定义

智慧教室,英文名称为"Smart Classroom",在一些文献中部分研究者也会将"Smart Classroom"称为"Digital Classroom"、"Intelligent Classroom"或"Future Classroom",其含义与"Smart Classroom"相同,其中使用较为广泛,被多数学者认可的是"Smart Classroom"的名字。在国内,有的研究者将"智慧教室"翻译为"智能教室"或"未来教室"(见图5-1)。

智慧教室是一种典型的智慧学习环境的物化,它是多媒体和网络教室融合的高端形态。智慧教室是借助物联网技术、云计算技术和智能技术等构建起来的新型教室,在这种新型教室中包括两种空间:有形的物理空间和无形的数字空间,在这种空间中,各类智能装备辅助教学内容呈现、便利学习资源获取、促进课堂交互开展,实现情境感知和环境管理功能。因此,很多人将"智慧教室"的定义片面地理解为先进智能技术支持下的新型教室,但是真

图 5-1 智慧教室景观图

正的"智慧教室"不是以昂贵、先进的智能技术配置为中心和基本特征的，而是从师生的自然需要出发，设计的人性化教学空间。智慧教室旨在为教学活动提供人性化、智能化的互动空间，通过物理空间与数字空间的结合，本地与远程的结合，改善人与学习环境的关系，在学习空间实现人与环境的自然交互，促进个性化学习、开放式学习和泛在学习[1]，这类教室往往具有可供师生自由取用的丰富的教学工具，运用学生熟悉的相关材料，让装饰与布置更有利于学生学习，创造使学生感到愉快舒适、具有家庭氛围的学习空间。

（二）智慧教室学习环境的定义

智慧教室作为一种面向现代化、面向信息化的教学环境，是一种典型的智慧学习环境。在了解了智慧教室的特征和内涵作为基础后，更有利于理解智慧教室学习环境。在现有的研究中，国内外研究者都没有对智慧学习环境做出一个标准统一的概念界定，但是不同的研究者尝试从多角度对智慧教室学习开展了分析研究。

在国外的研究中，马来西亚学者钦（Chin）在 1997 年提出，智慧学习环境是能够适合不同学习者的不同学习能力和学习风格，以学习者为中心，为学习者的发展提供支持，以信息通信技术应用为基础，为学习者终身学习提供支持的特征环境[2]。

在国内的研究中，来自重庆教育学院钟国祥和西南大学计算机与信息科

---

[1] 杨红云，雷体南. 智慧教育：物联网之教育应用[M]. 北京：华文出版社，2016：8.

[2] Chin, K. W. Smart learning Environment Model For Secondary Schools in Malaysia: An, 1997. Overview[EB/OL]. [2011-10-10]. http://www.apdip.net./projects/seminars/it-policy/cn/resources/kang wai chin/ smart learning mimos. ppt.

学学院的张小真较早地提出关于"通用智能学习环境"的一些观点，他们认为智能学习环境应该是从建构主义学习理论、混合学习理论、现代教学理论出发，以学生学习为中心，由相匹配的设备、工具、技术、媒体、教材、教师、同学等构成的一个智能性、开放式、集成化的数字虚拟现实学习空间，它既支持学生学习的自主建构，又提供适时的学习指导[1]。来自北京师范大学的黄荣怀教授在2012年通过对智慧教室的概念和特征的分析后，认为智能教室环境是能够创设学习情境，提供丰富的学习资源，开展个性化学习，方便学生与学生之间进行交流协作，实时跟踪学生学习过程和评价学生学习成果的有效活动场所或学习空间[2]。学者张东认为智能教室环境是数字学习环境的高端形态，是社会信息化背景下学生对学习环境发展的诉求，也是有效促进学习与教学方式变革的支撑条件[3]。陈卫东等人认为智能教室环境是根据相关技术与理论，以互动为核心，充分发挥课堂组成各要素的作用，并能够促进人的情感、认知和技能的学习与发展的教学环境[4]。

综上所知，智慧学习环境是信息时代发展到一定程度，基于相关理论与基础，能够提供丰富的学习资源，实现个性化学习，适合学生交互、协作并记录学生学习过程和评价学习成果的活动环境，在智慧学习环境中，更加注重学生自适应性，注重个性化的服务支持，并强调学习体验，多元地体现学习效果。

请你思考

通过学习，请你思考智慧学习环境怎样实现适合不同学习者的不同学习能力和风格，又是怎样实现以学习者为中心，为学习者的发展提供支持的呢？智慧教室能够提供丰富的学习资源，实现个性化学习，那么教师可以利用智慧教室环境的哪些工具和技术协助开展教学？

———————————

[1] 钟国祥，张小真．一种通用智能学习环境模型的构建[J]．计算机科学，2007(1)：170—171，197．
[2] 黄荣怀，杨俊锋，胡永斌．从数字学习环境到智慧学习环境——学习环境的变革与趋势[J]．开放教育研究，2012，18(1)：75—84．
[3] 张东．智慧学习环境：有效支撑学与教方式的变革[N]．中国教育报，2012-05-25．
[4] 陈卫东，叶新东，许亚锋．未来课堂：智慧学习环境[J]．远程教育杂志，2012，30(5)：42—49．

二、智慧教室学习环境特征

智慧教室的主要特征包括教材多媒体化、教学多样化、资源共享化、学习个性化、活动协作化、管理智能化、网络泛在化、环境和谐化，这也是智慧教室"智慧性"的集中体现。在智慧教室学习环境中，主要特征包括：清晰的内容呈现（showing）、多样便捷的环境管理（manageable）、方便的资源获取（acessible）、及时的交流互动（real-time interactive）以及良好的情景感知能力（testing）。

（一）清晰的内容呈现（showing）

智慧教室学习环境下有较好的设备，保证智慧教室学习环境的声音和视觉展示，使智慧教室学习环境能够具有较高的教学信息呈现能力，体现在设备的支持下，呈现的内容清晰，且呈现的方式适合学习者的认知特点，有助于学习者在学习过程中对学习材料的理解和加工。

（二）多样便捷的环境管理（manageable）

在智慧教室的学习环境下，智慧教室的所有设备、系统、资源都应具备可管理性，包括教室布局管理、设备管理、物理环境管理、电气安全管理、网络管理，因此智慧教室的学习环境具备布局多样性和管理便利性的特点，为灵活、多样的教学活动提供了支持。

（三）方便的资源获取（acessible）

在智慧教室的学习环境下，计算机、平板电脑、智能手机、交互式白板等设备都可以方便地使用和接入，这些设备帮助学习者在学习的过程中开展互动、资源学习等活动，因此具备较好的资源获取的能力和设备接入能力。

（四）及时的交流互动（real-time interactive）

在智慧教室的学习环境下，操作软件支持人机的自然互动；硬件能够满足多终端、大数据量的互动需求，存储师生、生生及人机的互动轨迹，为学习分析提供数据支持；同时支持教学中的深度互动，发现学生在学习中的问题，及时反映给教师，帮助对学生的学习行为加以引导等功能，体现了优越的人机互动能力，便利操作、流畅互动和互动跟踪优点。

（五）良好的情景感知能力（testing）

在智慧教室的学习环境下，智慧教室具有较好的对物理环境和学习行为的感知能力。智慧教室不仅可以对教室内的空气、温度、光线、声音、颜色、气味等参数开展全面的监控，为"环境管理(manageable)"提供依据，而且可以利用课堂录播系统记录教学过程，利用手持设备记录交互过程、监测学习结果，从而完成对学习过程的跟踪。

请你思考

基于智慧教室学习环境的主要特征，归纳其为教育教学提供了哪些便利，请结合你的个人亲身经历或者曾经阅读和学习过的相关教学案例，分析总结智慧教室学习环境如何支持教育教学，谈谈你的理解。

三、国内外智慧教室的发展

（一）国内智慧教室的建设与发展

目前，国内智慧教室的应用和发展主要集中在北京、上海、广州等教育、经济较为发达的地区，能够提供较好的硬件和软件来支持智慧教室的建设与发展，国内智慧教室建设的特点主要如下：

1. 实现了网络的全覆盖

目前，国内校园基本上构建了完善的网络覆盖体系，在校园的任何角落都可以收到网络信号。很多学校基于校园的校园网络，不断地扩大网络的承载能力，扩大网络的覆盖范围。国内校园实现网络全服务，学习者就可以借助于移动设备实现随时随地的学习、娱乐、社交，学生的学习生活更为便利，学校实现网络的全覆盖，形成了一种泛在学习环境，这为学习者发展提供了环境的支持。

2. 运用了大数据技术

智慧教室的构建，必须借助大数据技术。目前，国内很多高校都采用了大数据技术，通过大数据对海量学生信息数据进行存储和分析，通过各种智能终端、可感知设备和系统为用户提供海量的数据资源，以推进教育管理工作的创新发展。大数据支持下，智慧教室可以收集到学生学习与生活的各种数据，借助大数据不仅可以得到大学生团体的基本生活信息，把握学生的基本生活规律与学习成绩之间的关系，还可以搜集到关于学校基础设施情况、学校的教育管理信息情况，可以实现对学生个性化的有效把握，为智慧学生管理工作的开展、为智慧学生培养提供有效的支持。

3. 基本设施环境在不断完善

硬件设施的投入和应用是智慧教室构建的基础,目前,国内很多学校都在不断完善各类硬件建设工作,基本设施环境在不断完善,多媒体教室得以构建。在智慧教室建设中,很多学校都实现了数字化校园建设,相关信息化装备不断完善,物联网技术控制设备也基本上投入了使用。有些学校还将信息传感设备投入应用,将校园实体环境与网络环境有效地联系起来,这样,通过相关硬件建设就能够随时随地对校园环境信息进行捕捉和把握,这为校园建设管理教育工作的创新发展提供了有效的支持。

4. 信息共享度不断提升

目前,国内很多高校借助于相关技术手段,实现了教育平台、教育资源平台和教育服务平台的有效融合,构建了统一的信息平台,这种平台的建设,有效提升了学校各种信息的共享度。对于使用者和学习者而言,只要进行身份认证,就可以进入到相关平台上,享受各种信息共享服务,这对于学校的创新发展是一种推进。

5. 信息化建设队伍素养不断提升

高水平的智慧教室的构建,需要依托于信息化建设队伍的支持。目前,很多高校都很重视信息化建设队伍的建设工作,高校也能够积极与各级科研单位和科研机构合作,加强信息化建设队伍的培养。对内,高校能够加强内部人员的培训工作;对外,高校能够积极招揽信息化建设人才。通过多种方式,很多高校已经成立一支高素养的信息化建设人才队伍,这对于智慧教室建设工作的不断完善是一种较大的推进。

(二)国外智慧教室的建设与发展

21世纪以来,西方发达国家已经基本上实现了智慧教室的建设,相关硬件设备和软件设备基本完善,相应的学习环境得以营造,这有力地推动了西方发达国家教育的发展。

1. 东京大学 KALS

日本一直以来注重在教育方面的投入与研究,但是在日本的公立中学中,不少学校仍然采用非常传统的教室布局设置,也是日本智慧教室的特色之一。在日本的一些智慧教室中,对于平板、电子书包类的智能设备使用较少,学生的学习记录仍然采用的是传统的手写,但是会将学生的课堂笔记进行数字化扫描,将其整合到学生的智能笔记本,用以鼓励学生在课堂多记录,也让教师对学生的课堂学习情况有更充分的了解。同时,他们在教室中提供大量自由书写的涂鸦板、彩色书写笔、便利贴和透明胶带，便于学生在课堂中交流分享。

Komaba Active Learning Studio(KALS)是东京大学在2007年5月开始实践的一款未来教室，通过对学习空间基本设施的强化和大量最前沿的信息通信技术(Information and Communication Technology，简称ICT)整合实践，支持包括讨论、小组协作、讲演汇报等多种类型的主动学习。KALS以"实现一个理想的自由式教育(an ideal liberal education)"为主要目标，在设计上特别注重设备与师生之间的即时互动，并且由艺术与科学学院、信息学院以及高等教育研究与发展中心共同合作，研究开发学与教的方式以最大化利用好KALS学习环境。

KALS占地约144平方米，可容纳约40人，整个教室由五个概念区域组成，包括教室空间、等候区、储藏间、工作间和会议室五个概念，KALS俯视图如图5-2所示。在教学中可以根据需要对各个区域进行调整，并在各个区域配置豆瓣型桌椅，流线型可拼接的形状让这套课桌可以灵活地排列组合，可支持2—6人协作学习，豆瓣型课桌如图5-3所示。无线投影仪安装在教室的四周，可以同时在四个屏幕上投射不同的影像，每个屏幕上可以显示四个不同的图像，可同时支持多名学生展示自己的作品，KALS无线投影仪如图5-4所示。教室内配备交互式电子白板、平板电脑和学生个人反馈软件与装置，一方面很好地提高了空间的利用率，另一方面能够有效支持学生的协作、讨论等主动学活动，KALS智慧教室的布置如图5-5所示。

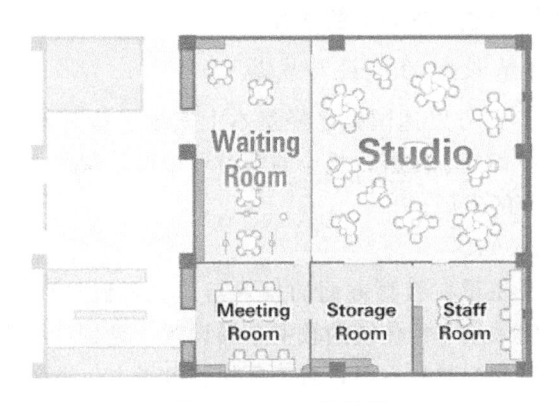

图 5-2　KALS 俯视图

图 5-3　KALS 豆瓣形课桌

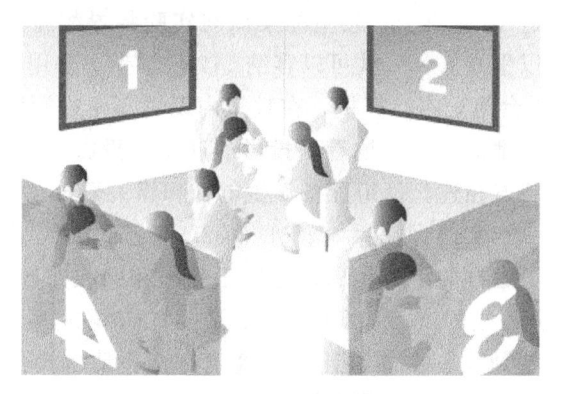

图 5-4　KALS 无线投影仪

图 5-5　KALS 智慧教室

（图片资料来源：http://www.kals.c.u-tokyo.ac.jp/english/facilities.html）

2. 美国麻省理工学院 TEAL

美国的智慧教室建设的特点是：起步早、普及广、技术先进，相比于其他国家，美国的智慧教室真正实现了融合式教育。总体来看，美国智慧教室发展的特点是整合了多个物理空间：打造更灵活舒适的学习空间。灵活的空间布局，可随意调整的座位；电脑终端互联；多角度投影或黑板；针对所有个体的方便快捷的互联网信息检索、分析、呈现服务；人际环境上利于促进师生、生生交流和共享。

美国麻省理工学院于 2000 年提出 IMIT TEAL(Technology Enabled Active Learning，简称 TEAL)，该项目的目的是建立一个学生能够高度合作动手操作、在计算机支持下的交互式学习环境。这个课题是美国物理教育改革研究项目(PER)之一，PER 旨在研究能够促进学生更好地理解物理的教学环境和课程教材。

TEAL 教室有 13 张桌子，教室的桌椅与实验装置相连接，因此不可移动，每张桌子可以坐 9 人，一共可以容纳 117 位学生。采用小组制，学生每 3 人一组，每组 1 台笔记本计算机，在教室内设置多个投影屏幕，保证了坐在任何位置的学生都能够清楚地看到投影的展示。投影幕中间是电子白板。桌椅与媒体设备装置相连，每组配备学生电脑和相关记录设备，并提供网络教学交互系统、个人实时回馈系统、3D 和 2D 虚拟仿真实验系统。教师讲台位于教室中央，这样的空间布局，有助于教师和助教在教室中来回走动，与每组同学进行充分的交流。TEAL 智慧教室俯视模型如图 5-6 所示。TEAL 教室就是要建立一个能够让学生高度合作、动手操作，现代信息技术支撑的交互式学习环境，以改变传统以讲授和练习为主的教学方式。

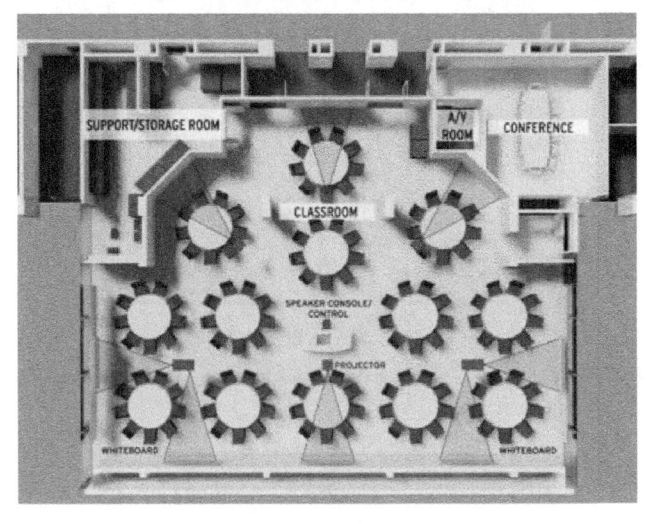

图 5-6　TEAL 智慧教室俯视模型

3. 美国北卡罗来纳州立大学 SCALE-UP 教室

美国北卡罗来纳州立大学的 SCALE-UP(Student Centered Activities for Large Enrollment Undergraduate Programs)教室打破了以往传统教室设计以教师授课为核心这个传统,它将教室里学生的课桌椅摆放方式改变成类似餐厅餐桌椅的摆设方式,教室里配置许多张直径长达 2 米的大圆桌,每张桌子可坐 3 个小组(每组 3 人)合计 9 人的学生。每个小组皆配备一台笔记本电脑,实验器材则放置于教室外围的壁橱里方便小组取用。此外,教室四周墙上根据空间大小架设了多面计算机投影屏幕与大型白板,教师的讲台一般坐落在靠近教室中心的位置,其主要配备为小型个人计算机与实物投影机等。

SCALE-UP 教室设计的目的主要在将课堂上学习活动的核心转移到以学生主导的小组协作学习上。使用圆桌与分组方式上课,有利于学生进行学习活动时的彼此互动与讨论。教师也可以在教室各个角落走动,与学生进行"苏格拉底式对话"(Socratic Dialogues),通过问答式对谈,彼此话问、激荡思考。此外,教室四周的白板可作为学生的"公共思考空间",方便小组讨论时使用。小组专用的笔记本电脑除了方便让学生进行小组讨论时上网搜集资料,还方便让学生随时存取学校的教学网站。另外开发有学生投票系统(Classroom Response Systems,简称 CRS),学生可以直接从小组的笔记本电脑上回答教师提出的问题,教师也可以实时搜集、评估学生的学习状况,进而调整课程内容与方向。这个教室使用的结果表明,"SCALE-UP"教室是个友好、舒服的学习空间,在这个环境中,学生能够完成远远超过他们独自工作的工作量。[①]

4. 美国明日苹果教室 ACOT

美国 Apple 公司发起并资助的明日苹果教室(Apple Classroom of Tomorrow,简称 ACOT)研究项目,研究信息技术和教育之间的关系。在当时,ACOT 是公立学校、大学国家教育重整联盟和苹果公司合作研究专题项目,由苹果公司国家科学基金会、大学国家教育重整联盟共同赞助,ACOT 研究小组由高校研究人员、苹果公司工作人员、教师组成。

美国苹果明日教室则强调为师生使用设备和技术提供了便利,教师和学生可以得到大量的核心技术。师生可以方便地使用各种设备与技术,学生还可以使用各种软件与工具,其设备设施包含计算机、摄像机、扫描仪等;软件包括视频、图片以及文字处理、数据库软件、电子表格制作与程序包等。其效果是提高了学生的学习兴趣,学生的成绩也有了提高,学生更具有创新

---

① 参阅 http://www.ncsu.edu/per/SCALEUP/Classrooms.html。

能力和协作精神。并且教师的角色发生转变，从说教者变成了管理者和引导者，从知识的传授转变为知识的自发组织。"苹果明日"教室成了新型教学结构的模型。

📢 请你思考

在对国外典型的智慧教室进行了学习后，请你归纳总结各国智慧教室建设的特点，简要描述分别构建了什么样的物理环境。

_____

_____

_____

📓 自主学习

认真阅读下表中的3—5篇有关智慧教室的参考文献，通过阅读、对比与分析，增进对智慧教室的学习理解。

序号	参考文献
1	黄荣怀，胡永斌，杨俊锋，等．智慧教室的概念及特征[J]．开放教育研究，2012，18(2)：22—27.
2	李康康，赵鑫硕，陈琳．我国智慧教室的现状及发展[J]．现代教育技术，2016，26(7)：25—30.
3	程敏．信息化环境中智慧教室的构建[J]．现代教育技术，2016，26(2)：101—107.
4	俞伟，刘渊．"互联网＋"时代"智慧教室"建设的研究与实践[J]．教育理论与实践，2017，37(15)：44—46.
5	管珏琪，陈渠，楼一丹，等．智慧教室环境下的课堂教学结构分析[J]．电化教育研究，2019，40(3)：75—82.

第三节 创客空间学习环境

近年来，"创客"一词逐渐走进我们的视野，由此出现"创客空间式的教学环境"，本节内容将介绍创客教育及创客空间教学环境的有关内容，主要从以下五个部分来介绍，分别是：创客教育的内涵、创客空间环境的构建（硬件、软件）、创客课程的内容、创客课程的特点、创客空间环境下的信息技术案例。

一、创客教育的内涵

创客源于英语单词"Maker",原意是指"制造者"。现在,创客用于指代:利用网络、3D打印以及其他新兴科技,把创意转换成现实,勇于创新的一群人。[1]

创客运动是指越来越多的人开始在日常生活中创造新颖的物品,并通过各种线上、线下的论坛与他人分享创造的过程与作品(Halverson & Sheridan, 2014)。近年来,各种创客空间(如 Artisan's Asylum, Noisebridge, Mt. Elliott)、创客社区(如 https://diy.org/, http://www.dfrobot.com.cn/, http://makespace.org)、创客大赛(如中国联想创客大赛)、创客嘉年华(如美国每年举行一次的 Maker Faires)不断出现,大大促进了创客之间的智慧交流和碰撞,诞生了一大批极具创意的产品。实际上,很多创客作品具有规模化生产、市场推广的前景,创客运动将对全球经济带来难以估量的价值。担负培养大批创新人才重任的教育如何实现系统变革,如何顺应和支撑整个社会的大变革,是当前全球教育界面临的巨大挑战。创客运动与教育的"碰撞",正在慢慢改变传统的教育理念、组织、模式与方法,创客教育应运而生。由于创客教育是新生事物,目前国内外相关研究成果并不多,少数学者开始探讨创客教育的理论与实践。郑燕林等(2014)剖析了美国中小学创客教育的内涵、特征以及实施路径。祝智庭等(2015)对创客教育的内涵进行了归纳,并对创客教育在我国的现状以及发展方向进行了深层次解读。

不同的学者对于创客教育有着不同的见解。大部分西方学者认为创客教育就是通过技术手段培养将创意变为现实的创客型人才,而我国学者多认为创客教育是将青少年培养成具有创新意识、创新思维和创新能力的人才。祝智庭认为广义的创客教育是一种教育形态,主要是培养大众创客精神,而狭义的创客教育是一种教育模式,主要是指培养以青少年为主的学习者的创客素养。[2] 他认为创客素养是通过团队协作一起发现问题、分析问题、设计解决方案,用技术手段或者非技术手段试验制作最终形成创意作品的能力。[3]

---

[1] 李凌,王颉."创客":柔软地改变教育[N].中国教育报,2014-09-23(5).
[2] 郭运庆.创客教育的现状、问题与未来发展方向——访广州市教育信息中心"智创空间"创始人王同聚老师[J].数字教育,2016,2(4):1—7.
[3] 祝智庭,孙妍妍.创客教育:信息技术使能的创新教育实践场[J].中国电化教育,2015(1):8—9.

创客教育以信息技术的融合为基础，传承了体验教育、项目学习法、创新教育、DIY理念的思想(祝智庭等，2015)；提倡"基于创造的学习"，强调学习者融入创造情境、投入创造过程(郑燕林等，2014)。基于此，本书尝试给出综合性的定义：创客教育是一种融合信息技术，秉承"开放创新、探究体验"教育理念，以"创造中学"为主要学习方式和以培养各类创新型人才为目的的新型教育模式。传统教育具有深深的工业化烙印，是典型的基于知识的教育(Knowledge-Based Education)；创客教育则是适应知识经济时代发展的以能力为导向的教育(Competence-Based Education)。①

实际上，可以从两个角度去理解创客教育：一种是"创客的教育"，旨在培养创客人才；另一种是"创客式教育"，旨在应用创客的理念与方式去改造教育。对于"创客的教育"，可以通过开设专门的创客课程，建立创客空间，配备专业化的指导教师实施；对于"创客式教育"，则需要将创客运动倡导的"动手操作、实践体验"理念融入各学科教学过程，开展基于创造的学习。无论是"创客的教育"还是"创客式教育"，最终的教育目标是一致的，即培养具有创新意识、创新能力和创新思维的创新型人才。因此，二者又是融合的，可以相互支撑。实施创客式教育必将使更多的学生具备创客思维和创客能力，进而成为真正的创客；专门的创客课程开设以及创客人才培养，又将促进学生在其他学科开展基于创造的学习。②

在创客教育中，学生不再是知识的被动接收者，而是身兼数学家、科学家、发明家等多重角色。创客教育所倡导的提出问题并利用自己的创造力解决问题的过程，对学生能力的培养至关重要。创客教育强调多学科的融合，包括数学、科学、艺术等学科。

请你思考

根据以上所学内容，请你围绕创客教育以及实施创客教育的意义，谈谈你的理解。并思考一下，创客教育中的教师和学生角色相较于传统教育中发生了怎样的转变，这样的转变对教育教学提出了什么新要求。

---

① 杨现民，李冀红. 创客教育的价值潜能及其争议[J]. 现代远程教育研究，2015(2)：23—34.
② 祝智庭，贺斌. 智慧教育：教育信息化的新境界[J]. 电化教育研究，2012，33(12)：5—13.

二、创客空间学习环境的构建(硬件、软件)[①]

创客空间的硬件配置一般包含人工智能开源电子、3D打印、加工工具、展示品等，一些学校根据预算和空间，也可以建设一些特色空间，比如VR、机器人、视频制作、程序设计等。创客空间环境中的软件是指用于支持创客空间的运营、管理、创作以及学习交流等活动的各种程序、系统和平台。

(一)开源电子模块

2016年IDEA金奖获得者Microduino的人工智能开源电子产品秉承模块化设计的概念，将复杂的系统分割成功能独立、尺寸规格相同的模块，使用的时候(组成复杂系统的时候)只要像搭积木一样就可以了。而且使用的弹针设计不伤手，磁性连接堆叠，不易损坏且易使用。另外和乐高的接口兼容，方便搭建应用和项目；因其小巧、模块化的特点，可以完美配合3D打印机及各种手工来完成创意作品的制作，具有极高的扩展性。丰富的电子模块，图形化和C语言编程开发环境，满足不同水平的学生使用及教学要求，可以快速地帮助学生做出创意的作品。

(二)开源编程软件

1.Mixly图形化编辑软件

Mixly是一款由北京师范大学教育学部创客教育实验室傅骞教授团队基于Google的Blockly图形化编程框架开发的免费开源的图形化Arduino编程软件。Mixly是目前功能最丰富、操作最流畅的Arduino图形化编程软件，几乎可以替代Arduino IDE编程工具。

2.Scratch图形化编辑软件

Scratch是由麻省理工学院(MIT)设计开发的一款面向少年的简易编程工具。mDesigner是美科科技基于开源软件Scratch 2.0开发的图形化编程软件，mDesigner支持Arduino编程，使用者可以不认识英文单词，也可以不会使用键盘。构成程序的命令和参数通过积木形状的模块来实现。通过用鼠标拖动模块到程序编辑栏，让用户可以轻易创造出可交互的智能应用。Scratch图形化编辑软件界面，如图5-7所示。

[①] http://zt.wxeic.com/computer/show/1438.

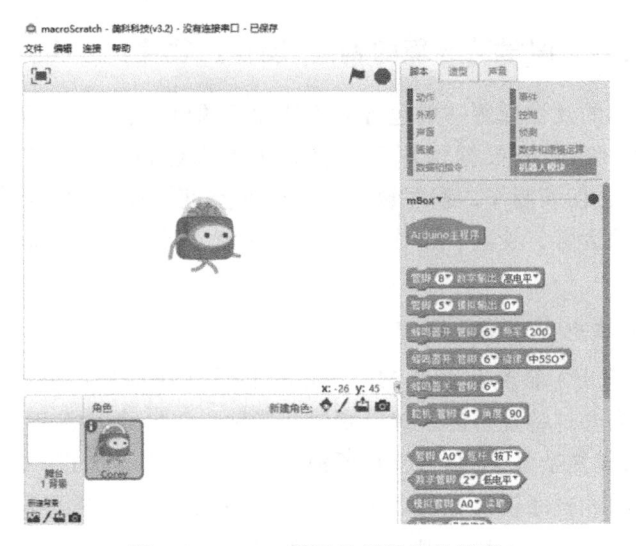

图 5-7　Scratch 图形化编辑软件界面

3. Arduino 编程软件

Arduino 是一款便捷灵活、方便上手的开源电子原型平台。包含硬件（各种型号的 Arduino 板）和软件（Arduino IDE）。它构建于开放原始码 simple I/O 界面版，并且具有使用类似 Java、C 语言的 Processing/Wiring 开发环境。Arduino 编程软件，如图 5-8 所示。主要包含两个主要的部分：硬件部分是可以用来做电路连接的 Arduino 电路板；另外一个则是 Arduino IDE，计算机中的程序开发环境。用户只需要在 IDE 中编写程序代码，将程序上传到 Arduino 电路板后，程序便会告诉 Arduino 电路板要做些什么了。Arduino 编程界面，如图 5-9 所示。

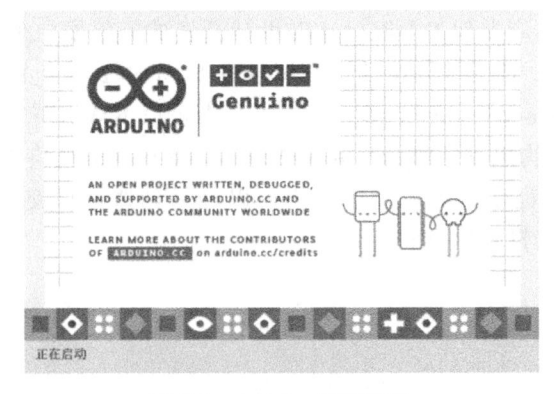

图 5-8　Arduino 编程软件

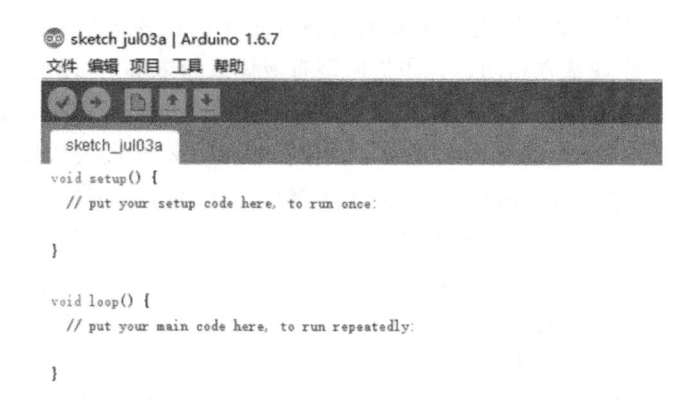

```
sketch_jul03a | Arduino 1.6.7
文件 编辑 项目 工具 帮助

sketch_jul03a
void setup() {
  // put your setup code here, to run once:

}

void loop() {
  // put your main code here, to run repeatedly:

}
```

图 5-9　Arduino 编程界面

请你思考

除了我们学到的 Microduino 人工智能开源电子产品、Mixly、Scratch 和 Arduino，你还知道哪些开源电子模块和开源编程软件，各自有什么样的特点和优势？请你思考，如何利用这些硬件和软件开展创客教育，提升学习者的技术技能，谈谈你的看法。

_____

_____

_____

三、创客课程的内容

（一）3D 打印技术

2013 年伊始，3D 打印技术突然成为人们关注的热点，由工业、建筑、军事等应用领域逐渐走向民用领域。教育领域，特别是基础教育领域应用 3D 打印技术还处于起步、探索阶段。[1]

3D 打印技术，学名为"快速成型技术"(Rapid Prototype)，也称为"增材制造技术"，是一种以数字模型文件为基础，运用粉末状金属或塑料等可黏合材料，通过逐层打印的方式来构造物体的技术。3D 打印机出现在 20 世纪

---

[1] 童宇阳. 3D 打印技术在中小学教学中的应用研究[J]. 现代教育技术，2013，23(12)：16—19.

90年代中期，是一种利用光固化和纸层叠等技术的快速成型装置。它与普通打印机工作原理基本相同，打印机内装有液体或粉末等"打印材料"，与电脑连接后，通过电脑控制把"打印材料"一层层叠加起来，最终把计算机上的蓝图变成实物。3D打印无须机械加工或任何模具，就能直接从计算机图形数据中生成任何形状的零件，从而极大地缩短产品的研制周期，提高生产率和降低生产成本。灯罩、身体器官、珠宝、根据球员脚型定制的足球靴、赛车零件、固态电池以及为个人定制的手机、小提琴等都可以用该技术制造出来。如今，这一技术在多个领域得到应用，人们用它来制造服装、建筑模型、汽车、玩具、巧克力甜品等。①

3D打印技术在教育教学中也常常被使用。例如，信息技术学科中的计算机硬件认识和计算机组装一直是教学的难点之一。从前的教学中由于硬件的缺乏，教师只能用少量的设备给学生集体观察和演示，学生很难近距离地直接触摸诸如主板、网卡、内存条、CPU等，得来的知识总是模模糊糊。而3D打印技术的出现，可使这些配件按1∶1的模型打印出来，分发给每一位学生，这样可以很容易地满足学生近距离触摸、观察及亲自组装的愿望。

(二)激光切割技术②

激光是一种高亮度、方向性好以及单色性好的相干光。聚焦后的激光束照在任何坚硬的材料上都将产生上万摄氏度的高温。在此高温下，被切割材料将瞬时急剧熔化和蒸发，可利用该原理达到去除部分材料最终完成雕刻或切割的目的。激光切割机多用于板材加工。根据档次的不同，可以切割木板、亚克力板、普通钢板、硬质合金、不锈钢等多种金属材料与陶瓷、玻璃、纤维板等多种非金属材料。③切割的板材厚度根据材料的不同而有一定差异：普通材料厚度可达12mm，不锈钢的板厚可达4mm。激光切割机主要用于板材加工，该激光切割机采用先进的"飞行光路"原理，即工件在切割时静止不动，激光束从激光器直接由反射镜传输到移动的切割头中。④

---

① 3D打印照相馆需百万10厘米人像近两千[EB/OL]. http://www.3dop.cn/News/Domestic/2013/0324/84.html.

② 马雪亭，丁羽，赵劲飞.浅谈激光切割与3D打印技术对机械原理教学的作用：以无碳小车为例[J].教育现代化，2019，6(70)：151－153，162.

③ 孙洪涛.共生与演进：地平线报告中技术的教育应用趋势解析[J].开放学习研究，2017，102(2)：21－26.

④ Grussendorf S. A critical assessment of the NMC Horizon reports project[J]. Journal of Learning and Teaching, 2018, 11(1): 10－20.

激光切割的现实应用非常便捷,仅需简单几个步骤:首先,需在 CAD 软件上绘制出所需切割的路径,转成激光切割机兼容文件格式;然后打开制冷及激光切割机,调节适当焦距;将板材放置在激光切割机合适位置;调整合适参数,并将事先绘制好的切割路径文件传输给切割机启动即可。像减速器外壳、无碳小车车轮、盘形凸轮等均可用该设备加工制成。[1]

激光切割机是一个很好用的数字化工具,一块木板经过激光切割机的快速加工,很快就可以完成作品,而且激光切割机的成本非常低廉。目前,学校创客空间大多数使用的是小型激光切割机。常见的激光切割作业包含平面作品、立体作品、机械作品三类,中小学应用激光切割机的创客作品主要是平面作品和立体作品。有了激光切割设计软件,学生就能够向计算机输入自己作品的内外结构、尺寸等全方位的细节,操作简便,所见即所得。激光切割的设计、加工过程可以培养学生创作思维的全局性、整体性、系统性,培养学生加工操作过程中的安全责任意识,使其能严格遵守设备操作规程,提高安全保护能力,并能培养学生自主学习思维、工程能力素养,提高其动手创造、团队协作和解决问题的能力。[2]

(三)智能物联编程[3]

Scratch 作为全球知名的图形化编程平台,对培养学生逻辑思维能力和解决问题能力有着积极的意义,但由于这些程序的执行结果只能在电脑上显示,在一定程度上降低了学生的学习兴趣,也缺少学习的积极性。随着技术的发展,现在越来越多的 Scratch 编程+物联的出现,可以将编程上传到相关物联设备里面,创造出很多精彩的实物作品,极大地提升了学生的学习激情。

在中小学信息技术 Scratch 编程+物联课堂教学中,一般可以采取如下教学流程:

1. 创设以趣激学的任务

Scratch 编程+物联的整个教学流程是由一个具有一定情境的任务开始,激发学生的学习兴趣,首先给学生展示一些作品,通过这些作品的展示,能极大激发学生的学习兴趣。比如在学习触碰开关和蜂鸣器这两个组件的时

---

[1] Becker S. A., Brown M., Dahlstrom E., et al. NMC horizon report: 2018 higher education edition[R]. Louisville, CO: EDUCAUSE, 2018.
[2] 顾筱玲. 基于激光切割技术的中小学创客教育[J]. 中国信息技术教育, 2020(12): 49—50.
[3] 杨慧成. 基于 scratch+物联的模块化编程在小学信息技术课堂上的探索与实践[J]. 散文百家(新语文活页), 2019(4): 165.

候，首先播放了一段抗战时期的"摩斯密码"，然后让学生利用触碰开关和蜂鸣器这两个组件制作一个"摩斯密码"信号发射器这样的任务。

2. 提供给学生学以致用的知识技能

提供给学生各个传感器组件硬件和对应的 Scratch 程序模块知识介绍，以及硬件的连接要求，然后让学生根据这些传感器组件硬件和对应的 Scratch 程序模块进行创作。学生对硬件的搭配和编程作品的设计与理解有着独特的想法，他们渴望能将自己的想法融入作品中，创造出充满创意和富有个性的作品。例如：在学习多彩 LED 灯这个内容时，由于多彩 LED 其实就是调用彩灯里面红、绿、蓝三种灯光的参数，学生们通过增加了变量模块，经过多次修改后成功制作了一个个个性十足而又非常炫酷的彩灯。

3. 互助、分享创作

学生保存并分享自己的作品，同时教师也及时将一些具有亮点的作品分享到共享平台，由此所引发"鲇鱼效应"会带动学生参与到编程创作中来，并积极分享。学生在相互欣赏作品或交换程序作品时，不断地提升满足感和成就感。

4. 开展多维思辨的作品交流、评价

小组间可以交流脚本设计和物联硬件的搭配，通过思维的碰撞进一步完善自己的作品，接着每个小组展示讲解自己的创意，进行创意擂台赛。例如，在摩斯密码作品展评中，每个小组都将自己的作品融入到一个故事和情境中，使每个摩斯密码发射器都有其独特的功能。

(四) 机器人课程[①]

机器人融合了机械制造、电子技术、传感器、无线通信、声音识别、图像处理和人工智能等领域的先进技术，代表着现代高新技术发展的前沿。[②] 目前智能机器人已逐渐进入到我们日常生活的各个应用领域，在英、美、日等发达国家，已经将机器人作为一种教学工具，应用于中小学的课外科技活动或技术课堂教学中。日本的 Mohamed Hamada 等在计算理论的相关课程中，利用乐高 NXT 机器人进行游戏化教学，学习者通过图形化编程将程序

---

① 王同聚."微课导学"教学模式构建与实践——以中小学机器人教学为例[J]. 中国电化教育，2015(2)：112-117.

② 王同聚. 普及中小学机器人教育 提升学生科技信息素养[J]. 教育信息技术，2012(8)：18-20.

输入到机器人后,通过观察机器人的运动来学习计算理论的知识。[①] 美国的 Carlos A. Jara 等则针对自动化与机器人技术课程,采用"边学边做"的模式,从虚拟机器人到实体机器人,为学生提供了机器人理论知识和实践课程。[②]

所谓机器人教育,通常是指学习机器人的基本知识与基本技能,或利用教育机器人优化教育教学效果的理论与实践。[③] 近年来,我国也逐步开始在中小学推广机器人教育,我国的机器人教育主要包括机器人竞赛和机器人教学。[④] 中国科学技术协会自 2001 年开始举办第一届全国青少年机器人竞赛;教育部、中央电化教育馆自 2004 年也把电脑机器人竞赛项目列入到全国中小学电脑作品制作活动中;2003 年 4 月教育部正式颁布《普通高中技术课程标准(实验)》,首次在高中"信息技术""通用技术"课程中分别设立了"人工智能初步""简易机器人制作"选修模块,部分省市也把机器人教学内容纳入到初中和小学信息技术、综合实践和科学课程中;教育部制订的《普通高中物理课程标准(实验)》提出"收集资料,了解机器人在生产、生活中的应用"的要求。[⑤] 由此可见,国家对机器人教育的重视程度,已把培养高素质的智能机器人研究人才纳入国家"人才储备计划"。在中小学开展机器人教育活动有助于培养学生的动手实践能力、科学探究能力、空间想象能力、创新思维能力、综合应用能力和团结协作能力,能够提升学生的信息科技素养。因此,中小学机器人教育对推进素质教育、培养创新型人才、提高中小学生的科技素质具有重要的现实意义。但是,现阶段研究人员把注意力都集中在机器人竞赛上面,而机器人教育理论的研究较匮乏,最终导致机器人教学缺乏有效的理论指导,难以深入到课堂。缺乏科学规划与教学设计,教学过程缺乏教育理念支持。[⑥] 在"微时代"、移动学习、在线教育等新技术环境下,亟待寻

[①] M. Hamada and S. Sato. A Game-based Learning System for Theory of Computation Using Lego NXT Robot[J]. Procedia Computer Science,2011(4):1944—1952.

[②] C. A. Jara, F. A. Candelas, S. T. Puente, and F. Torres. Hands-on experiences of undergraduate students in Automatics and Robotics using a virtual and remote laboratory[J]. Computers & Education, 2011(57):2451—2461.

[③] 张剑平,王益. 机器人教育:现状、问题与推进策略[J]. 中国电化教育,2006(12):65—68.

[④] 张国民,张剑平. 我国基础教育中机器人教育的现状与对策研究[J]. 现代教育技术,2008(5):92—94.

[⑤] 廖伯琴,张大昌.《普通高中物理课程标准(实验)》解读[M]. 湖北:湖北教育出版社,2004:273.

[⑥] 秦健,崔鑫治,李晓刚. 我国机器人教育研究现状与我校校本课程建设[J]. 中国信息技术教育,2011(8):4—6.

求一种适合中小学机器人教学的教学模式。

从各地情况来看，较多的学校只是以课外活动、兴趣班、培训班的形式开展机器人教学。通常的做法是由学校购买若干套机器人器材，由信息技术课程教师或综合实践课程教师进行指导，组织学生进行机器人组装、编程的实践活动，然后参加一些相关的机器人竞赛。目前，只有极少数的地区和学校将机器人教学纳入了正规课堂教学。①

请你思考

结合你的学习理解，请尝试分析以上提到的 3D 打印技术、激光切割技术、智能物联编程、机器人课程创客课程内容有什么共同特点，体现了什么样的创客理念，这些课程内容更注重提升学生的哪些素养和能力？

自主学习

自行登录中国知网，查阅下表中列出的 3—5 篇创客课程相关文献，通过阅读分析，增进对创客课程的学习理解。

序号	参考文献
1	孙江山，吴永和，任友群.3D 打印教育创新：创客空间、创新实验室和 STEAM[J].现代远程教育研究，2015(4)：96—103.
2	王小根，张爽.面向创客教育的中小学机器人教学研究[J].现代教育技术，2016，26(8)：116—121.
3	万超，魏来，戴玉梅.创客课程开发模型设计及实践[J].开放教育研究，2017，23(3)：62—70.
4	张文兰，刘斌，夏小刚，等.课程论视域下的创客课程设计：构成要素与实践案例[J].现代远程教育研究，2017，147(3)：76—85.
5	张立国，王国华.学校中创客教育的实践框架[J].现代教育技术，2018，28(8)：106—112.
6	郭太生.基于创客理念的智能机器人教育微课导学研究[J].教育理论与实践，2019，39(2)：62—64.

---

① 张剑平，王益.机器人教育：现状、问题与推进策略[J].中国电化教育，2006(12)：65—68.

📢 分析总结

通过对文献的阅读，请你思考，创客理念如何与教育教学有效融合，创客课程与传统课程最大的区别是什么，怎样实现提升学生工程能力素养和实践能力。

_____

_____

_____

四、创客课程的特点

1. 课程切身性，课程复杂性

创客课程内容贴近学生生活实际，学生结合自身经验，按照自己的想法，达到自己想实现的结果。但是课程内容相对复杂，创客教育涉及 3D 打印、激光切割、程序编写等等，需要学生们自身具有较高的技术操作能力，才能实现目标。

2. 高强度学习，合理的时间安排

课程的复杂性决定了学习是高强度的，对于中小学生来说是可能需要花费较多的时间和精力进行创客学习，因此合理安排学习时间是很有必要的。

3. 有充足的软硬件资源，学生互动与合作

因为创客课程涉及的技术较多，这就对软硬件的要求较高，需要有充足的软硬件资源供学生们进行操作学习，例如学生们在学习激光切割时，激光切割机是必要的硬件资源，而激光切割机的精度是否准确是决定学生能不能成功制作出切割作品的重要因素。

4. 合作性，共享资源学习

创客课程倡导学生们合作学习，共享资源环境，共同完成学习任务，这对培养学生们的合作意识、合作能力起到至关重要的作用。

五、创客空间环境下的信息技术案例

1. 温州中学

温州中学自 2012 年起就在三个校区先后开设了"Scratch 多媒体编程""机器人编程""我做主编"等创客类信息技术课程，并在此基础上开展了社团活动。温州中学在 2013 年暑假承办了首届全国中小学 STEAM 教育创新论坛，随后，创客空间正式对全校学生开放。

2015 年 1 月，李克强总理参观了深圳柴火创客空间，随后，创客教育

引起国内教育界的重视。温州中学作为实施创客教育的典型学校，先后接待上百个来自全国各地的教育考察团。学校创客空间于2016年被《中国创客教育蓝皮书2015》（清华大学发布）评为"中国六大创客空间"之一，同时成为《2016新媒体联盟中国基础教育技术展望：地平线项目区域报告》中唯一入选的国内校园创客空间案例。

2. 北京市清华附中

北京市清华附中作为北京市科技教育示范学校，长期致力于"创新人才"培养路径的实践探索，2013年率先成立了国内第一个中学生创客空间，2015年成立了高等研究实验室，为学有余力的学生提供了丰富的创新实践平台。清华附中长期发挥自身在基础教育领域沉淀的人才培养优势，以项目式学习为切入点，以解决实际问题为目标，注重学生科技能力的提升与科技素养的培养。通过从能力到品格的教育理念和寓教于乐的比赛式教学方法，将前沿科技变得足够简单有趣。逐步实现服务数万所学校，建设数百个俱乐部，成就千万孩子的科技梦想。

3. 宁波市实验小学

宁波市实验小学是智慧教育示范校，同时也是在全国范围内率先开展创客教育的小学之一。宁波市实验小学为引导学生积极投身科学探究活动，亲历科学探究过程，获取丰富的感性经验，形成良好的科学学习习惯，积极培养学生实事求是的科学态度，提高他们的实践能力和科学探究能力，激发他们的科学志趣和创新精神，着力开发科学教学实践基地。宁波市实验小学的科学教学实践基地主要包括"创客空间""创客教室""3D打印室""3D画笔教室""木工教室""图书馆""智慧农场"等。

2013年宁波市实验小学成为中国青少年创客教育M35联盟发起单位，2015年与宁波工程学院共建"创客空间"，2016年宁波市实验小学创客空间荣登中国创客教育蓝皮书优秀创客空间。学校打造的校园创客空间作为普及创客思想的开放式创新实验室，用于培养学生的创新能力和自我管理能力，让新奇的创意想法落地开花，通过动手实践完成现实作品，并在同伴间进行展示分享，已成为实现"知识生长式创客教育"的重要场所。

4. 北京景山学校

北京景山学校最早在学校建立了创客空间，并开设了从小学到高中的创客课程，将原有的机器人课程的教学资源做了重新整合，让机器人小组的学生从竞赛压力中解脱出来，做一名自由地制作发明的"少年创客"。在景山学校创客空间中，学生不太关心教师的评价、各种比赛和评奖，他们更关心自己的作品在微博、创客论坛上受到的评价，创客教育给了孩子一颗强大的内心，也给了孩子创造的舞台。北京景山学校的创客空间，有激光切割机、CNC 雕刻机、3D 打印机等等。在景山学校积极推进创客空间器材进课堂，开设编程课，激发孩子们对于科技和创客的兴趣，保持对未来世界的各种想象。

景山学校以程序教学为核心，出版了小学、初中和高中的程序设计教材，普及了程序教学。北京创客空间、上海"新车间"、机器人战队的教育创客进入学校，与教师一同设计"少年创客"课程。我们将"少年创客"分为了艺术、研究和工程三个领域。2013 年 1 月 26 日，学生们在学校自愿分组为"艺术创客营"、"研究创客营"和"工程创客营"，学生在小组活动中知道自己适合做什么，体会创造的快乐，最主要的是，知道如何驾驭创意、让自己成为一个快乐的人。

5. 首都师范大学附属中学

首都师范大学附属中学（以下简称首都师大附中）的"青牛创客空间"于 2016 年 4 月 1 日正式投入使用，标志着创客教育真正走进课程、走入校园。"青牛创客空间"分为创想汇、智控坊、Robot 广场、梦舞台、数控工坊和奔码隧道 6 个功能区域。创想汇是学生头脑风暴和思维碰撞的场所；智控坊为学生提供一应俱全的智能控制硬件支持；Robot 广场让学生成为 Robot 的造物主，落实创客必领以造物为重点这一核心思想；梦舞台为学生提供自我展示的广阔空间；数控工坊是连接虚拟与现实的桥梁，让学生的创想可以成为现实；奔码隧道让学生利用计算机编程，熟悉计算机语言。在"青牛创客空间"中可以直观感受到创新教育下的教育装备有了新的扩展，各类新设备新装备已经走入校园。

首都师大附中用智控坊为学生们提供一应俱全的智能控制硬件支持，包括 3D 打印机、电路板焊接雕刻、激光打印机等等，可以让学生们实现产品从设计到生产的全流程。创客学习空间为学生们提供了开放的、自由的、灵活的、协作的学习空间，充分培养学生们的发散思维能力和解决问题的能力。

请你思考

创客课程内容相对复杂，涉及的内容和领域多样化，对学生自身的技术操作能力有一定要求。结合自己的教学经历或者相关教学案例，谈一谈你如何理解创客课程的复杂性，并思考如何在教学中应对其复杂性。

实践探究

　　如果你是一名正在实施或准备实施创客教学的一线教师，请根据前面章节所学内容设计一个创客教学案例，需要至少包括目标、内容、教学活动和评价的设计；如果你是一名学生，请自行查找一个创客课程的教学案例进行分析与评价，并谈谈对你的启发。

第六章　信息化教学设计

学习目标
1. 了解教学设计的基本含义、相关理论和模式。
2. 能够概述三种教学设计的一般过程，并说出这三种教学设计的一般过程的区别与联系。
3. 了解信息化教学设计的应用，能够结合具体的教学案例概述信息技术在教学设计中的应用要素以及应用价值。

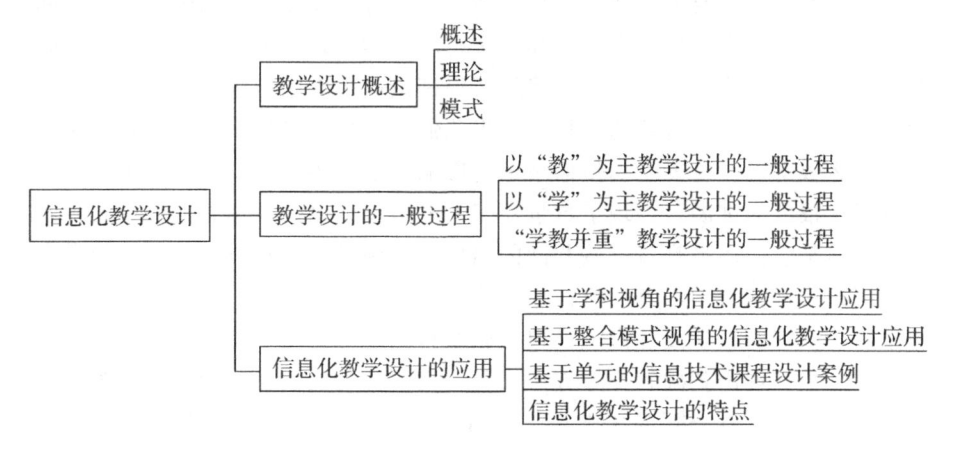

知识导图

信息化教学设计
- 教学设计概述
  - 概述
  - 理论
  - 模式
- 教学设计的一般过程
  - 以"教"为主教学设计的一般过程
  - 以"学"为主教学设计的一般过程
  - "学教并重"教学设计的一般过程
- 信息化教学设计的应用
  - 基于学科视角的信息化教学设计应用
  - 基于整合模式视角的信息化教学设计应用
  - 基于单元的信息技术课程设计案例
  - 信息化教学设计的特点

第一节　教学设计概述

教学设计是指运用系统方法，将学习理论与教学理论的原理转换成对教学目标（教学目的）、教学条件、教学方法、教学评价等教学环节进行具体计划的系统过程。教学设计模式种类丰富，但从其理论基础和实施方法的角度可划分为以"教"为主的教学设计模式、以"学"为主的教学设计模式和"学教并重"的教学设计模式三种。

一、教学设计概述

教学设计(Instructional Design，简称 ID)是指运用系统方法，将学习理论与教学理论的原理转换成对教学目标(或教学目的)、教学条件、教学方法、教学评价等教学环节进行具体计划的系统化过程(何克抗，2001)。它是为了解决教育教学问题而对教学系统的核心要素进行系统设计，也就是为了促进学习而对学习过程和学习资源进行系统设计与安排。

教学设计是教育技术学的核心理论与方法，它是连接学习理论、教学理论与教学实践的桥梁，是一门用来指导实际教学过程、为"如何教"及"如何学"提供具体处方的规定性理论。因此，教学设计不可避免地受学习理论、教学理论的影响，这些理论为教学设计提供了理论基础。学习理论和教学理论研究学与教两个方面，要求教学设计不仅要特别重视学习者分析、学习内容分析，确保学科结构与学习者的认知结构的协调性，按照信息加工模型来组织教学活动，还要遵循教学规律。由于学习理论和教学理论的发展不是同步的，因此，旨在应用现有理论和方法解决教学问题的教学设计就必须同时关注这两方面理论的最新发展，将最新的理论成果应用于教育教学问题。教学过程也是一个信息传播的过程，如果我们用信息传播的模式来解释教学活动，那么教学设计也要受到传播理论的影响。近些年来，教学设计模式的研究取得了很大的进展，出现了数量众多的教学设计模式，尽管这些模式各不相同，但是它们还是具备一些共同的属性。从构成要素来看，所有的教学设计过程模式都包括学习者、目标、策略、评价(乌美娜，1994)；从涉及的步骤来看，所有的教学设计模式都包括教学目标设计、教学策略设计、教学评价设计；从其理论基础和实施方法来看，大致分为三大类，即以"教"为主的教学设计模式、以"学"为主的教学设计模式、"学教并重"的教学设计模式(何克抗，1998)。由于理论基础的不同，以"学"为主的教学设计和以"教"为主的教学设计各有利弊，而"学教并重"的教学设计模式吸收了这两类教学设计模式的优点，既充分发挥教学过程中教师的主导作用，又凸显学生在学习过程中的主体地位，是实现信息技术与课程整合的有效的教学设计方法。

教学系统设计的意义表现在以下几个方面：有利于教学理论和教学实践的结合；有利于教学工作的科学化，促进青年教师的快速成长；有利于科学思维习惯和能力的培养，提高发现问题、解决问题的能力；有利于现代教学思维习惯和能力的培养，推动教育技术应用的不断深化，促进教育技术的发展。但最根本的作用在于有利于教学工作的科学化和教师的专业化发展,最终有利于教学质量和学生素质的提高。

📢 请你思考

请你根据阅读材料,用自己的话阐述你对"教学设计"的理解,并谈一谈它具体包含哪几个要素。

_____
_____
_____

二、教学设计的理论

教学设计理论是关于如何设计、规定教学活动的理论,是一套用来决定在一定的教学条件下,为了使学习者达到特定的教学目标,应该采取什么样的教学策略与教学方法,应选择什么样的教学媒体的系统化知识体系。

(一)加涅的教学系统设计理论

加涅(Robert M. Gagne)对教学系统设计理论的建立做了开创性的工作,他的教学设计理论建立在两个基本观点之上:第一是"以学论教",教是外因,学是内因;第二是不同的学习结果需要有不同的学习条件即教学事件。加涅(1965,1985)认为在学校学习的知识可以分为五种类型:言语信息、智力技能、认知策略、动作技能和态度。他进一步根据学习的信息加工理论提出了一个有关教学策略的描述性理论。在加涅看来,由于人类对信息加工的方式是相对稳定的,所以教学事件也是相对不变的。在此基础上,他由学习过程的若干个信息加工环节演绎出一般教学过程应由对应的9个教学事件构成的所谓"九阶段教学"理论,即引起注意、告诉学习者目标、刺激回忆先决条件、呈现学习材料、提供学习指导、诱导行为、提供反馈、评价表现、增强记忆和促进迁移。加涅特别指出,在课堂教学中,这9个教学事件的展开是可能性最大、最合乎逻辑顺序的,但也并非机械刻板、一成不变;更重要的是,这并不意味着在每一堂课中都一定要全部提供这9个教学事件。加涅在分析学习的条件时,根据实验研究和经验概括,进一步详尽地论述了不同学习结果对每一种教学事件的要求,从而构成"九五矩阵"。这就是加涅的规定性教学系统设计理论。

(二)梅瑞尔的成分显示理论及教学处理理论

美国教学设计专家梅瑞尔(David Merrill)首先提出了一个有关知识的描

述性理论，认为知识由行为水平和内容类型构成了二维分类。它的行为维度是记忆、运用、发现；它的内容维度是事实、概念、过程、原理，将教学目标和教学内容二者结合起来，组合成了十二种不同类型的教学活动成分。梅瑞尔认为策略有以下几种形式：a. 基本呈现形式（PPF），b. 辅助呈现形式（SPF），c. 呈现之间的关联（IDR）。第二代教学系统设计是梅瑞尔等人于1990年针对"第一代教学系统设计（ID1）"的局限性而提出的新一代的教学系统设计理论和方法。"教学处理理论（ITT）"是 ID2 的核心，它实际上是一个为开发教学设计专家系统而提出的理论。教学处理就是"教学算法"，即解决教学问题的步骤，是使学习者获得某类知识技能的交互作用模式。不同类型的知识需要不同类型的教学处理。一种教学处理一旦设计完成并形式化以后，就能重复运用于相同类型知识和技能的教学。

（三）郑水柏的教学处方理论

教学处方理论是我国学者郑水柏在综合了已有教学设计理论研究成果的基础上，提出的一种新型教学系统设计理论，它包含六个基本概念：教学条件、教学结果、教学方法、教学内容处理模式、教学模式和教学处方；同时包含一个理论框架、三个基本原理和两个知识库。教学处方理论的特点为：a. 把教学设计理论与认知科学的研究成果结合起来，提出了"教学内容处理模式"的概念，把"教学内容处理模式"与"教学模式"放在同等重要的位置来研究，并初步建立了规定性教学内容处理模式库。b. 把教学设计研究与教学理论和教学模式研究联系起来，使教学设计建立在大量教学研究成果的基础上，初步建立了"规定性教学模式库"。c. 面向信息技术和信息社会，研究探索和总结信息技术条件下的教学模式，并把它们纳入"规定性教学模式库"。

请你思考

综合比较加涅的教学系统设计理论、梅瑞尔的成分显示理论以及郑水柏的教学处方理论这三个教学设计理论，谈一谈它们各自的关注点分别是什么，具有怎样的异同或联系。

三、教学设计的模式

模式是再现现实的一种理论化的简约形式。与教学设计理论不同，教学系统设计过程模式是在教学系统设计的实践中逐渐形成的一套程式化的步骤,其实质是说明做什么、怎么做,而不是阐述为什么要这样做。教学系统设计过程模式指明应以什么样的程式、步骤去进行教学系统的设计,是关于设计过程的一套可操作的方法。由于教学系统设计实践中所涉及的教学系统的范围和任务层次(一节课、课件、网络课程或智能教学系统)有很大的差别,而且设计的具体情况和针对性也不完全一样,再加上设计人员所处的环境和个人专业背景的差异,使他们对教学设计的理解和认识不尽相同,因而导致数十种教学设计过程模式的产生。对教学设计过程模式进行分类,有助于设计人员抓住繁多的模式中的基本结构和主要特点,在此基础上检验设计所要求的条件,分析所要解决的教学问题,从而确定适合具体情况的模式。

(一)以"教"为主的教学设计模式

1. 肯普模型

肯普(J. E. Kemp)于1977年提出肯普模型,后来又经历多次修改才逐渐完善。如图6-1所示。

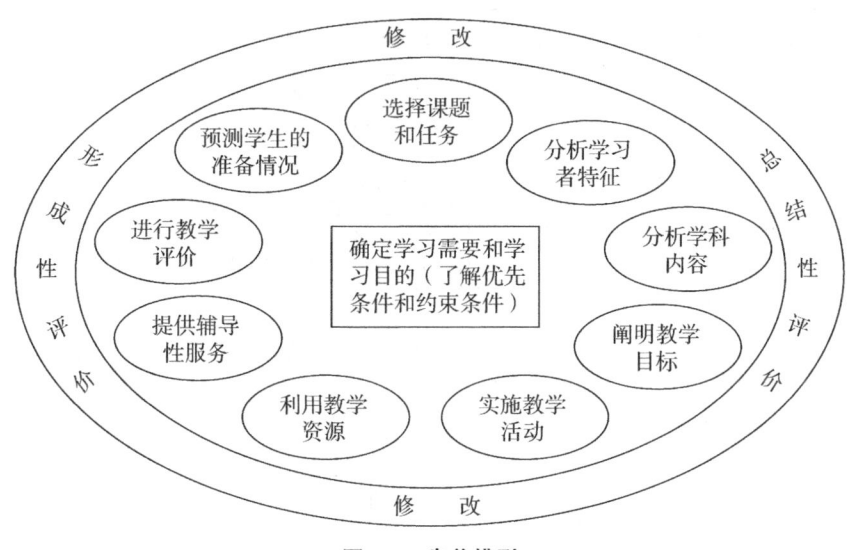

图 6-1　肯普模型

肯普模型特点:

(1)没有采用直线和箭头这种线性方式来连接各个教学环节,而是采用环形方式来表示教学系统设计模型。

(2)模型中把确定学习需要和学习目的置于中心位置。

(3)各环节之间未用有向弧线连接，表示教学系统设计是很灵活的过程。

(4)模型中的"形成性评价"、"总结性评价"和"修改"在环形圈内标出，这是为了表明评价与修改应该贯穿整个教学过程的始终。

(5)肯普模型是一个典型的"以教为主"的、以行为主义学习理论为基础的教学系统设计过程模型。

2. 史密斯-雷根模型

史密斯-雷根模型是由史密斯(P. L. Smith)和雷根(T. J. Ragan)于1993年提出的，如图6-2所示。

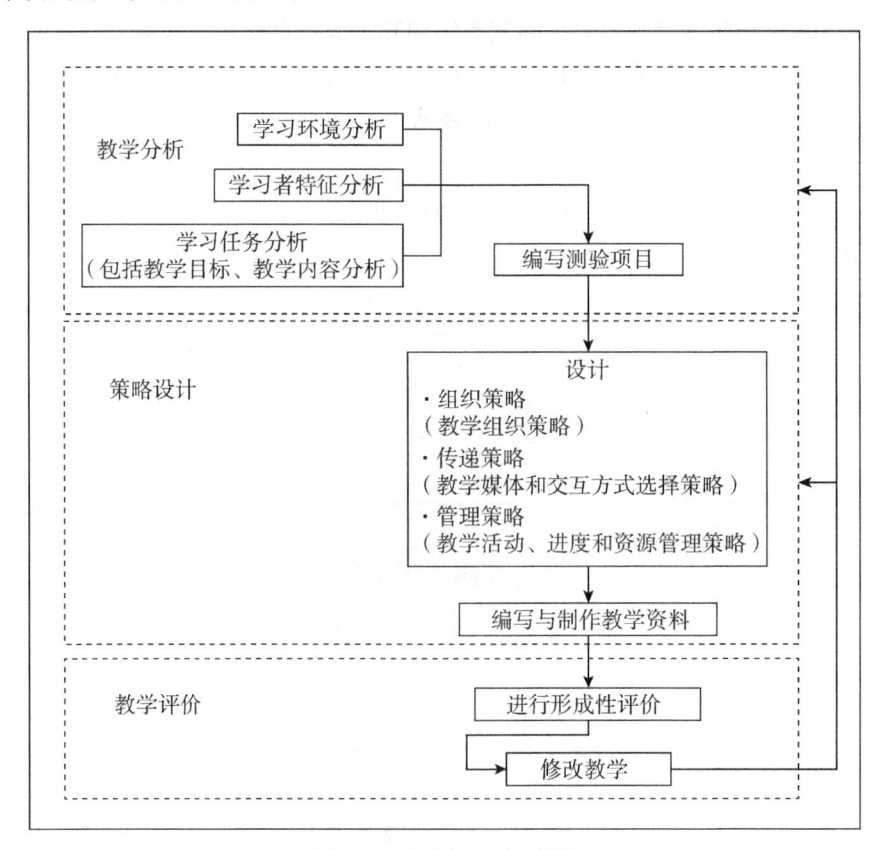

图 6-2　史密斯-雷根模型

史密斯-雷根模型的特点：

(1)把"学习者特征分析"和"学习任务分析"合并为"教学分析"模块，并对这一模块补充了"学习环境分析"框。

(2)模型中明确指出应设计三类教学策略：a. 教学组织策略；b. 教学内容传递策略；c. 教学资源管理策略。

(3)不仅把"修改教学"框置于教学评价模块中，而且还放在"形成性评价"之后，使模型更为科学。

(二)以"学"为主的教学设计模式

"以学为主"的教学系统设计原则：

1. 以问题为核心驱动学习；
2. 强调以学生为中心；
3. 强调情境创设，教学内容必须在真实的情境中展开；
4. 强调协作学习的重要性，要求学习环境能够支持协作学习；
5. 强调非量化的整体评价，反对过分细化的标准参照评价；
6. 要求提供能保证学习任务展开的学习环境——特别是要提供学习资源、认知工具等内容；
7. 要重视运用自主学习策略，以诱导学习者更好地发挥意义建构的主动性与积极性。

(三)"学教并重"的教学设计模式

"学教并重"教学设计最主要的理论基础为建构主义学习理论。从行为主义到认知主义再到建构主义的这一贯穿20世纪的理论发展脉络，反映了教育技术在20世纪的整个发展过程。皮亚杰(J. Piaget，1896—1980)是当代最著名的心理学家之一，发生认识论的创始人。他把生物学、数理逻辑、心理学、哲学、科学史等方面的研究综合起来，建立了自己的建构主义的儿童心理学，是当代认识建构主义的鼻祖。建构主义认为，认知发展是一种建构的过程，是个体在与环境不断的交互作用中实现的。正如"学教并重"的教学模式，一方面，为学生创建有益于意义构建的学习环境；另一方面，充分发挥教师的引导组织作用，帮助学生在特定的教学环境中完成知识的建构。因此，"学教并重"教学设计具有以下特征：

1. 以团队为基础的协作；
2. 面向学习过程的质性评价；
3. 丰富有效的活动过程；
4. 以学生为本的学习环境；
5. 真实情境下的真实问题。

请你思考

以"学"为主的教学设计模式和以"教"为主的教学设计模式具有哪些不同点呢?

实践活动

请以小组为单位,选择一个现有的中小学信息技术课堂教学设计,并结合下表,对该教学设计模式进行分析。

中小学信息技术课程教学设计模式分析

学段	
教学主题	
教学模式	□以"教"为主的教学设计模式 □以"学"为主的教学设计模式 □"学教并重"的教学设计模式
判断依据(可以从设计特点以及设计原则等方面进行论述)	

反思提升

请以小组为单位,查找相关教学设计模式的文献,梳理这三种教学设计模式之间的承接关系及其历史发展脉络,并分析可能的发展原因。同时列出当代比较通用的教学设计模式并做简单介绍。

第二节 教学设计的一般过程

一、以"教"为主教学设计的一般过程

(一)学习者特征分析

学习者特征分析的目的主要是了解对教学设计产生重要影响的学习者特征,为后续的教学系统设计步骤提供依据。学习者的智力和非智力因素对教学设计都产生重要影响。

1. 与智力有关的因素

(1)确定学习者的原有知识基础。对学习者原有知识基础的确定既可通过对预备技能和目标技能进行测验、分析的方式进行,也可采用"分类测定法"和"二叉树探索法"。

(2)确定学习者的认知能力。美国教育心理学家布鲁姆将学习者认知能力按智力活动的复杂程度划分为识记、理解、应用、分析、综合、评价六个等级。对学习者的认知能力评估一般采用逐步逼近法。

(3)确定学习者的认知结构变量。美国教育心理学家奥苏贝尔(D. P. Ausubel)认为在认知结构中有三方面的特性对于有意义学习的发生与保持产生重要影响,它们是认知结构的"可利用性""可分辨性""稳固性"。

2. 非智力因素有关的特征

包括兴趣、动机、情感、学习风格、焦虑水平、意志、性格以及学习者的文化和宗教背景等。

(二)学习需要分析

学习需要分析是一个系统化的调研过程,这个过程的目的就是借助需要分析法,揭示学习者现状与期望值之间存在的差距,并确定形成差距的原因、解决途径。

(三)教学目标的分析与表述

1. 教学目标概念

教学目标又称行为目标,是对学习者通过教学以后将能达到何种状态的一种明确的、具体的表述。教学目标应是可观察、可测量的。

2. ABCD 模式

ABCD 模式是指一个规范的教学目标，它包括四个要素：对象(Audience)、行为(Behaviour)、条件(Condition)、程度(Degree)。

(1)对象(Audience)——指教学对象；

(2)行为(Behaviour)——主要说明通过学习以后，学习者应能做什么；

(3)条件(Condition)——主要说明上述行为在什么条件下产生；

(4)程度(Degree)——规定行为应达到的程度或标准。

(四)选择与组织教学内容

1. 教学内容的含义

教学内容是指为实现教学目标、由教育行政部门或培训机构有计划安排的、要求学生系统学习的知识、技能和行为经验的总和。

2. 分析教学内容的方法

归类分析法、图解分析法、层级分析法、信息加工分析法和使用卡片法。

3. 教学内容组织编排的三种观点

(1)布鲁纳提出的螺旋式编排；

(2)加涅提出的直线式编排；

(3)奥苏贝尔提出的渐进分化和综合贯通原则。

(五)教学策略设计

教学策略是对完成特定的教学目标而采用的教学活动的程序、方法、形式和媒体等因素的总体考虑。教学策略的设计是最能体现教学设计创造性的环节。目前比较流行的以"教"为主的教学策略主要有以下几种：

1."先行组织者"策略

(1)组织者：奥苏贝尔认为能促进有意义学习的发生和保持的最有效策略是利用适当的引导性材料对当前所学新内容加以定向与引导，以便于建立新、旧知识之间的联系。这种引导性材料就称为"组织者"。

(2)先行组织者：由于组织者通常是在介绍当前学习内容之前呈现的，所以又被称为"先行组织者"。先行组织者的作用是将学习者认知结构中的"原有观念"用适当的语言文字、媒体或二者结合的方式表述或呈现出来。

(3)实施步骤：确定先行组织者——设计教学内容的组织策略。

(4)根据先行组织者类型的不同，对教学内容的组织相应地也有三种不同的策略：

①"渐进分化"策略。指首先讲授最一般的，即包容性最广、抽象概括程度最高的知识，然后再根据包容性和抽象程度递减的次序逐渐将教学内容一步步分化，使之越来越具体、越深入。

②"逐级归纳"策略。应先讲授包容性最小、抽象概括程度最低的知识，然后再根据包容性和抽象程度递增的次序逐级将教学内容一步步归纳，每归纳一步，包容性和抽象程度即提高一级。

③"整合协调"策略。当先行组织者和当前教学内容并无上位关系或下位关系时，可通过整合协调策略的运用，使学习者原有认知结构中的有关要素被重新整合。

2. 五段教学策略

(1)主要步骤是：激发动机—复习旧课—讲授新课—运用巩固—检查效果。它来源于赫尔巴特学派的"五段教学法"（预备、提示、联系、统合、应用），后经凯洛夫的改造而传入我国，是一种接受学习策略。

(2)优点：能使学生在较短时间内掌握较多的系统知识，能体现"教学"作为一种简约的认识过程的特性。缺点：学生在这种教学过程中往往处于被动地位，不利于他们学习主动性的发挥。

3. 九段教学策略

(1)步骤：九段教学策略是美国教育心理学家 R. M. 加涅将认知学习理论应用于教学过程的研究而提出的一种教学策略，其步骤包括以下几个方面：第一，激发学习兴趣和动机；第二，阐明教学目标；第三，刺激回忆；第四，呈现刺激材料；第五，根据学习者特征提供学习指导；第六，诱导反应；第七，提供反馈；第八，评定学生成绩；第九，促进知识保持和迁移。

(2)优点：发挥教师的主导作用，激发学生的学习兴趣，在一定程度上调动学生的学习主动性、积极性。此外，"九段教学策略"的实施步骤具体明确，可操作性强，便于编程实现，因此比较适用于 CAI 系统。

4. 假设—推理教学策略

(1)步骤：问题—假设—推理—验证—结论。

(2)优点：有利于发展学生的逻辑思维能力。

(3)不足：比较局限于数理学科的教学内容。

5. 示范—模仿教学策略

该策略特别适合于实现动作技能领域的教学目标，它的主要步骤是：定向—参与性练习—自主练习。

(六)教学媒体的选择和运用

1. 影响媒体选择的因素

(1)教学目标和教学内容的要求;

(2)不同年龄阶段学生的认知特点和当时当地的具体教学条件;

(3)对教学媒体的功能有所了解。

2. 媒体选择的方法和模型

(1)问题表法。列出一系列要求媒体选择者回答的问题,通过对这些问题的逐一回答,来确定适用于一定教学情境的媒体。

(2)矩阵法。它通常是二维排列,以媒体的种类为一维,教学功能和其他考虑因素为另一维,然后用某种评判尺度反映两者之间的关系。

(3)计算法。对备选媒体使用的代价、功能特征和管理上的可行性等诸因素都分别给予一个定值,然后按某些公式加以运算,比较备选媒体的效益指数,从而确定优选媒体。

(4)流程图程式。流程图建立在问题表模型的基础上,它将选择过程分解成一套按序排列的步骤,每一步骤都设有一个问题,由选择者回答"是"或"否",然后按照逻辑顺序引入不同的分支。回答完最后一个问题,就可确定一种或一组被认为是最适合于特定教学情境的媒体。

(5)"目标—内容—媒体"三维选择模型。目标、内容、媒体是教学过程中相互联系又相互作用的三要素。借助这一模型,不但可以根据教学内容和教学目标确定媒体的使用目标,而且可以根据它选择呈现的时机。

(七)教学设计成果评价

1. 教学设计结果的评价形式

教学设计结果的评价形式主要有形成性评价和总结性评价,以形成性评价为主。

2. 形成性评价的主要步骤

(1)制订评价计划;

(2)选择评价方法;

(3)实施评价;

(4)归纳和分析资料;

(5)报告评价结果。

🔊 请你思考

请你结合课本内容以及自身实践经验，分别举例说明"先行组织者"策略下的"渐进分化"策略、"逐级归纳"策略和"整合协调"策略应当如何使用。

_____

_____

二、"以学为主"教学设计的一般过程

基于建构主义，"以学为主"的教学系统设计模式以问题或项目、案例、分歧为核心，通过设计"学习情境""学习资源""学习策略""认知工具""管理和帮助"展开。它主要有以下几个环节。

（一）学习任务设计

1. 学习任务的作用

学习任务的提出是整个建构主义教学系统设计模式的核心和重点，为学习者提供了明确的目标、任务，使得学习者有可能围绕问题解决来学习。

2. 构建学习任务的原则

(1)将问题划分为主问题和子问题，形成一个解决问题的树状谱系图。

(2)要设计非良构的问题。

(3)设计的学习任务要符合学习者的认知水平。

(4)要设计开放性的问题。

（二）学习情境设计

1. 学习情境的作用

学习情境要为学生提供完整、真实的问题情境，还原知识的背景，恢复其原来的生动性、丰富性，以此为出发点开展教学活动，使学生产生学习的需求，驱动学习者进行自主学习与合作学习，达到主动建构知识意义的目的。

2. 学习情境包含三要素

(1)学习情境的上下文或背景；

(2)学习情境的展示或仿真；

(3)学习情境的操作空间。

3. 设计学习情境的注意事项

(1)不同学科对情境创设的要求不同。

(2)在进行教学目标分析的基础上,选出当前所学知识中的基本概念、基本原理、基本方法和基本过程,作为当前所学知识的"主题",然后再围绕这个主题进行情境创设。

(3)学习情境只是促进学习者主动建构知识意义的外部条件,是一种"外因"。

(4)学习任务与学习情境必须互相融合,不能处于分离或勉强合成的状态。

(三)学习资源设计

进行教学系统设计时,必须详细考虑学生解决这个问题需要查阅哪些信息资料、需要了解哪方面的知识,最好能建立相关的信息资源库,并提供正确使用搜索引擎的方法,即要进行学习资源设计。

(四)提供认知工具

1. 认知工具的含义

认知工具是支持学习者自主学习、自主探究的工具、手段。在信息化教学环境中,主要是指与通信网络相结合的计算机软件工具,用于帮助和促进认知过程。

2. 认知工具的作用

认知工具在帮助和促进认知过程和培养学生的创造性思维方面起着重要作用:它可以帮助学习者更好地表述问题(如视频工具),更好地表述学习者所学的知识以及正在学习的客体。认知工具还可帮助学习者搜集并处理解决问题所必需的各种信息。

3. 常用的认知工具

常用的认知工具有六类:问题/任务表征工具、静态/动态知识建模工具、绩效支持工具、信息搜集工具、协同工作工具、管理与评价工具。

(五)自主学习策略设计

1. 自主学习策略的作用

运用自主学习策略是为了激发学生学习的主动性、积极性,充分体现学生在学习过程中的主体地位。

2. 设计自主学习策略的注意事项

在设计自主学习策略时,应考虑主、客观两方面因素:

(1)客观方面是指应依据知识内容的特征来决定学习策略的选择。

(2)主观方面是指学习策略的选择也要关注学生的非智力因素。

(六)管理与帮助设计

学习者是学习过程的主体，但不应忽视教师的主导作用，在教学过程中，教师有控制、管理、帮助和指导的职责。

(七)总结与强化练习

适时地进行教学总结可以有效地帮助学生将零散的知识系统化。在总结之后，应为学生设计出一套有针对性的强化练习，并指定有关的扩展阅读材料，以便检测、巩固、拓展所学知识。

(八)教学评价

建构主义主张评价不能仅依据客观的教学目标，还应该包括完成学习任务过程的整体性评价、学习参与度的评价等，最好是通过让学生去实际完成一项真实任务来检验学生学习结果的优劣。

请你思考

请你根据资料以及自身所积累的知识经验简单介绍几种以"学"为主的教学设计模式。

_____
_____
_____

三、"学教并重"教学设计的一般过程

"学教并重"教学设计的一般过程如图6-3所示。可根据教学内容和学生的认知结构情况灵活选择"发现式"或"传递—接受"教学方法。在"传递—接受"教学过程中基本采用"先行组织者"教学策略，同时也可采用其他的"传递—接受"策略作为补充，以达到更好的教学效果。在"发现式"教学过程中也可充分吸收"传递—接受"教学的长处，如进行学习者特征分析和促进知识的迁移等。方便考虑学习动机(情感因素)的影响：在"情境创设"框(左分支)或"选择与设计教学媒体"框(右分支)中，可通过适当创设的情境或呈现的媒体来激发学习者的动机；而在"学习效果评价"框(左分支)或取决于形成性评价结果的"修改教学"框(右分支)中，则可通过讲评、小结、鼓励和表扬等手段促进学习者三种内驱力的形成与发展(视学习者的年龄与个性特征决定内驱力的种类)。

1. 分析学习目标，确定学习问题。提出有意义与有价值的问题是教学

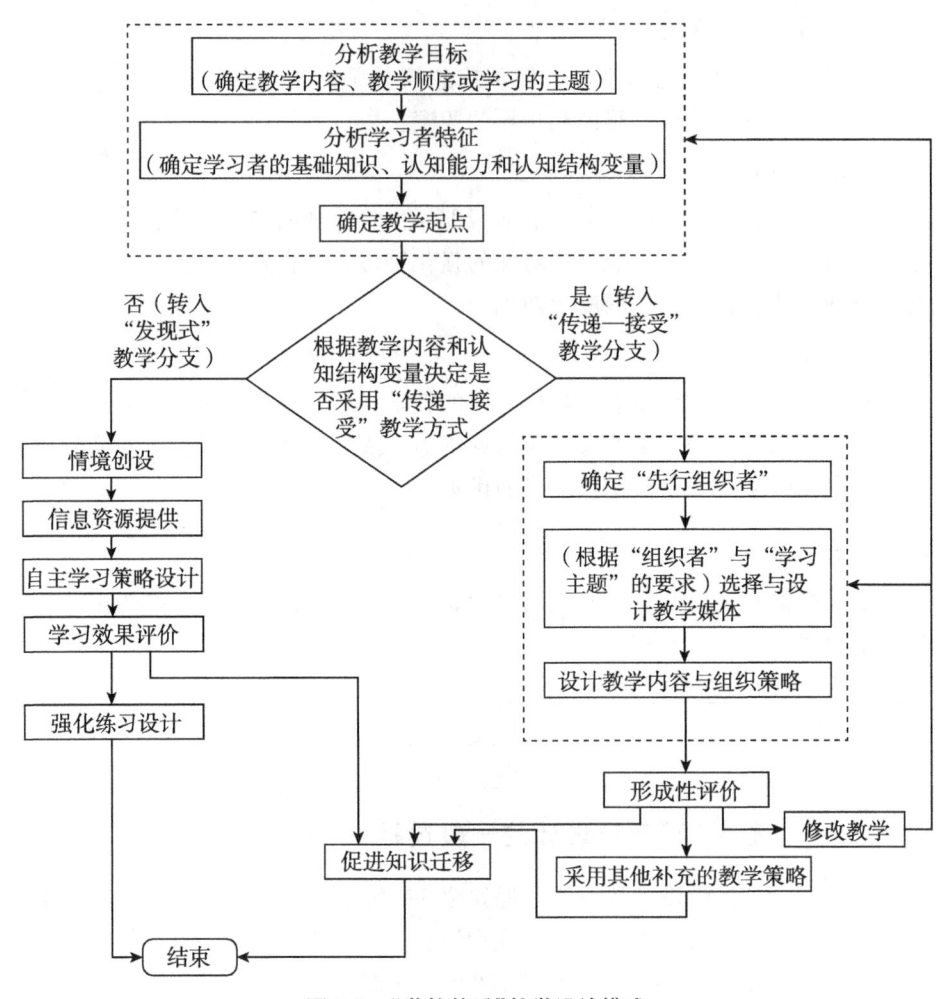

图 6-3 "学教并重"教学设计模式

设计的核心与重点。提出问题的原则是：问题要有意义，是真实情景下的问题；问题要有明确的目标要求，隐含所要传授的知识；问题要有开放性、非良构性；问题要结合学生的最近发展区。

2. 学习者特征分析。在此部分要说明学生的智力因素和非智力因素方面达到课题学习的要求。其中智力因素包括知识基础、认知能力、认知结构变量，非智力因素包括兴趣、学习风格、动机水平、意志和性格、学习者的焦虑水平、学习者文化、宗教背景等。

3. "发现式"教学分支。第一步为情境创设。学习情境指为学生提供一个完整、正式的问题背景，以此为支撑物启动教学，使学生产生学习需要。学习情境有三个要素：学习情境的上下文背景、学习情境的表述及模拟、学习情境的操作空间。第二步为信息资源提供。教师应为学习者提供多样化的学习资源，包括教育专题网站、CAI 课件、教学模拟、研究专题、信息检索、教育游戏等。第三步为自主学习策略设计。常见的自主学习策略有：建模策略、教练策略、支架式策略、反思策略、启发式策略、自我反馈策略、抛锚策略、学徒策略、随机进入策略等。自主学习的设计要以体现学生的首创精神、让学生实现自我反馈、让学生知识外化为原则。

4."传递—接受"教学分支。第一步为"先行组织者"。先行组织者是先于学习任务本身呈现的一种引导性材料，它比原学习任务本身有更高的抽象、概括水平，并且能够清晰地与认知结构中的原有概念和新的学习任务关联。学生面对新的学习任务时，如果原有认知结构中缺少同化新知识的适当的上位观念，或原有观念不够清晰或巩固时，则有必要设计一个先于学习材料的引导性材料。第二步为选择与设计教学媒体。教学媒体的选择要依据教学目标、教学内容、教学对象、教学条件。第三步为设计教学内容与组织策略。常见的组织策略有"渐进分化"策略、"逐级归纳"策略、"整合协调"策略。

5. 强化练习，促进知识迁移。在这个阶段，进行简明扼要的串讲，将学生所学的知识进行系统化的整合，可以利用绘图工具画概念图等形式来实现。同时，检测与联系可巩固所学知识，保证达到预期的教学目标。

(一) 核心要素

1. 学习目标分析

学生的学习总是围绕一定的教学目标展开。教学的一般目的或称教学的总目标是作为统率教学活动全局的一种指导思想而存在的，是教学领域里为实现教育目的而提出的一种概括性的总体要求。但是，要使总的目标要求落实到整个教学活动体系的各个部分中去，就必须对实际的教学活动水平做出具体的规定，以便层层贯彻和检验。对实际教学活动水平的具体规定，就学生而言就是对学习目标的分类；就教师而言就是对教学目标的分类。国内外许多教育心理学家都曾对学习目标的分类进行过探讨，但研究最为系统和最具代表性的是以布鲁姆为代表的教学目标分类理论和加涅的学习结果分类理论。

以美国教育家布鲁姆为首的一个委员会自 20 世纪 50 年代以来，对教育目标的分类做了系统研究。这些研究的直接目的是指导教育的测量与评价，但也可以应用于指导学习目标的表述。他们将教学目标分为认知、情感和动作技能三大领域，又按层次将各个领域分成若干亚领域。他们认为教学目标分类的作用就在于为教师提供一套统一的术语，并为测量评价教学效果和编制测验题提供客观标准。在三个领域中，布鲁姆本人的贡献主要在认知领域。下面简要介绍布鲁姆等人的教学目标分类的主要内容。根据布鲁姆的分类，教学目标包括六个层次，即知道、领会、运用、分析、综合和评价。

①知道。是指能对先前学习过的知识材料进行回忆，包括对具体事实、方法、过程、理论的回忆。知道是认知目标中最低层次的认知能力，它所要求的心理过程主要是记忆。在教学设计时，主要使用的短语有"对……下定义""列举""复述""排列""背诵"等。

②领会。领会是指理解和把握知识材料意义的能力，要想测量是否对知识材料产生了领会，可以借助转换、解释、推断三种形式。转换就是用自己的话或用与原先不同的方式来表达所学的内容；解释就是对一项信息（如图表、数据等）加以说明或概括；推断就是预测发展的趋势。常用的词语有"分类""解释""鉴别""选择""引申""归纳""举例"等。

③运用。这是指将所学到的规则、方法、步骤、原理、原则和概念等运用到新情境的能力。运用的能力要以知道和领会为基础。常用的词语有"运用""计算""示范""阐述""解释""说明""修改"等。

④分析。分析是指把复杂的知识分解为若干组成部分，并理解各部分之间的联系的能力。它包括对各个部分的鉴别，分析各部分之间的关系和认识其中的组织结构。分析代表了比运用更高的认知能力水平，因为它既要理解知识材料的内容，又要理解其结构。常用的词语有"分析""比较""对照""区别""指出""评析"等。

⑤综合。综合是指将所学到的各个概念或各种知识、原理、原则与事实等整合成新知识的能力。例如，综合各项资料而获得结论，即属于此种能力。综合能力强调的是形成新的模式或结构的能力。常用的词语有"编写""写作""创造""设计""组织""计划""综合"等。

⑥评价。这是认知目标中最高层次的认知能力，它要求超越原先的学习内容，并需要依据某项标准做出价值判断。常用的词语有"评定""鉴别""比较""证明""判断"等。

2. 学习情境设计

学习情境的三个要素为：学习情境的上下文背景、学习情境的表述及学习情境的操作空间。在信息化教学设计中，对于学习情境的数量与大小没有特定的标准，学习情境的设计与教学时间、教学条件、学习者的学习能力、教师的教学经验等有关。学习情境的设计与学生的意义建构息息相关，学习情境是促进学习者主动构建知识意义的外部条件，在进行学习情境设计时，要根据不同的学科创设不同的情境，以帮助学生进行更好的学习，同时要紧紧围绕既定教学目标创设情境，同时，学习任务必须与真实的学习情境相融合。

3. 学习活动过程设计

学习活动过程设计强调的是在教师的指导下，学生对所要解决的问题的方案设计，有以下几个方面（如图 6-4 所示）：结合学习活动，要确定划分学习小组，以学习小组的形式开展不同形式的协作学习，并进行相应的实践活动，最后进行评价总结。

学习小组 ⇨ 协作形式 ⇨ 实践活动 ⇨ 评价总结

图 6-4　学习活动过程设计

在此过程中，学习活动过程设计主要关注以下几点：

(1)控制，即关键点的控制。例如，关键的学习活动是布置任务，还是进行小组讨论、小组汇报，或者进行评价。

(2)管理，即活动过程的管理。学习活动的管理是教师和学习者共同参与的管理。

(3)帮助，即帮助学生及时解答疑问。在此过程中，教师应给学习困难的学生提供帮助，另外，学生之间也可以相互帮助，达到协作学习、共同进步的目的。

(4)指导，即前提知识的准备与教授，引导学生形成活动方案并实施。

4. 学习资源设计

资源，顾名思义是一切可被人类开发和利用的物质、能量和信息的总称。教学资源指的是在学校教学过程中，支持教与学的所有资源，即一切可以被师生开发和利用的、在教与学过程中使用的物质、能量和信息，包括各种学习材料、媒体设备、教学环境以及人力资源等，既包括教科书、练习册、活动手册和作业本，也包括实验和课堂演示时所使用的实物，还包括录像带、录音带、计算机软件、多媒体教学光盘、网站、电子邮件、在线学习管理系统、网上 BBS、网络教室、电化教室、教师、辅导员等大量可利用的资源。学习资源是指提供与问题相关的各种信息资源，包括文本、图形、声音、视频、动画等。

在进行学习资源设计时，要确保学习资源的形态多样，如文本、图形、声音、视频、动画等。同时，提供给学生的学习资源目录检索要良好，逻辑清晰，结构明朗，以便学生能够更好地利用设计好的学习资源。学习资源的空间建构要开放、集合要丰富。现有的学习资源，主要是主题性的资源较多，包括了与教学主题高度相关的拓展资源、基于主题知识的实践问题资源、主题知识迁移的应用案例资源、知识展示与推导过程资源、可以操作与交互的模拟资源。信息技术作为学生的认知工具，为学生的学习提供了强大的支持：作为课程学习内容和学习资源获取的工具，作为情境探究和发现学习的工具，作为协商学习和交流的通信工具，作为知识建构和创作实践的工具。在学习资源设计部分，不仅有资源的设计，还应当重视学生通过信息技术工具来进一步获取资源的能力的培养，这也是学教并重教学设计的关键性问题。

5. 学习活动过程的评估

在这部分，应该注意评价以下三点：

(1)过程与教学过程的紧密结合。评价过程要依据具体的教学活动过程进行评估，例如学习者根据教师的要求进行网络资源的访问、课程活动的参与、音视频等学习资源的浏览等，都可以纳入学生的评价标准。

(2)评价过程重学生的发展，轻甄别功能。评价的目的不是将学生分类评级，而是要关注学生的成长过程与变化，通过学习记录，可以更好地对学习者进行评价，从而改善学习者的学习方式、学习效率等。

(3)多元化评价主体，促进教学反思。在评价过程中，要实现教师、学生、伙伴、家长共同参与的多元主体评价，从而更好地促进学生的反思。

学习评价要从过去的"重结果、重考试"过渡到"重过程、促发展"，在此过程中，不仅可以通过过去的考试进行评价，还有档案袋评价、综合能力的调查评价、活动过程中的评估等。例如，基于网络环境的学习评价可以从以下几个方面进行评估：信息能力(15分)、合作意识(20分)、表达能力(15分)、真情实感(10分)、研究方法(20分)、任务完成(20分)。

(二)具体案例

《数据的可视化表达》教学设计

【教材分析】

本节课的主题是数据的可视化表达，对应的教材内容是教科版必修教材《信息技术基础》第四章第二节第2部分——表格数据的图形化。数据的可视化表达涵盖的内容非常广，是数据统计、分析、处理、挖掘的常用手段。表格数据的图形化是数据可视化的一种基本方法。如何通过掌握表格数据的图形化，让学生认识到数据可视化的必要性、优势及其发展应用情况，是这节课重点要处理好的内容。

对信息进行表格化加工和处理，并从中发现和挖掘数据之间的关系，是信息处理中的一个重要技能，也是科学研究中对数据进行整理的常用方法。学生已学过文本和表格信息处理的简单知识，如何在此基础之上，挖掘文本和表格信息处理的内涵，满足不同基础学生的认知需要，是教学时必须考虑的问题。"表格数据的图形化"是帮助学生建立数据之间的图形化关系，从而更容易发现和理解事物的性质、特征及其变化的规律，其中数据的图形化表达方法是本节课的重点内容，而几种常用图表的适用范围则是本节课的难点。

【学情分析】

本节课的教学对象是高一年级的学生，大部分同学在初中的时候学习过Word、Excel等常用软件的基本使用方法。他们具有一定的逻辑思维能力；可以独立完成简单学习任务；能用简练的语言阐述自己的观点。但对于复杂的学习任务，缺乏团队协作意识；在互帮互助方面，需要教师加以引导；另外，分析问题的能力、整体规划意识都有待提高。

【教学目标】

1. 掌握数据可视化表达的基本方法，会制作图表并进行完善，能根据不同的情况选择合适的图表类型表达数据。

2. 通过观察、分析图表，发现事物的特征、性质及其变化规律。

3. 分析数据可视化的实例，初步了解数据可视化表达的作用和意义。

【教学重点】

1. 掌握数据可视化表达的基本方法。

2. 数据可视化表达的应用和意义。

【教学难点】

1. 几种常用图表类型的特点及适用范围。

2. 分析数据可视化表达的应用实例，学会"看图说话"。

【教学准备】

1. 练习素材："音乐素材.xls"工作簿、"看图说话.ppt"。

2. 教学课件、导学案、"图表制作方法演示.exe"微视频、小组协作情况记录表。

3. 多媒体网络教室。

【教学方法】

讲授法、任务驱动法、讨论法。

【教学过程】

教学环节	教师活动	学生活动	设计意图
创设情境，引入新课	播放一段视频，教师提出问题：通过观看视频，你最直观的感受是什么？（该视频通过几个简单的实例，生动、形象、有趣地阐述了数据可视化的优势和必要性。） 数据的可视化就是对数据的再加工，让枯燥的数据变得更加生动、形象、直观，从而使我们更容易理解数据。在大数据时代，数据可视化已成为数据处理的一种重要手段。那如何实现数据可视化？就让我们一起探究数据可视化的基本方法，体验数据可视化带给我们的独特魅力。 展示课题：数据的可视化表达	观看视频，思考回答教师提出的问题。 思考数据可视化的必要性和优势。	通过观看视频，让学生初步了解数据可视化及其必要性。 通过分享视频中的简单实例，打消学生对数据可视化学习的畏难情绪，激发学生的学习兴趣。
自主探究，学习新知	实现数据可视化的方法和工具有很多，最常用的方法是将数据图形化，也就是将表格中的数据制作成图表。Excel 就具备了这个功能，下面就让我们以音乐数据为例，探究实现数据可视化的基本方法。 任务一：打开"音乐素材.xls"工作簿，制作能反映不同歌手拥有粉丝数量情况的图表。 1. 学生自主探究完成图表，教师巡视。 2. 引导学生演示讲解制作过程。 3. 引导学生分析表格数据的图形化的方法和步骤。 基本方法： (1)"插入"菜单中的"图表……"命令； (2)常用工具栏中的"图表向导"按钮。 基本步骤： (1)选择源数据。 (2)选择图表类型。 (3)设置图表选项。 (4)选择存放位置。	尝试制作图表。 演示并阐述制作图表的方法和操作步骤。（参考"图表制作方法演示.exe"微视频）	通过自主学习，培养学生自主分析、思考、解决问题的良好学习习惯，也使学生更投入学习。 通过示范演示，让学生初步掌握表格数据图形化的基本方法、步骤，任务主要由学生完成，教师引导。

第六章　信息化教学设计

续表

教学环节	教师活动	学生活动	设计意图
分组探究，巩固新知	图表的类型有很多，除了柱形图以外，还有扇形图、折线图等。如果将刚刚制作完成的图表的类型换成折线图或者扇形图去表达，你们认为合适吗？那如何针对不同的数据，选择合适的图表类型去制作图表呢？这些图表类型各自有什么特点？又适用于哪些场合呢？ 任务二：根据导学案中的分组要求，分组完成图表。 第1、2组：在"消费项目"工作表中，制作能反映用户在不同项目上消费情况的图表。 第3、4组：在"市场规模"工作表中，制作能反映付费市场收入随时间发展变化情况的图表。 第5组：在"市场影响力"工作表中，制作能反映不同音乐平台影响力情况的图表。 1. 学生分组完成图表，教师巡视。 2. 教师引导各小组推选代表讲解演示，并引导学生从以下几个方面演示： (1) 小组任务。 (2) 所选择的图表类型。 (3) 选择理由。 (4) 得出的结论或发现的问题。 3. 针对学生在制作图表过程中所出现的问题进行总结反馈。 常见问题： (1) 图表类型选择不当。 (2) 源数据范围选择不当。 (3) 图表标题或系列名称不规范。 4. 引导学生归纳常用图表类型的特点及适用范围，并完成导学案的填写。	尝试选择合适的图表类型制作图表。 分组完成图表。 小组长根据小组协作情况记录表，完成任务二的考核。 演示讲解制作过程，并分析选择该图表类型的理由。 分析图表，并阐述从图表中得出的结论。 共同解决在制作图表的过程中出现的问题。 分析总结三种基本图表类型的特点和各自的适用范围。	通过组间交流让学生明晰常用图表类型的特点及各自的适用范围，也培养了学生的合作精神。 通过教师总结，深化学生对图表常用类型的特点的认识，从而能够根据数据内容选择合适的图表类型去表达数据。

251

续表

教学环节	教师活动	学生活动	设计意图
深化拓展，学以致用	我们刚刚以音乐素材为例，学会了数据可视化的基本方法，并对制作的图表进行了精彩的分析。下面让我们再看三幅图表，这些图表是根据大量的数据制作而成的，请大家仔细观察，看看能从中读出些什么？想到些什么？ 任务三：打开"看图说话.ppt"根据导学案中的分组要求，分析数据图表，学会"看图说话"。 分组素材： 第1、2组：NBA球员数据图表 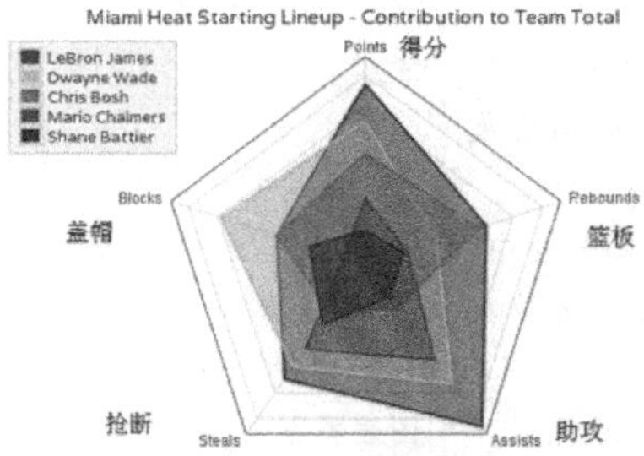 第3组：卡特里娜飓风数据图表 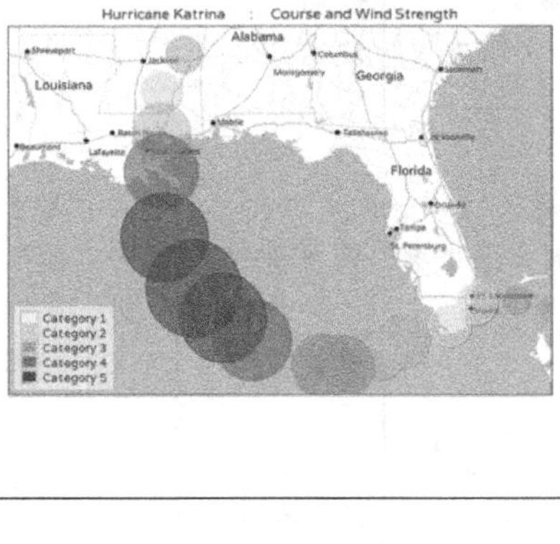	尝试分析数据图表，学会"看图说话"。 观察、分析数据图表。 展开小组讨论。 小组长根据小组协作记录表任务三的考核要求，完成小组讨论结果的汇总。	通过分析数据图表，发现数据之间的联系，进而发现隐藏在数据背后的信息。 左图三张数据图表，涉及体育、地理、历史方面的知识，从而更好地进行学科之间的知识渗透。

续表

教学环节	教师活动	学生活动	设计意图
	第4组：战争伤亡数据图表 1854.4-1855.3 在克里米亚战争伤员死亡原因 1. 学生分组讨论，教师巡视。 2. 教师引导各小组推选代表分析数据图，并引导学生从以下几个方面阐述： (1)数据图类型。 (2)从数据图中读出了什么、想到了什么、得到了什么启示。 3. 针对学生在发言过程中所出现的问题进行适时点拨，并引导学生说出总体感受。	小组代表阐述小组讨论结果。 分析数据可视化表达的作用和意义。	通过分析数据图表，让学生加深对数据可视化的认识和理解。体现学生是学习活动的主体，教师负责点拨和引导。
课堂总结	1. 总结 (1)引导学生对本课知识进行总结。 (2)数据的可视化表达涵盖的内容非常广泛，是数据统计、分析的常用手段，而表格数据的图形化只是数据可视化表达的应用之一。 2. 拓展 (1)展示数据可视化常用工具。 (2)观看一段运用数据可视化技术介绍手机应用情况的视频，体验数据可视化的独特魅力。	学生尝试对所学内容进行总结。 了解表格数据的图形化只是数据可视化表达的应用之一。 了解数据可视化的常用工具；感受数据可视化的魅力。	通过展示数据可视化常用工具和视频介绍，使学生了解数据可视化的多样性，体验数据可视化的独特魅力。

🔊 **请你思考**

学教并重的教学设计过程分别融合了以学为主的教学设计过程和以教为

主的教学设计过程的哪些优点呢？

_____

_____

🔗 实践活动

请以小组为单位，参考书中的具体案例，在现有的中小学信息技术教材中选择一定的教学内容，并结合下表，进行教学设计。

课堂教学设计表

章节名称					
学科	信息技术	授课班级		授课时数	

本节(课)教学内容分析

本节(课)教学目标分析
知识和技能：
过程和方法：
情感态度和价值观：

学习者特征分析

教学重点和难点

项目	内容
教学重点	
教学难点	

续表

关于教学策略选择的阐述				
教学过程				
教学环节	教师活动		学生活动	设计意图

自主学习

序号	参考文献
1	余胜泉,杨晓娟,何克抗. 基于建构主义的教学设计模式[J]. 电化教育研究, 2000(12): 7—13.
2	李海龙,邓敏杰,梁存良. 基于任务的翻转课堂教学模式设计与应用[J]. 现代教育技术, 2013, 23(9): 46—51.
3	王鹃,杨倬. 基于云课堂的混合式教学模式设计——以华师云课堂为例[J]. 中国电化教育, 2017(4): 85—89, 102.
4	叶荣荣,余胜泉,陈琳. 活动导向的多种教学模式的混合式教学研究[J]. 电化教育研究, 2012, 33(9): 104—112.
5	赵呈领,赵文君,蒋志辉. 面向STEM教育的5E探究式教学模式设计[J]. 现代教育技术, 2018, 28(3): 106—112.
6	连红. 移动学习中教学设计模式的研究[J]. 现代远程教育研究, 2008(1): 65—67.

请你通过知网等数据库自主阅读上述文献并思考以下问题:

请你根据文章中有关教学模式设计的论述,谈一谈教学设计模式在现代教学环境的背景下正在发生着怎样的转变,具有怎样的特点呢?可以结合实例简单谈一谈自己的思考。

_____
_____

第三节　信息化教学设计的应用

一、基于学科视角的信息化教学设计应用

(一)信息技术与语文课程的整合案例

信息技术与课程整合的本质是要改变传统的"以教师为中心"的教学结构，构建新型的"主导—主体相结合"的教学结构。信息技术与课程整合是21世纪语文教学发展模式之一。

信息技术的飞速发展推动了语文课程的改革。文字的出现，拓展了教育内容的广度，并使教育形式也发生了变化；印刷术的出现，推动了知识的传播和教育的普及；以多媒体和互联网为标志的信息技术的出现，使教育走向信息化、终身化、个性化，这是一种必然的趋势。现代新型人才观要求语文课程要培养现代人必备的"读、写、言语交际和信息"能力。新课标指出，现代社会要求的新型人才是具备创新精神、合作意识和开放的视野，具备包括阅读理解与表达交流在内的多方面的基本能力，以及运用现代信息技术搜集和处理信息的能力。现代信息技术与课程整合成为当今国内外课程改革发展的潮流，美国、日本、新加坡等国家致力于将信息技术与具体学科进行深度融合。新课标指出，要注重跨学科的学习和现代科技手段的运用，使学生在不同内容和方法的相互交叉、渗透和整合中开阔视野，提高学习效率，获得现代社会所需要的语文实践能力。

信息技术对语文课程产生了巨大影响，使语文课程发生了五大"质变"：教学环境的转变、师生角色的转变、教学媒体的转变、教学过程的转变、教学方法的转变。但是，在语文课程与信息技术整合的过程中，应注意以下问题：

1. 信息技术与语文课程的整合对语文教师提出了更高的要求。信息化时代的语文教师必须有更高的素质，应积极学习教育教学理论，努力提高自身的信息素养。教师应对教材的处理、学生的特性和个性、教法的变革等都能有很好的把握，在历史、地理、音乐、美术等方面均有不俗的修养。要热心关注对教学过程的研究，积极探索如何应用教育技术来构建新的教学模式。

2. 信息技术与语文课程的整合对学生也提出了更高的要求。建构主义

理论的核心内容是：以学生为中心，强调学生对知识的主动探索、主动发现，对所学知识的有意义建构。由被动的接受到自由选择、自由探索，部分学生容易在信息海洋里迷失，使课堂处于失控状态，导致学生水平的两极分化。因此，信息化教学就要求学生有更高的学习自觉性、更强的自我控制能力和自我学习能力。

3. 传统的教学方式不可全盘否定。在大力倡导发现学习的前提下，除了关注学生的主动探究、协作创新能力的培养，不能忽略接受学习。信息资源的大量和多样性不能取代基础知识的掌握学习，我们仍应重视学生基础语文能力的培养。我们也要认识到学生成为学习的主体，不等于放弃教师的主导作用，主体回归的课堂不等于主体放任自流的课堂，师生之间课堂上的直接交流仍需加强。

4. 教学设计不当，用信息技术图解文本形象，就会影响学生思维的拓展。一些语文课件往往忽略了语文教学中的文字部分，而将重点放在了选用色彩比较艳丽，画面感很强的图片，这往往会分散学生的注意力，干扰学生正常的学习。想象的力量是无穷的，学生通过文中那细腻的语言文字，自然而然在脑海中刻下了一个生动的画面。而教师提供的画像一出现，往往扼杀了学生的想象力，用信息技术把文字转换成图像，学语言变成了看图像，势必影响学生的想象能力和创新能力。

5. 不能忽略学科特点，不能用信息技术代替学生的语文实践。信息技术与语文学科整合强调信息技术服务于语文教学，不能因为应用了信息技术而抹杀了语文教学的特点。在部分现有的整合课中，教师搜集了大量拓展的内容，又急于在一堂课中把它全部展示出来，这就造成信息技术代替了学生触摸语言文字的实践机会。课堂上，我们听不到学生对文本的反复诵读，看不见学生对文本的细细体味，也就谈不上学生对作者情感的深深体验。

以下为一堂名为《荷花》的语文课程案例：

《荷花》网络课教案[①]

一、案例背景

1. 教学目标

(1)理解课文内容，感受荷花的美丽，培养审美情趣和热爱大自然的感情。

---

① 摘自大同小学网站《荷花》网络课教案，作者钱宇波。

(2)有感情地朗读课文，背诵课文，积累优美语言。

2. 教学重难点

(1)理解荷花开放的种种姿态，想象出"一大幅活的画"的景象。

(2)体会作者"忽然觉得自己仿佛就是一朵荷花时眼前出现的景象"的思想感情。

3. 教学策略

利用信息技术进行形象展示，通过"自主自学，合作探究"达到教学目标。

4. 教学准备

教学课件、投影仪。

二、案例描述

1. 创设情境导入课题

(1)猜谜游戏："美丽小姑娘，立在水中央，身穿白衬衫，绿裙水中漾。"

(2)观看《荷花》录像片段，试用优美的语言来描述画面上美景，引出课文；通过图片简单介绍作者叶圣陶。

(3)初读课文：如果有特别喜欢的部分可多读几遍，想想喜欢的理由。

2. 自主自学合作探究

(1)自由选读课文有关章节，并说出选读的理由。（可让喜欢同一部分的学生齐读，然后评一评）

(2)重点学习第二、三自然段

①选择学法。在教师提供的学法资源库中了解学习的几种方法，让学生选择自己认为合适的方法自学。

②合作交流。组内交流段中最欣赏的语句，说明原因，把自己的体会向全班同学讲解。

③朗读指导。引导学生读出重点语句，通过教师分析句子结构，及范读、领读、引读等手段指导学生有感情地朗读。

④理清文章叙述顺序。在课件画面的引领下，学生进一步理清文章叙述的前后顺序，体会文字的优美。

⑤指导背诵。根据下列学习提示，背诵文章的这一部分。

先写荷花开了不少_____；再写荷叶_____；最后写三种荷花刚开时_____，全部绽开时_____，未开时_____。

⑥教师引导学生小结。教师：荷花的形象是那么美丽动人！荷花的清香是那么幽浓迷人！这时，作者情不自禁地赞叹道：

师生齐读：如果把眼前的这一池荷花看作一大幅活的画，那画家的本领可真了不起。

教师：是谁用她温柔的风，温柔的阳光雨露抚摸着大地，滋养着万物生灵，是谁造就了这活生生的美丽的画卷？作者惊叹：

师生齐读：如果把眼前的这一池荷花看作一大幅活的画，那大自然的本领可真了不起。

(3)学习第四自然段

①导读过渡：教师配乐范读。要求学生注意教师的语气、停顿、感情等处理方式，也可以指出教师的不足之处，说说如果你来朗读，将会怎样处理。

②全班交流。请喜欢第四自然段的学生谈一谈喜欢的原因，按自己的理解读读有关句子。

③体会文章意境。指派一名学生配乐朗读。

④假设情景，发挥想象。假如你是一朵荷花，你会怎样说？假如你是一只蜻蜓，你会做什么？假如你是一条小鱼，你会想什么？讨论作者此时产生的"忽然觉得自己仿佛就是一朵荷花时眼前出现的景"的思想感情为什么说是真实的。

⑤知识拓展，情感升华。教师：荷花不仅色彩美，姿态美，而且高雅清廉、洁身自好。历代文人都爱以荷花比喻纯洁坚贞的高尚人格。

学生可通过网络查阅历代文人墨客赞诵荷花的文章、词句，并诵读交流。

三、案例反思

在合作探究学习中，学生在教师的指导下，共同对要学习的新内容进行研究，并在研究过程中获取知识。

本教学案例体现了对作者思想感情的深入理解过程，既注重培养学生的探究性、协作性、自主性及参与性，又突出了教师的组织者与指导者的角色。首先，教师在信息技术环境下创设文章情境，引导学习者身临其境，直观地感受荷花的美丽。其次，学习者积极探究，协作交流，教师及时分析指导，引导学习者内化所学知识。最后总结荷花的特征，升华感情，激励学生通过网络查阅相关的荷花文章进行更深入的学习。

本案例的信息化特点体现在三方面，一是在导入环节，教师利用信息技术手段呈现荷花的录像片段，吸引学生兴趣的同时能有效地引出本节课内容；二是在新授环节，教师利用信息技术提供背景音乐，让学生在体会文章意境的过程中有节奏地朗读，学生不仅能更加专注地投入到本文的学习中，还能更有效地理解作者的思想感情；三是在总结环节，教师要求学生课下利用信息技术手段查阅相关文章，不仅提高了学生收集信息的能力，更重要的是让学生学会思考，学会合作，学会欣赏，学会分享。

（二）信息技术在数学课程的整合案例

信息技术在数学课程中，作为一种认知工具，建构并提供"多元联系表示"的学习环境。在数学课程中使用信息技术辅助教学，要遵循必要性、平衡性、实践性、实用性和广泛性的原则。首先，信息技术要确定为数学的教与学服务，教师要负责任地使用信息技术，与其他的学习工具平衡。其次，教师在教学设计时要强调学生的动手操作能力，使用的信息技术应简单且适合、方便使用。最后，要保证技术覆盖到所有的学生，根据教学的需要选择适当的技术工具进行教学。

信息技术改变了数学及其研究方法。数学与信息技术的相互促进、紧密结合，形成了高新技术的核心。同时，科学计算、理论分析、科学实验成为当代科学研究的三大支柱。计算科学向数学提出了有挑战的大量问题，也为数学研究提供了强有力的新手段。"数学实验"也在数学研究中成为重要的方法。信息技术还影响了数学课程中学生的学习方式和教师的教学方式：实验、探究、发现将成为重要的学习方式；"超文本"的学习资源组合以及丰富的交互式教学环境将为教师提供更好的授课支持，教师将强调学生的实践、操作和探究行为，注重数学思想方法的渗透，重视合作交流、情感体验的"活动式教学"将成为重要的教学方式。在数学课程与信息技术整合的过程中，应注意以下问题：

1. 最终目标。整合的最终目标是通过信息技术的使用而改变课堂教学结构，实现数学学习方式的转变。

2. 教学过程。数学教学过程中应注意各因素的地位和相互作用方式的转变：学生——主体、数学意义建构者；教师——主体、设计者、组织者、指导者、促进者；教材——教学内容、数学意义建构对象；媒体——认知工具。

3. 学习任务。数学通过创造性的教学设计，发挥信息技术的力量，提供挑战性学习任务，引导学生主动思考，提出假设和猜想，再作验证，并落实在推理证明上——"多元联系表示"的学习环境。

4. 把握平衡。把握好纸笔运算、推理、作图与信息技术的使用之间的平衡。

5. 数学实验。要积极开展"数学实验",处理好具体与抽象的关系,发挥信息技术的力量,开展探究活动。

以下为一堂名为《两条线段的和最短》的数学课程案例:

《两条线段的和最短》[①]

一、案例背景

1. 教学目标

(1)知识与能力目标:学会垂直平分线定理。掌握两点之间线段最短。知道轴对称图形的对称轴是任何一对对称点所连线段的垂直平分线。

(2)过程与方法目标:老师通过使用几何画板使学生直观地理解抽象的数学知识,通过这种理论联系实际的教学方法,教育学生要从理论中走出来,使学生们更加喜欢学习数学知识,全面提升学生解决问题的综合能力。

(3)情感态度与价值观目标:老师利用几何画板授课的方法,能够让全体同学真正参与到数学理论的推导与证明的过程中来,把学生的学习积极性充分调动起来,进而让他们喜欢上数学这门学科。

2. 教学重难点

(1)教学重点:线段垂直平分线定理。两点之间线段最短。三角形任意两边之和大于第三边。

(2)教学难点:熟练掌握线段垂直平分线定理、两点之间线段最短和三角形任意两边之和大于第三边理论,并学会运用这些知识来解决实际问题。

二、案例描述

1. 创设情境,引入新课

老师提问:假如我们想在公路旁建一个商店,为了使 A、B 两家居民到商店的路程相同,那么我们应怎样确定商店的位置?由这一问题引入两条线段的和最短这一主题。

2. 讲授新课

学生用几何画板画出直线 MN,在直线上任取一点 C,采用自主操作与小组合作相结合的形式观察 C 点运动的过程中 AC 与 BC 的和如何变化。教师引导学生找到点 D,利用两点之间线段最短的公理得出当动点 C 运动到 D 时 AC 与 BC 的和最小。教师最后进行总结分析。

---

① 尹佳秀. 信息技术与初中八年级数学课程整合的案例实践研究[D]. 东北师范大学,2016.

3. 课堂练习

略。

三、案例反思

本教学案例主要体现了探究式教学模式在数学课堂中的应用，教师利用生活中的实际问题引入，让学生采用自主探究与小组讨论相结合的方式，利用之前的所学知识得出结论。教师进行总结升华。整个教学流程呈现了将抽象的问题具体化，从而发现结论、突破教学难点这一过程。

本教学案例中"数学与信息技术的整合"这一教学理念主要体现在通过使用几何画板探究轴对称实际应用问题。通过这种方法我们将抽象复杂的问题简单并具体化，从而提升学生的学习兴趣。这种方法还能使学生全部的注意力集中在知识的探讨与学习的过程中，充分调动学生学习的积极性，从而提高学习效率。

（三）信息技术与德育课程的整合案例

加强信息技术与思想政治课程的有效整合，是思政课改革的重要组成部分。在教学过程中高效地利用现代信息技术，完成课程学习的目标，培养学生的信息素养、创新精神和实践能力是当代教师必备的教学技能。思政课程教学与信息技术整合是推动素质教育进程的需要，是提升学生综合素质的有力方式。信息技术与思想政治的整合为课程设计提供了多种多样的教学方式，扩大了思想政治课程设计的领域，有利于实现教育的根本目的和实现德育的意义。

在思政课程中运用信息技术，有利于激发学习兴趣。在教育心理学基本观点中，学习兴趣是学生通过了解、研究、掌握知识并应用实践时所获得的心理特征。信息技术的应用可以使思想政治课堂变得形象化、生动化，增加了知识的趣味性，为学生的学习创设良好氛围，充分地调动了学生积极主动参与课堂教学的兴趣。同时，有利于突出重点、突破难点。思想政治课程的知识点比较多，基本概念繁杂，理论性比较强，运用多媒体进行课件的制作，创设教学情境，增强了教学的生动性，使知识具体化、条理化，使学生对知识的学习有一个直观的感受，加深了学生对知识的理解。最后，有利于扩大教学容量。利用信息技术整理知识点，使知识传授系统化、条理化。同时教师在利用信息化教学媒体的同时，减少了课堂中不必要的板书时间，大大增加了教学容量，提升了课堂效率，使学生的主体性得到了充分发挥。在思想政治课程与信息技术整合的过程中，应注意以下问题：

1. 以科学性为基础进行整合。信息技术与思想政治的整合不是单纯的合并，而是利用信息技术与思想政治课程内在的相通性，按照教育教学的客观规律，以科学的理论为指导，进行信息技术与思想政治课的有效整合，实现教育教学目标。

2. 以教育性为出发点进行整合。信息技术与思想政治整合的教育性表现在可以推动新课程改革的进程，有利于实现教育信息化。通过信息技术的应用，增加了思想政治课程学习的趣味性和知识性。

3. 注重个性化发展。我国正在大力推进"互联网＋教育"，优质的教学资源得到了充分的流通和利用，为个性化学习奠定坚实的基础。信息技术与思想政治课程的整合符合"互联网＋教育"的理念，使思想政治课程的内容不断更新，使教育教学的形式多样化，教育评价多元化。

以下为一堂名为《事物发展的状态》的思想政治课程案例：

思想政治课程《事物发展的状态》[①]

一、案例背景

1. 教学目标

通过本节课程的教学，对学生深入进行唯物辩证法发展观的教育。在具体分析事物发展的状态的基础上，使学生能初步明确事物发展始终经过"量变—质变—新的量变、质变"循环往复地发展；通过分析各种热点问题，进一步提高学生用发展的观点看问题的能力；培养学生用矛盾分析的方法去观察和分析事物发展状态的能力，从而帮助学生逐步树立唯物辩证法的世界观、人生观、价值观和方法论。具体要求：

(1) 知识目标

① 识记量变与质变。

② 理解量变与质变的关系原理和办事情要坚持适度的原则。

(2) 能力目标

① 通过基本概念与基本原理和方法论的学习，培养学生归纳与概括的能力。

② 通过运用实例说明原理，培养学生的观察与分析能力。

③ 通过运用所学观点分析热点问题，培养学生综合理解运用能力。

(3) 情感态度与价值观方面

在引导学生运用所学观点分析和解决现实的热点问题及学生思想认识问

---

① 曹鲜芳. 信息技术与中学思想政治教学整合的实施研究[D]. 西北师范大学，2005.

题的过程中,提高学生的思想觉悟与全面素质,引导学生提高对有关问题的认识,达到理论上弄懂,情感上信服,行动上愿用、会用。

2. 教学重难点

(1)教学重点:①量变和质变辩证关系原理及其运用。②学会掌握适度原则。

(2)教学难点:①质变的第二种情形。②运用量变和质变辩证关系分析现实问题。

二、案例描述

1. 事先制作好网页并做好相关互联网网址链接,指导学生掌握搜索网页方法,在学生自主探究中,培养学生综合复习、探究性复习的思维与方法。

2. 将学生按不同质要求分成四组,每组选出组长,负责落实本组总结、探究等事宜。

3. 学生根据本组的统一目标,首先完成必须完成的内容:每组至少按照主页菜单提示的内容,熟练地记忆主页显示的原理,并根据学习资源中提供的资料,根据提示要求,完成知识目标、能力目标、文综目标、知识拓展、时事热点相关的问题。

4. 按照教学反馈要求,选择适合自己使用的网络工具如"QQ""邮件""K12主页留言""聊天室"等,做好课内作业和课外作业。能力强的同学,在完成了本小组的任务后,可以做小组以外的题目,鼓励学生将有创意的思路或发现与全体同学共享,培养学生团队合作精神和资源共享意识。如果学生学习有问题,可通过QQ个别交流、集体交流,或通过语音聊天室与老师个别交流。

5. 进入复习前,提示学生认真阅读主页的"★提示",为完成教学任务做好准备。

三、案例反思

本教学案例体现了学生对事物发展的状态自主学习的过程,此案例既注重培养学生的探究性、协作性、自主性及参与性,又突出了教师的组织者与指导者的角色。首先,教师提前制作好学习资源,教会学生获取资源的方法,学生在学习知识的同时也提高了信息搜集能力。其次,将学生分组,在全组学生完成基础学习任务的情况下,学生根据自己的能力情况自主完成其他学习任务,并向同学分享学习成果。

本教学案例的信息化设计主要体现在三方面:一是在学习资源上,教师制作网页学习资源，使学生能够有充足的学习资料来自主学习；二是在学习任务上，主页菜单会提示学生要完成一些问题，在学生完成这些问题后，还可自主选择其他任务；三是在互动交流上，学生可选择自己喜欢的通信工具与同学分享自己的新发现、向老师请教问题。

请你思考

请你结合上述三个信息技术与其他课程整合的案例，思考一下在实现信息技术与学科整合的过程中应注意哪些方面；同时信息技术对于不同学科的教学发展又分别发挥了怎样的作用。（至少从三个学科出发讨论信息技术对其教学产生的影响。）

二、基于整合模式视角的信息化教学设计应用

（一）以"教"为主的教学案例

以"教"为中心的教学结构如图 6-5 所示：

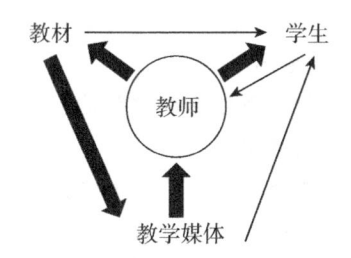

图 6-5　以"教"为中心的教学结构

教师处于整个结构的中心，教师将大量的学习内容传递给学生，学生反馈较少内容给教师。对于教材与媒体，教师拥有绝对的主动权，学生对教材和媒体只有被动的接受。以"教"为主的教学模式主要有以下特点：

1. 教师是知识的传授者、主动施教者、教学的绝对主导者，监控整个教学活动的进程。
2. 学生是知识传授的对象，是外部刺激的被动接受者。
3. 教学媒体是辅助教师教的演示工具。
4. 教学内容基本由教材决定，教材是学生的唯一学习内容，是学生知

265

识的主要来源。

以下为一堂以"教"为主的，名为《减数分裂》的高中生物课程案例：

以"教"为主的高中生物课程《减数分裂》[①]

一、案例背景

1. 教学目标

(1)知识与技能：描述减数分裂的具体过程。归纳减数分裂过程中染色体、DNA等物质的数量变化。

(2)过程与方法：通过绘图描述减数分裂过程中染色体、DNA等物质的数量变化，提高学生归纳总结能力。通过读图判断减数分裂的时期，提高学生的读图能力。

(3)情感态度与价值观：通过学习减数分裂的具体过程，帮助学生认识生命的动态性。

2. 教学重难点

(1)教学重点：减数分裂过程中染色体数目和行为特征的变化。

(2)教学难点：减数分裂的过程及特点。

二、案例描述

1. 复习回顾

教师提出问题，引导学生思考。

(1)细胞是通过什么途径实现数目的增加的？

(2)常见的细胞分裂方式有哪些？

(3)体细胞进行细胞分裂产生体细胞的方式是哪种？

(4)生殖细胞是怎样产生的？

学生积极思考，回答问题。

2. 直观讲解

以精子的产生过程为例，利用黑板板书、多媒体课件讲解减数分裂的具体过程。减数分裂分为减数第一次分裂和减数第二次分裂。精原细胞发生减数分裂之前会进行一个较长的间期，在间期中的变化与有丝分裂间期的变化类似，二者有何区别？

【减数第一次分裂】减数第一次分裂分为前期、中期、后期和末期，在各个时期中染色体的行为特征以及数量会发生怎样的变化呢？（板书讲解）

[①] 郅玉洁. 基于以"教"为主教学设计模式的生物教学设计与分析[D]. 山东师范大学, 2017.

【减数第二次分裂】减数第二次分裂同样分为前期、中期、后期、末期四个时期，在各个时期中染色体的行为特征以及数量会发生怎样的变化呢？（板书讲解）

学生认真听讲，回答老师提出的问题。

3. 绘图强化

留有时间，学生自主绘制减数分裂过程中染色体、DNA 的数量变化。

4. 归纳总结

引导学生对减数分裂的具体过程进行归纳。需要考虑以下几个问题：

（1）一个精原细胞产生几个初级精母细胞？几个次级精母细胞？精细胞？

（2）一对同源染色体是几个四分体？几条染色体？

5. 课后提高

以填表的形式总结有丝分裂与减数分裂的异同，进一步归纳在各个时期中染色体数量和行为的变化等相关知识点。

三、案例反思

本教学案例突出了教师作为知识传授者的角色。对于减数分裂的过程这一知识点，从整体到每个时期的具体讲解，以板书的形式辅助，能够很好地帮助学生理解减数分裂这一复杂变化过程。讲解完减数分裂的具体过程后，教师引导学生总结减数分裂过程中几个比较重要的数量关系，为学生之后的做题环节打下基础。

本教学案例的信息化设计主要体现在讲解减数分裂的过程中，以视频或者动画的形式呈现，增加知识的动态性。在知识讲解的过程中配合使用多媒体课件，帮助学生进行知识的内化与吸收。

（二）以"学"为主的教学案例

以"学"为中心的教学结构如图 6-6 所示：

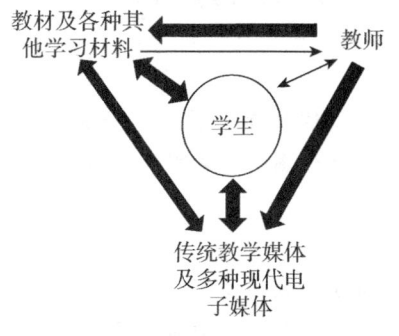

图 6-6 以"学"为中心的教学结构

以"学"为主的教学模式主要有以下特点：

1. 教师是课堂教学的组织者、指导者，是学生建构意义的帮助者、促进者。

2. 学生是信息加工的主体，是知识意义的主动建构者。

3. 教学媒体是促进学生自主学习的认知工具。

4. 教材不是学生的主要学习内容，通过自主学习学生可以从其他途径（例如图书馆、资料室及网络）获取大量知识。

以下为一堂以"学"为主的，名为《中国黄土高原水土流失的治理》的地理课程案例：

中国黄土高原水土流失的治理

一、案例背景

1. 课前疑问

为什么黄土高原水土流失严重呢？由什么引起的，应该怎样治理呢？黄土高原的生态环境问题已成为当地经济发展的重要的制约因素。今天，我们就围绕"黄土高原水土流失"这一主题来开展学习。

2. 课上任务

黄土高原水土流失问题影响深远。为了解决这个问题，国家组织相关人员进行调查，致力于减缓黄土高原的水土流失。那么，国家应该采取什么样的措施来实现这个目标呢？为了实现这个目标，国家成立了调查研究小组。假设你是小组成员，现在，请你找出黄河地区遭受水土流失的根本原因，然后回答下列问题：

(1)什么是水土流失？

(2)导致黄土高原水土流失的原因有哪些？

(3)黄土高原水土流失带来的危害有哪些？

(4)应该采取哪些治理措施？

3. 学习资源

根据问题查看教师提供的书籍、网站等资源例如相关课件、专题网站。在互联网上搜索黄土高原地形图、治理措施，并分析原因。

二、案例描述

1. 学习任务

学生分成小组，每组4个人，每组成员分工合作（如表6-1所示），其中选出一个人为小组负责人。每个小组对黄河产生水土流失的原因、带来的影响和如何治理提出建议。实施步骤：了解背景，明确任务，查找资料，资料整理，总结。

表6-1 小组成员分工情况

角色	具体任务
图文资料收集员	负责收集任务中的图片和文字资料
视频资料收集员	负责收集任务中的音频和影像资源
资料整理和编辑员	将收集的图片、文字资源制成文稿
成果展示员	负责任务的口头汇报

2. 成果评价

评价包括每个问题的完成度和每个成员的角色表演程度（见表6-2）。

表6-2 评价标准

项目	标准				总分
	优	良	中	差	
小组协作情况	能与组员通力合作	能与组员完成	能与组员差不多完成	没有与组员完成	
收集信息情况	收集了很多与主题有关的资料	收集了任务当中的资料	差一个没有完成	没有完成	
整理信息情况	制作成产品	组织了语言	收集好了数据	没有数据	
内容创新情况	图与文章和谐、美观	图与文章完整	图与文章排版一般	图与文章杂乱	

3. 成果总结

（1）水土流失：在自然因素和人为因素作用下，水土资源及土地生产力遭到的破坏，包括土地表面侵蚀及水的损失，这就是所谓的水土流失。

（2）导致黄土高原水土流失的原因（见表6-3）。

表6-3 黄土高原水土流失的原因

自然原因	人为原因
①黄土由粉砂颗粒组成，土质疏松，抵抗能力差。	人类大量开荒陡坡。
②黄土高原地区降雨集中，雨量大。	人类大量砍伐树木，却不植树。
③主要以山地盆地为主，坡度大，地震多，植被覆盖率低。	过多地放牧，不合理地利用土地。

(3)黄土高原水土流失带来的危害

①生态环境遭到了严重的破坏。

②水土流失加剧导致沟壑纵横，农田减少，增加了农民的负担，造成黄土高原地区经济落后。

③水土流失导致淤泥增多，进而造成洪涝灾害。

(4)黄土高原水土流失所带来的问题及治理措施

问题：由于长时间的土壤破坏导致农民生活水平低下，经济发展滞后。

治理措施：在治理时我们应该考虑到多方面的情况，要根据当地的情况而定，要因地制宜。例如多植树造林，退耕还林，退牧还草；修梯田，进而减缓水流的冲刷，把泥沙就地堆积；打坝淤地，可以把泥沙沉积起来。

三、案例反思

WebQuest 教学是指在网络环境下，由教师引导，以一定的主题任务驱动学生进行自主探究学习，使学生创造性地解决问题，在网络探究中提高分析问题和解决问题的能力，目的不是收集信息，而是使用信息帮助学生对信息进行分析、综合和评价。WebQuest 也为教师将网络信息有效地整合到课堂教学中提供了一种策略和工具。

本教学案例突出了学生学习的主动性和自主性。首先，教师对学生分组，布置好各个成员的任务，学生利用信息技术手段搜集资料、完成任务；任务完成后，依据每个成员的任务完成情况对小组成员进行评价；最后，对学生在合作探究中获取的知识进行总结，同学们共享学习成果。

本教学案例的信息化设计主要体现在完成任务环节中，学生通过信息技术搜集各种资料，完成汇报的制作，学生在这个过程中不仅自主学到了知识，而且增强了团队合作意识、提高了信息素养。

(三)"主导—主体"教学模式的教学案例

"主导—主体"教学模式的教学结构如图 6-7 所示。

"主导—主体"的教学模式主要有以下特点：

1. 教师要对学生及其学习过程中的教学内容及教学媒体进行总体的指导和把握；教师要根据学生的特点为其选择、设计特定的教学内容、教学媒体和交流方式；教师是教学过程的组织者、学生意义建构的促进者、学生良好情操的培育者。

2. 学生拥有大量的经过教师选择、设计并控制的学习资源，是学习活动的主体，是信息加工与情感体验的主体，是知识意义的主动建构者。

3. 教学媒体既可以是辅助教师教的演示工具，也可以是促进学生自主

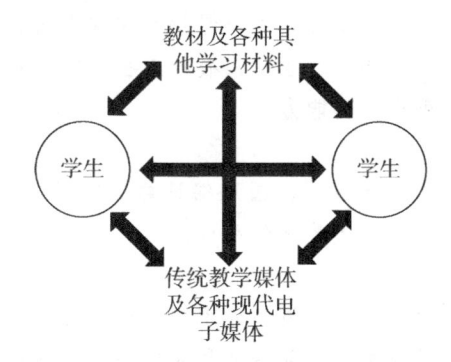

```
        教材及各种其
        他学习材料
              ↑
              │
     学生 ←──┼──→ 学生
              │
              ↓
        传统教学媒体
        及各种现代电
        子媒体
```

图 6-7 "主导—主体"教学模式的教学结构

学习的认知工具与情感激励工具。

4. 教材不是唯一的教学内容，通过教师指导、自主学习与协作交流，学生可以从多种学习对象(包括本门课程的教师、同学以及社会上的有关专家)和多种教学资源(例如图书资料及网上资源)获取多方面的知识。

以下是一堂"主导—主体"教学模式的高中地理课程案例：

基于教育云平台的翻转课堂在高中地理教学中的应用[①]

一、案例背景

1. 教学目标

(1)教学总目标

能够运用示意图，说明水循环的过程及其地理意义

(2)分课时(线上/线下)目标细化

线上：通过观看教育云推送的微课，明确水循环的过程及主要环节；通过小组讨论，分析水循环各主要环节的影响因素。

线下：阅读教材，理解水循环的过程、类型及能量来源；初步了解水循环对地理环境的影响。

2. 学习者特征分析

学生对水圈及其水循环知识与日常生活联系较紧密，学生对此有较高的探究热情。但现实情况是高一学生的逻辑推理能力处于形成阶段，缺乏前后

---

① 彭自来. 基于教育云平台的翻转课堂在高中地理教学中的应用——以人教版必修第一册第三章第一节水循环为例[C]//人民教育出版社人教数字教育研究院. 融合信息技术·赋能课程教学创新：第六届中小学数字化教学研讨会论文案例集. 武汉市第四十九中学，2021：6.

联系、系统分析的逻辑思维能力，这给课堂教学的有效推进带来了一定的困难。因此，在本节内容的学习过程中，教师应在讲解的过程中注意对学生进行启发，培养学生的逻辑推理能力。

3. 学习资源

本课中需要运用的资源有：校园海绵设施、教材、地图册、平板电脑、数字化电脑黑板、武汉教育云数字化平台。

4. 教学策略

本节内容笔者从学生生活的校园入手，创设真实情境，引导学生讨论分析，解释说明，引发对资源观、环境观和人地关系的理解与思考。在此过程中，综合地运用以下方法：(1)调查研究教学模式；(2)翻转课堂教学模式；(3)数字化教学模式；(4)案例教学模式；(5)情境教学模式。

在教学过程中，本课采用翻转课堂教学模式，分为课前课中，其中课前分为两部分，一部分是要求学生通过预习教材初步理解水循环的过程，并结合教育云平台推送的微课及自测习题完成理论知识的学习，并在平台中提交自画的水循环示意图，教师通过平台完成批阅；另一部分则是分小组完成校园海绵设施的实地调查，形成调查报告及结论，并通过平台提交。课堂上则通过平板电脑终端接入武汉教育云构建云课堂，师生运用水循环原理就此展开讨论，揭示校园海绵设施在预防校园洪涝中的作用，进而理解建设海绵城市的重大意义。

二、案例描述

教学阶段	教师活动	学生活动	技术应用	设计意图
情境导入	对于2016年夏季武汉城区的内涝，相信每一个同学都记忆犹新，我校校园位于此次灾情的"震中"。导致我校校园出现特大内涝的原因是什么？又该如何去治理呢？今天我们通过水循环的学习来探究其中的奥妙。	结合学案及PPT图片，观察并回忆当年的校园内涝景象。	利用教育云推送功能，直接向学生端的平板电脑推送2016年夏季校园内涝的图片。	以真实情境导入新课，激发学生对问题强烈的探索欲望，培养学生对生活中地理问题的解决能力。

续表

教学阶段	教师活动	学生活动	技术应用	设计意图
自学反馈	结合课前观看的微课及教材预习,绘出水循环的示意图,说明其形成过程。	在学案上绘出水循环的示意图,然后小组内讨论,最后向全班汇报。	通过互动课堂解锁学生端的屏幕,让学生直接在屏幕中作画,然后挑选作品点评。	强调地理知识的发现过程,培养学生的自学能力,凸显学生在学习中的主体地位。
主题探究	(承转)理论学习是为了更好地指导实践,接下来请同学们结合材料,运用水循环原理分析此次校园内涝。 材料一:市49校园景观图(旧貌) 材料二:相较新中国成立时,武汉主城区的面积"膨胀"24倍多,且仍以每年逾10平方公里的速度在膨胀,与之对应的是城区湖泊数量由新中国成立前的127个,缩减至目前的38个。 探究:结合材料,运用水循环原理,分析此次校园内涝的原因。	结合材料及水循环的示意图,通过小组合作的方式探究此次校园内涝的原因。	通过互动课堂实现所有终端和教师端白板一致同屏。	由微观到宏观,从校园、市域、流域三个层级来分析2016年校园内涝这一具体地理现象,层层递进来推进逻辑推导,培养其综合思维素养,养成要从区域的角度认识地理现象的意识,完善区域认知素养的培养。
问题过渡	(提问)假如你是校长,请提出治理校园内涝的举措。	结合校园内涝成因及水循环知识,就治理校园内涝进行头脑风暴。	在白板中展示校园遥感图片。	通过角色互换,强化学生对水循环过程的认知,并培养其解决地理问题的能力。

续表

教学阶段	教师活动	学生活动	技术应用	设计意图
课前调查展示交流	(承转)刚才同学们提出了许多治理校园内涝的举措，其中有不少已经应用到了校园的海绵工程上，上周已经让大家分小组调查校园的海绵设施，接下来请三个组进行汇报展示。备注：课前对学生进行分组，设定调查校园海绵设施的目标，指导学生制定调查方案，评估学生可能遇到的困难，尤其在实地调查过程，必要时要及时介入并给予必要的指导。	以小组为单位，用一周时间对校园海绵设施进行调查，按照影响的环节不同，分为透水铺装、下沉式绿地、蓄水模块、排水模块四个任务，各组任选一个任务，设计实施调查校园海绵工程的方案，运用信息技术形成调查报告，并以PPT等多媒体形式向全班展示调查成果。	通过互动课堂解锁小组长平板屏幕，然后将其屏幕广播到所有终端。	课前对学生进行分组，让学生自身通过观察、调查方法去收集校园里的各种海绵设施，引导学生对身边的地理现象进行观察探究。户外实地考察是当前落实地理实践力核心素养的重要途径，也是有效方法。
总结反思	结合我校校园60年的发展巨变，描述人地关系的相互作用过程，分析人地协调的重要意义。	结合校园景观图，分析不同发展阶段下的人地相互作用。	广播教师端屏幕，展示校园发展巨变图片。	以校园内涝为主线，校史为时间轴，从校园面貌发展变化感受人地协调的重要性，建立正确的人地协调观。

续表

教学阶段	教师活动	学生活动	技术应用	设计意图
再入情境	倒口湖，位于青山区武青堤旁，因倒堤溃口成湖，1931年8月，长江洪水泛滥，武青堤溃口，江水冲刷在堤外形成10余万平方米湖面，距长江大堤内脚200余米，在1954年、1981年先后两次发生洪涝灾害，是历年防汛重点险段。请运用水循环原理，推测2016年夏季倒口湖管涌的形成原因，及其可能带来的危害。	通过景观图及水循环示意图，推测倒口湖管涌的形成及其危害。	广播白板屏幕。	学以致用，激发学生对生活和地理的热爱，也为后期流水侵蚀及地貌的学习做铺垫。
课堂小结	请同学们以思维导图的形式总结这节课的学习内容。	画思维导图，总结课堂所学。	解锁学生屏幕，通过互动课堂挑选学生作品点评。	通过思维导图提高学生的思维能力，培养自主学习的能力。

三、案例反思

在"主导—主体"教学模式中，教师是教学过程的组织者、学生进行意义建构的促进者，学生是信息加工与情感体验的主体，是知识意义的主动建构者。本课依托教育云平台，采用翻转课堂模式进行教学，遵循以学生为主体、先学后教、以学定教的原则，突出了学生的自主学习。通过三个小组对校园海绵工程的调查，充分调动了学生学习的自主性，同时也突出了地理实践力，对于丰富地理课程内容、增强地理教学活力具有重要意义。从本课的课堂效果来看，在教学中整合校园资源能够极大地激发学生的学习兴趣，充分发挥他们的学习主观能动性，是培养学生能力，提高学生素质，进而提高教育教学质量的有效途径。

基于教育云平台的翻转课堂作为一种新兴的教学方法，在高中地理课堂中运用或许存在这样或那样的困难，但与传统的教学方式相比，它在激发学生学习地理的兴趣，提高学习主动性和自觉性，培养探索与创新精神等方面的地理学科核心素养上具有巨大的优越性。从这一点上来看，它值得我们广大地理教师在课堂教学中去尝试和探索。

🔊 请你思考

请你通过上述知识内容以及查阅相关文献，分别谈一谈信息技术在"以学为主的教学模式"、"以教为主的教学模式"和"主导—主体的教学模式"中分别具有怎样的应用特点；信息技术的应用对于不同的教学模式又分别产生了怎样的影响。

_____

_____

三、基于单元的信息技术课程设计案例

以下是一个以"从互联网到物联网"为单元主题的信息技术教学案例：[①]

物联网知识教学案例

一、单元指导思想与理论依据

2022年4月，《义务教育信息科技课程标准（2022年版）》（以下简称"新课标"）正式发布实施，新课标将信息技术更名为信息科技，并从综合实践活动课程中独立出来。信息科技改变了以往信息技术以知识导向为主，课堂当中重实践、重操作的传统模式，开始以培养核心素养为导向，注重培养学生的信息意识、计算思维、数字化学习与创新，强调信息社会责任的全新教学模式。

物联网是新课标中的新内容。物联网模块的学习要求学生初步理解万物互联对人类信息社会带来的影响、机遇和挑战。物联网是信息社会发展的新型基础设施，将物联网纳入课程是信息科技课程发展的必然趋势。物联网是继互联网之后的新型信息基础设施，是推动大数据和人工智能等信息科技发展与普及不可或缺的组成部分。通过学习物联网模块的内容，学生可以初步了解物联网是连接物理世界和数字世界的纽带，了解物联网的基本架构和关键技术，以及典型的物联网应用，从而认识到物联网的普及对学习和生活的影响。

_____

① 王洁，吕俊玲. 新课标背景下的初中信息科技单元教学设计——以"从互联网到物联网"单元教学为例[J]. 辽宁教育，2023(1)：77—80.

二、单元学习主题

通过全方位分析，从交通、医疗、生活、经济等方面总体考虑进行情境创设，最后确定单元学习主题——从互联网到物联网。按照课程结构整合描述单元主题情境(图 6-8)。

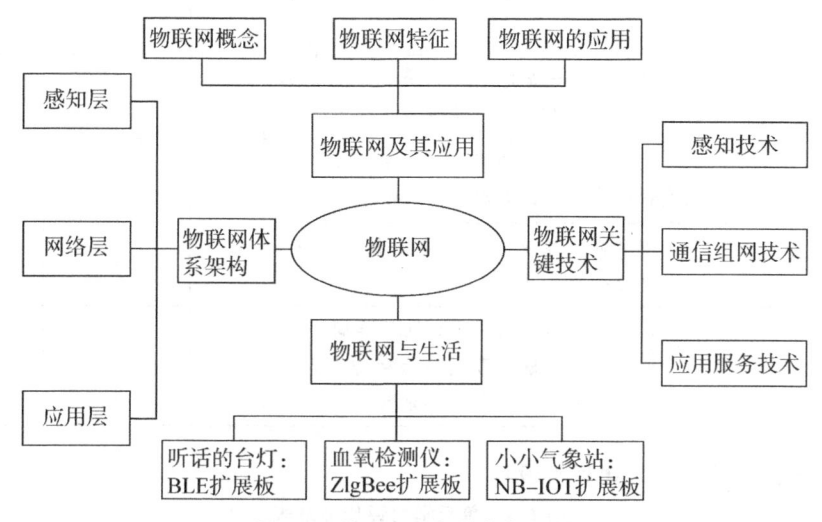

图 6-8 物联网知识结构框架图

三、单元学习目标

1. 信息意识。要求学生能感知身边的物联网，熟悉物联网与互联网的关系，善于利用信息科技分享和交流信息。

2. 计算思维。要求学生能初步理解物联网的原理，能说出生活中物联网的工作原理。

3. 数字化学习与创新。要求学生能列举物联网在生活当中的应用，通过互联网搜索完成智能家居设计方案。

4. 信息社会责任。要求学生能理解物联网给人们学习、生活和工作带来的各种影响，具有自我保护意识和能力；自觉遵守物联网领域的价值观念、道德责任和行为准则，形成良好的信息道德品质，不断增强信息社会责任感。

四、单元学习活动

根据单元任务设计课时问题链，将整个单元分为四个课时。每课时根据核心素养目标设计螺旋递进式的任务，在满足学生核心素养发展需要的基础上，进行场景分析、原理认知、应用及迁移创新。以项目问题为驱动，帮助学生在解决问题的过程中提升素养与技能。

表 6-4　单元学习内容表

任务清单	内容	课时安排			
		课时1	课时2	课时3	课时4
了解身边的物联网	通过身边真实的场景案例了解什么是物联网。				
可视化流程图	分析专用汽车电子标识进出小区是怎样实现身份识别的并展示流程图。				
创意设计	根据教师给出的素材,完成理想中的智能家居设计方案。				
分享与交流	班级内互相交流,推荐出最佳方案,进行全班分享。				
总结与提升	对比物联网与互联网之间的异同。通过实例了解物联网与大数据、人工智能的关系,画出思维导图。				

五、单元学习效果评价设计

表 6-5　单元学习评价标准表

评价内容	评价标准			
	优	良	合格	需努力
案例分析	分析翔实,思路清晰,整体连贯,具有创新性和可操作性。	分析翔实,思路清晰,有可操作性。	思路基本清晰,可操作。	思路不清,操作性不强。
小组合作	分工明确,团队意识强,主动参与,责任感强,善于交流合作。	分工明确,有团队意识,主动参与,有责任感,能交流合作。	分工明确,有一定责任感,交流合作处于被动状态。	不清楚分工要求,责任感弱,不参与交流合作。
方案设计	思路清晰,方案表格工整,具有创新性和可操作性。	思路清晰,方案表格较工整,有可操作性。	思路基本清晰,方案表格较工整,可操作。	思路不清,方案表格凌乱,操作性不强。

六、单元教学特色分析

在"从互联网到物联网"单元教学设计到教学实践的应用过程中,注重以学生的发展为目标,创设以学生为主体,教师为引导者的学习模式,学生成为学习的主人,教师则起到引导和答疑解惑的作用,不但培养了学生独立思考的学习习惯，而且引导学生善于利用数字化学习平台、工具和资源自主学习，避免学生死记硬背概念，使理论课程变得更加轻松有趣。

四、信息化教学设计的特点

与传统教学相比，信息化教学的特点主要表现在教学和技术两个层面上。

（一）在教学层面上

1. 教学理念的革新化

与传统教学理念相比，信息化教学理念主要表现出"三个转移"：

第一是教学"中心的转移"。由以教师为中心转移为以学生为中心；由以教为中心转移为以学为中心；由以传授知识为中心转移为以"人力开发"（智力、心力和体力）、能力培养特别是创新思维能力培养为中心。

第二是教学"目标的转移"。由培养知识型人才转移为培养能力型（重点是信息能力、创新能力和会学习的能力）、素质型人才；由适应计划经济社会的工作型人才转移为适应信息社会、知识经济、市场竞争、高科技、数字化环境的应用型、创造型人才（主要表现：全面＋个性；人脑＋电脑；智商＋情商）。

第三是教学"技术的转移"。由普通的传媒技术转移为以计算机为核心的高新信息技术；由模拟技术转移为数字技术，并由此引发教学模式、教学手段、教学环境乃至教学理论、课程与技术的整合等一系列的变革和转移，这也是信息化教学的重要标志之一。

2. 教学主体的广义化

教学的主体任何时候都是学生与教师，与传统的学校教学活动中教师学生相对具体且固定相比，信息化教学活动中的教师与学生的含义要宽泛得多。教师不仅有"人化"的实体，更有"物化"的电子教师（如各种盘片带形式的电子课件），还有"拟人化"的虚拟教师（各种网络教学平台和智能教学系统）；学生也不再仅仅是局限于学校里的按学科、按专业划分班组的学生，而是包含无域界的、社会性的、广泛的校内外学习者。

3. 信息表征的多元化

多媒体技术的运用，使得教学信息的表征由简单的文字、语言、图表、实物发展为集语音、文字、图形、视频、动画等多元化、一体化的表征形式。这更有利于学习者调动多感官学习，也更有利于不同类型的学习者的需求，以提高学习效率。

4. 教学资源的共享化

国际互联网在全球的普及，使全世界的教育教学信息资源构成了一个最大的资源库，供广大的学习者在任何可以上网的地方共享使用。例如，各种网络教育、教学站点、虚拟软件库、电子期刊、数字化图书馆等。这就为社会化学习、基于资源的学习奠定了强大的基础。不仅如此，网络还可创造一种前所未有的"集体智慧"资源，使世界各地的教育家、科学家、思想家、艺术家们联结起来联机思考，将它们形成于互联网数据库之中，构建成交互式人类共享大脑和思维库，这将超越任何个人的能力和智慧，使人类比以往任何时候都更加聪明。

5. 教学目标的价值化

教学目标的价值取向不再单纯是使学生获取知识、掌握技能以适应计划经济的工作型，而是以"人力开发"为目标的素质教育，以创新精神和创新能力为核心的能力培养，以信息素养特别是信息能力、终身学习能力、信息化生存能力为主体的应用型。这将使教学对象——学习者及其学习更富有价值。

6. 教学过程的个性化

信息化教学由于现代信息技术的支持，使教学过程可以真正实现"因材施教""自主学习"，特别是利用人工智能建构的智能教学系统（或智能导师系统）可以依据学习者的认知特点、不同个性和不同学习方式的不同需要进行教学和提供帮助，实现真正意义上的"个别化教学"。这就为培养学习者的创造性（个性是创造性的基石）提供了良好的条件。

7. 教学策略的灵活化

现代信息技术的运用，创造了信息化的教学环境和信息化的教学模式，当然也产生了相应的信息化的教学策略，如教学的组织形式由以课堂为中心的集体授课形式转变为网络环境下的个别化和自主化教学、协作式学习、探究式学习、基于资源的学习、基于问题的学习等形式；教学程序由线性组织变为非线性的网状组织；教学方法由教师导向变为双向、多向交互；教师由知识的传授者，变为学习的指导者、咨询者、帮助者和协作者；教学媒体手段由普通媒体变为现代高科技信息媒体等。

(二) 在技术层面上

1. 教学材料的多媒化

教学材料不再单纯是以印刷媒体为主的"死的"教材，而是以计算机多媒体、超媒体为主的集结构化、动态化和形象化于一体的"活的"教材。例如，各种多媒体、超媒体课件,各种教学系统(包括智能教学系统)、教学平台,各种学习认知工具和教育、教学软件等。"活化"的教材更适合人的"活化"的认知和思维。

2. 教学手段的现代化

现代信息技术的运用使信息化教学的手段从传统教学的教材＋粉笔,教材＋黑板,或教材＋传统媒体,改变为以计算机多媒体技术、网络技术、人工智能技术为核心的现代化手段,使得教学效果更优化,教学效率更高。

3. 教学系统的智能化

随着人工智能技术的不断发展,各种智能教学系统、智能导师系统、智能教学代理系统等不断应用于教学,使得教学更趋于人性化;使得人际交互、内容交互更趋于舒畅、自然;使得学习更趋于个性化、智能化、自主化。

4. 教学媒体的数字化

以计算机为核心的数字技术的发展,使得教学媒体、教学设备全面实现数字化,数字化意味着大容量、高速度、一体化、小型化、智能化和自动化,这不仅为人类数字化学习提供了硬件环境和技术条件,也创造了更好的软件环境。

5. 信息传输的网络化

以计算机网络为核心的网络技术的迅速发展,实现了数字卫星通信网、数字移动通信网和 Internet 的多网融合的趋势,更有利于教育信息的传输和教育资源的共享,更有利于数字化学习和终身学习的实现。

6. 教学环境的虚拟化

信息化教学的最大特点就是教学环境不再受物理时空的限制,如虚拟教室、虚拟实验室、虚拟校园、虚拟学习社区、虚拟图书馆、虚拟阅览室等的使用,使学习超越地域、年龄、文化背景等的限制,不仅为数字化学习创造了环境条件,而且为全民教育、终身教育的实现创造了环境条件。

7. 教学管理的自动化

与传统的人工化教学管理相比,现代信息技术支持的教学自动化管理系统的出现,实现了全方位的教学自动化管理。从网上招生、电子注册、自主选课、建立电子学档、学习过程监控、学习任务分配、学习问题诊断、教学指导、教学活动记录、作业批改、网上测试、教学评价、教学成果或电子作品展示一直到网上毕业、就业信息等的自动管理,加快了教学信息化进展的步伐。

请你思考

请你根据上述信息化教学的特点,并结合自身思考,分别谈论一下信息化教学对教师和学生这两个教学主体产生怎样的影响。(可以从学习感受、学习过程等方面加以论述)

_____

_____

实践活动

请以小组为单位,选择一节现有的包含信息技术应用的课程,并结合下表讨论一下课堂中哪些地方应用了信息技术,以及在课堂中融入信息技术的意图是什么。

信息化教学设计应用

学段	
学科	
教学主题	
教学模式	□以教为主的教学设计模式 □以学为主的教学设计模式 □学教并重的教学设计模式
信息技术的应用	信息技术应用点 应用意图
1	
2	
3	

自主学习

自行登录中国知网等数据库,自主阅读下列文献。

序号	参考文献
1	祝智庭.教育信息化:教育技术的新高地[J].中国电化教育,2001(2):5—8.
2	杜娟,李兆君,郭丽文.促进深度学习的信息化教学设计的策略研究[J].电化教育研究,2013,34(10):14—20.

续表

序号	参考文献
3	何克抗. 对国内外信息技术与课程整合途径与方法的比较分析[J]. 中国电化教育，2009(9)：7—16.
4	林书兵，张倩苇. 我国信息化教学模式的20年研究述评：借鉴、变革与创新[J]. 中国电化教育，2015(9)：103—110，117.
5	黎加厚. 教育信息化环境下的教学设计[J]. 中小学信息技术教育，2002(10)：4—5.
6	王寅龙，李前进，李志祥，等. 信息化教学设计的过程、方法及评价要点探究[J]. 中国教育信息化，2011(6)：15—18.

分析总结

根据文章中有关信息化教学设计内容的论述以及自身的实践感受，请你谈一谈当下信息化教学设计的特点以及可能的发展趋势，同时通过对信息化教学设计过程中某一要素的分析，谈谈自己的理解。

第七章　信息技术课程教学评价

📁 **学习目标**

1. 知道教学评价的指导理念，了解教学评价各种定义的侧重点和共同点，了解教学评价的不同类型划分。

2. 列举信息技术课程教学评价的原则和方法，结合书中所提供的案例给出评析报告，能够在自主学习和实践活动中设计并应用适宜的原则和方法。

3. 能够结合实际情况，举例说明现阶段信息技术课程教学评价的优势与不足，探讨问题的解决策略和未来的发展方向。

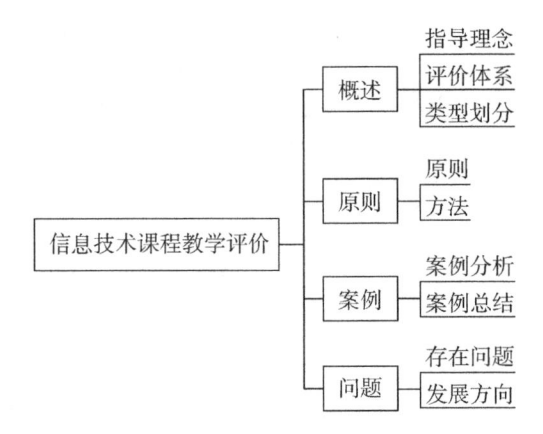

🔍 **知识导图**

```
                    ┌─ 概述 ─┬─ 指导理念
                    │        ├─ 评价体系
                    │        └─ 类型划分
                    │
                    ├─ 原则 ─┬─ 原则
信息技术课程教学评价 ─┤        └─ 方法
                    │
                    ├─ 案例 ─┬─ 案例分析
                    │        └─ 案例总结
                    │
                    └─ 问题 ─┬─ 存在问题
                             └─ 发展方向
```

第一节　信息技术课程教学评价概述

教育评价事关教育发展方向，有什么样的评价指挥棒，就有什么样的办学导向。① 教学评价是教学的重要环节,是教学效果的基本判断,为教学活动更有效地开展提供基本的依据。

教学评价的形成和发展经历了多次变化。其中尤其是在改革开放以后,我国教学评价研究获得长足发展和丰硕成果。教学评价研究经过四十余年的探索,从起步阶段到积累阶段,再到现如今的迅速发展阶段,明确了在教育活动体系中的地位和作用,教学评价的理念、概念、功能、类型、原则和方法等都进行了较为深入的研究并显现出越来越重要的价值,基本上形成了适合我国国情的教学评价的实践模式、理论和方法体系。

《义务教育信息科技课程标准(2022年版)》明确指出:义务教育信息科技课程具有基础性、实践性和综合性,为高中阶段信息技术课程的学习奠定基础。信息科技课程旨在培养科学精神和科技伦理,提升自主可控意识,培育社会主义核心价值观,树立总体国家安全观,提升数字素养与技能。针对教学评价提出"要加强过程性评价,完善终结性评价。过程性评价侧重反映日常教学过程中学生表现出来的学习进步情况,应贯穿整个教学过程;终结性评价侧重反映学生阶段性学习目标达成度"。

一、信息技术教学评价的指导理念

新课程改革的评价理念在《基础教育课程改革纲要(试行)》中有明确的表述:"改变课程评价过分强调甄别和选拔的功能,发挥评价促进学生发展、教师提高和改进教学实践的功能";"建立促进学生全面发展的体系";"评价不仅要关注学生的学业成绩,而且要发现和发展学生多方面的潜能,了解学生发展中的需求,帮助学生认识自我,建立自信。发挥评价的教育功能,促进学生在原有水平上的发展"。

《信息技术课程与教学》结合我国现阶段课程评价改革的实际,了解世界各国课程评价改革的发展趋势后,做出以下阐释和理解:

1. 在评价的功能上,由侧重甄别和选拔转向侧重发展。
2. 从评价的对象上,从过分关注对结果的评价转向关注对过程的评价。
3. 在评价的主体上,强调评价主体多元化和评价信息的多源化,重视自评、互评的作用。
4. 在评价的结果上,不只是关注评价结果的准确、公正,而是更强调

---

① 中共中央、国务院印发《深化新时代教育评价改革总体方案》[EB/OL].(2020-10-13)[2020-10-17]. http://www.gov.cn/zhengce/2020-10/13/content_5551032.htm.

评价结果的反馈以及被评价者对评价结果的认同和对原有状态的改进。

5. 在评价的内容上，强调对评价对象的各方面情况进行全面综合考察。

6. 在评价的方法上，强调评价方式多样化，尤其注重把质性评价和量化评价结合起来，以质性评价统整量化评价。

7. 在评价者与评价对象的关系上，强调平等、理解、互动，体现以人为本的主体性评价的价值取向。

二、信息技术教学评价的概念与功能

（一）信息技术教学评价的概念

"评价"一词在《辞海》中的释义为：评论价值高低。美国学者格朗兰德（Gronlund, N. E.）在1971年用一个简单的公式进行表述，即评价＝测量（量的记述）或非测量（质的记述）＋价值判断。[①] 将评价运用在教育教学领域，便产生了教育评价和教学评价。我国著名教育学家顾明远教授在其编写的《教育大辞典》中对"教育评价"做出解释，教育评价是通过系统地收集信息，对教育目标及实现目标的教育活动进行分析和价值判断的过程。[②]

李小融认为教育评价是根据教育目标及其有关的标准，对教育活动进行系统的调查，确定其价值和优缺点并据此予以调整的过程，指出教育评价以教育的全部领域为对象，涉及教育的一切方面：教育与社会、教育与学生个体发展等，并且根据教育现象的不同将教育评价分为宏观评价、中观评价和微观评价三个层次。宏观的教育评价以一个县、一个省乃至一个国家教育的各个主要方面为对象；中观评价以一个学校的办学水平和教学质量为对象；微观评价的对象是一个学校内部的学生、教师、班集体以及具体课程。并且他认为教学评价是一种中观和微观的教育评价。教学评价是依据一定的教学目标和标准，对学生的学和教师的教进行系统的调查，并评定其价值和优缺点以求改进的过程。[③] 由于大部分学者对教育评价和教学评价并没有做出非常明确的区分，而且本书中评价针对的是信息技术课程，所以以下内容除引用原文外，统一使用"教学评价"一词，特此说明。

王道俊认为教学评价是对教学工作质量所作的测量、分析和评定。它以

---

① Gronlund, N. E., Measurement and Evaluation in Teaching[M]. New York: Macmillan, 1971.
② 顾明远. 教育大辞典 增订合编本[M]. 上海：上海教育出版社, 1998.
③ 李小融, 魏龙渝. 教学评价[M]. 成都：四川教育出版社, 1988.

参与教学活动的教师、学生、教学目标、内容、方法、教学设备、场地和时间等因素的有机组合的过程和结果为评价对象,是对教学活动的整体功能所作的评价。[1] 黄希庭认为教学评价是指系统收集和分析有关学生学习行为的资料,以确定其达到教学目标程度的过程。在教师围绕教学目标进行教学活动的过程中,必然要评估学生的行为和品质,以了解教学效果是否能达到预定的教学目标,借以调整教学、鉴定质量。[2] 程书肖认为教学评价是对教育活动满足社会与个体需要的程度做出判断的活动,是对教育活动现实或潜在的价值做出判断,以期达到教育价值增值的过程。[3]

总的来说,教学评价是以教学目标为依据,通过一定的手段对教师教学和学生学习的过程各因素和结果进行测量、分析和评定,目的是促进教学过程的不断完善和教育价值持续增值。对比其他科目的课程,信息技术课程具有内容更新快和技术应用性强的特点。面对不断变化的新技术与教学内容,教师应当明确信息技术课程的整体目标是培养学生的核心素养与关键能力。一切教学设计与实施都以目标为方向,依靠评价不断修改、完善课程教学。

(二)信息技术教学评价的功能

正确认识评价功能是确立教育评价目的的前提和依据。在过去课堂教学评价一直是被作为教学管理的手段而且往往与教师的业绩考核相联系。在基础教育课程改革之后则提出任何形式的评价都要发挥促进学生发展、教师提高和改进教学实践的作用。教育评价有鉴定功能、导向功能、激励功能、诊断功能、调节功能、监督功能、管理功能、教育功能等。教育评价功能通过教育评价活动与结果,作用于评价对象而体现出来,其内容取决于评价活动的结构及运行机制。"促进学生发展、教师提高和教学改进"的评价理念,不仅反映了教育要着眼于人的全面、和谐发展的教育价值取向,也摆正了人们对评价功能的正确定位。使人的身心得以和谐发展是教育的崇高理想,也是人类社会的理想。作为教育教学活动的重要组成部分,课堂教学评价在本质上首先应服务于人的发展,课堂教学评价也只有立足于人的发展,才能充分发挥课堂教学评价的各种功能,真正提高课堂教学活动的效率和质量,才能有助于教学目标的实现。

---

[1] 王道俊,郭文安. 教育学[M]. 北京:人民教育出版社,2016.
[2] 黄希庭,毕重增. 心理学[M]. 2版. 上海:上海教育出版社,2020.
[3] 程书肖. 教育评价方法技术[M]. 北京:北京师范大学出版社,2004.

三、信息技术课程的评价体系

信息技术课程的评价体系应适应信息技术教育的总要求，将评价贯穿于教学过程中，实时了解学生在学习过程中的学习情况，已达到完成某一阶段的学习任务的同时实现总体学习目标。

同时，随着人们对课程教学对象内在关系的不断认识，课程评价的内容已不再局限于学生的学习成果。如今的评价对象正在不断丰富，逐渐扩展到与课程教学密不可分的课程教学计划、教学内容、教学目标、教材、教学环境以及教师教学过程等。基于评价主题不同，评价内容的侧重点也有所不同，因此评价要素也不相同。例如：对学生的信息技术课程学习情况评价，可以涉及学生课堂学习情况、组内外合作学习情况、作品完成情况、终结性考试成绩等要素。

结合实际改革评价机制和评价目标，为了形成适应学生发展和教学需求的评价体系，可从以下几方面入手：

1. 对基础知识的评价。信息技术课程中有很多概念性知识，需要学生理解和记忆。其中，基本概念包括：信息与信息技术的知识、网络的基本原理、程序设计语言的产生和发展历程、多媒体技术及多媒体信息的知识、数据管理技术以及人工智能的概念及其基本特征等等。为了了解评价学生是否掌握了这些应知应会的基本知识以及具体程度，教师可以采用客观题测试的方法，依据不同的学习阶段将题目进行分类，再根据学生的作答结果判断其对知识的吸收情况。

2. 对基本技能的评价。信息技术课程具有实践性强的特点，在教学中设计了很多的技能训练，提高学生对计算机、数据处理和网络操作等技术的操作熟练度。因此，评价重点可放在学生活动过程与实际效果，即实际操作时要迅速流畅、正确度高。所以教师在这其中应关注学生的过程表现，不仅获取某一时刻的学习数据，也要分析不同阶段的数据结果，从而更加全面地了解学生的学习情况。

3. 对作品创作的评价。信息技术的应用能力是评价的重要方面，评估学生应用学到的信息技术技能解决新问题的能力。学生结合自己的想法，运用技能创造出的作品是评价所需的可视化成果。教师可以根据作品的主题、内容、创意程度和功能实现等指标，对每个学生的综合能力表现进行深度分析，尤其是创新能力。

总而言之，信息技术课程的教学评价不仅要关注学习成就，还要关注创新精神、协作能力、判断能力、主动性等多个方面；将形成性评价与终结性评价有机结合，重点分析学生在学习过程中的表现，关注学生的成长与进步；在教学中教师根据实际情况，采用学生自评、互评、教师评价、家长或学习平台数据分析等多种方式，转变教师主宰评价的局面。

教学评价是一项系统工程，不可能一蹴而就，需要多方参与，大量实践，及时总结，探索规律。在此过程中，教师应当坚持多元性、发展性、科学性、差异性的原则，立足实践，锐意创新，创建有利于促进学生全面发展和教师专业成长的评价体系，使评价的作用落到实处，促进信息技术课程不断完善和学生的全面发展。

四、信息技术教学评价的类型

(一)根据评价功能的不同进行划分

1. 诊断性评价

诊断性评价又称为安置性评价或者前置评价，是为了确定学习者已有的学习准备程度或者教学设计基础而进行的评价活动。诊断性评价一般在教学或设计活动开始之前进行，如：入学时的摸底测验、分班测验就属于诊断性评价。它实质上是一种查明存在的问题进而分析问题的活动。

2. 过程性评价

过程性评价是一种在课程实施的过程中对学生的学习进行评价的方式。过程性评价采取目标与过程并重的价值取向，对学习的动机效果、过程以及与学习密切相关的非智力因素进行全面的评价。过程性评价主张内外结合的、开放的评价方式，主张评价过程与教学过程的交叉和融合，评价主体与客体的互动和整合。[①] 评价的主要内容包括学生学习态度、学习参与程度、学习内容掌握程度、学习能力和认知能力的发展等方面。过程性评价的主要环节有课堂评价、作业评价、单元与期末评价等。

(1)课堂评价

课堂评价要根据课堂教学的目标要求和进展情况，使用观察、提问、记录等方式，对学生的价值观念、学习态度、活动行为、交流合作、技能掌握等状况做出评判。充分发挥信息科技的优势，实时反馈学生学习目标的达成情况，从而调整教学进度，优化教学流程，提高教学活动的有效性。

---

① 高凌飚. 关于过程性评价的思考[J]. 课程·教材·教法，2004(10)：15—19.

(2)作业评价

重视作业的评价功能，作业设计强调技术原理的理解和在实际生活中的应用，体现综合性、探究性和创新性。针对不同学习内容要求，设计形式多样的作业类型，既包括任务实践类作业，如电子作品创作、仿真实验、系统搭建等，也包括信息科技原理认知类作业，如数据分析、现象解释、实验报告等。此外也可以针对不同学生的特点，布置不同层次的作业，供学生选择。

(3)单元与期末评价

单元与期末评价是对学生阶段学习情况的总体评价，结合课堂表现、平时作业，将过程性评价与终结性评价相结合，全面考查学生核心素养的阶段性发展水平。

3. 终结性评价

终结性评价是在教学活动或某个计划、产品设计完成之后对其最终的活动成果进行的评价，如期末考试、毕业会考、产品鉴定会。由于终结性评价总是在活动完成之后进行的，所以也常常被称为事后评价。

4. 增值评价

增值评价是以学生的学业成就为评价依据。通过相关技术分析采集数据，剔除学校教育无法改变的客观存在因素，主要聚焦于学生经过学校的教育活动后产生的进步与成长。增值评价不仅着眼于学习最终的产出，更看重学习过程带来的增长。运用这种评价方式来判定学校及教师等教育主体对于学生成长发展的影响，有助于学生平稳有序地发展。

(二)根据评价分析方法的不同进行划分

1. 定性评价

定性评价是对评价资料作"质"的分析，是运用分析和综合、比较与分类、归纳和演绎等逻辑分析的方法，对评价所获得的数据、资料进行思维加工。分析的结果有两种：一是描述性材料，数量化水平较低甚至毫无数量概念；另一种是与定量分析相结合而产生的，包含数量化但以描述性为主的材料。一般情况下，定性评价不仅用于对成果或产品的检验分析，更重视对过程和要素间的相互关系的动态分析。

2. 定量评价

定量评价是从"量"的角度，运用统计分析、多元分析等数学方法，在复杂纷乱的评价数据中总结出规律性的结论。由于教学涉及人的因素，各种变量及其相互作用关系是比较复杂的，因此为了提示数据的特征和规律性，定量评价的方向、范围必须由定性评价来规定。可以说定性评价和定量评价是密不可分的。两者互为补充、相得益彰，不可片面强调一方面而忽视了另一方面。

(三)按照评价主体不同进行划分

1. 自我评价

自我评价又叫内部评价，是指评价对象作为评价主体，依据一定的评价标准而进行的自我评价，比如学生对自己的学习成绩、态度、方法等方面表现的评价。由于对自身状况非常了解，自我评价的效度得到了保障。同时，自我评价也有助于评价主体培养和提高自身的反思意识和能力，但是由于外部参照标准的缺失，自我评价容易使评价主体高估或低估自身的优势或不足。

2. 他人评价

他人评价又叫外部评价，是指评价对象之外的组织或个人依据一定的评价标准对评价对象进行的评价活动，比如：教师对学生学习的评价、学生之间的评价等。由于他人评价的主体是评价对象之外的组织或个人，因而能更客观地发现评价对象取得的成绩与存在的问题，评价结果的可信度更高。但组织工作较为复杂，需要的时间和人力也更多。

自主学习

自行登录中国知网，查阅或阅读下表中列出的专业性较强的信息技术课程教学评价文献，通过阅读对比与分析，结合教学实践，适当修正自己的评价方式。

序号	参考文献
1	吴英男．小学信息技术课程教学评价现状调查报告[J]．科技视界，2016(14)：92，133．
2	余频．形成性评价在初中信息技术课堂教学中的应用优势[J]．中国教育信息化，2014(8)：19－21．
3	朱国明．小学信息技术课程教学评价的思考[J]．现代教育技术，2010，20(S1)：80－81．
4	蒋砾．关于新课背景下信息技术课程课堂教学评价的若干思考[J]．中国电化教育，2005(4)：56－58．

📢 分析总结

通过对文献的阅读，你认为相对于传统的教学评价方式，新型评价方式的最大优势是什么，说明理由。

_____

_____

_____

第二节　信息技术课程教学评价的原则与方法

一、信息技术教学评价的原则

1. 多元性原则

该原则是指在当今的信息技术课堂学习的过程中，提倡教师为主导、学生为主体的教学观念，课堂上学习者之间协作学习的特点也非常突出。基于这个特点，信息技术课程强调评价主体的多元性，有教师评论评价、学生自我评价、小组审查的方式评价、互评组成评价等多种方式。多元化主体的评价体系能够多角度地反映学生的学业进步，同时也让学生得到更加全面客观的评价，从而促进学生们的学习更加积极主动。

2. 科学性原则

该原则是指信息技术教学的评价目标要与信息技术学科的培养目标相一致，不能把注意力只放在评价信息技术知识的掌握与技能的熟练程度上，应该从培养公民的信息素养与技术素养的高度认识对信息技术教学的评价。科学性原则的另一个含义是评价的标准要体现求真、务实的科学精神，评价标准要合理，没有科学性错误。[1]

3. 发展性原则

该原则是指在实施中小学生信息技术学业评价的过程中，把促进学生知情和谐发展作为教学与评价的中心任务和终极目标。教学不是一件 40 分钟的事，虽然外在的表现可以代表教学的效果，但教学的效果具有更重要的内隐性特征。现代教育理念、教育思想已愈来愈关注学生情感的发展，倡导教

_____

[1] 李晓平. 论初中信息技术的课堂教学评价[J]. 中小学信息技术教育，2016(5)：51—53.

育要培养高智商与高情商两者并具的人才。如何通过外在行为的抽样来推断学生内在的心理结构和机能，是教学评价的核心问题。因此，信息技术教学评价不仅要关注学生的学习结果，而且要多多关心学生的学习过程，重视学生在学习过程中方法、态度、能力等因素的评价。通过评价激发每个学生的自信心和内驱力，使全体学生在原有基础上得到全面健康的发展。

此外，教学评价是一个动态变化的过程，随着教学目标、内容和方法的变化，以及学生知识、能力和情感的变化，教学评价也需要随时进行改变，做到与时俱进。此外，教学评价不是一个教学周期的结束，而是新教学周期的开始。教师应该重视从以往教学评价中总结经验、吸取教训、加强反思，发挥教学评价对于新学期教学的引导和调控功能，创新教学理念、加强教学实践。[1]

4. 差异性原则

在信息技术教学中，由于学生的个体差异，如学习兴趣、学习经历的差异，学生理解能力、动手能力、创新能力的差异等，学生的信息素养存在很大差异。因此，这就要求教师在评价过程中必须正视和尊重这些差异，并根据这些差异对学生进行分层，然后对不同层次的学生采用不同的评价标准，注重学生在不同起点的能力提高，而不是看重他们是否都达到了某一共同的标准。[2]

5. 多样性原则

信息技术教学评价方式应该体现多样性原则。尤其是过程性评价中要综合运用观察、实验、模拟、仿真等方法，采用纸笔考试、上机实践、作品创作等方式，借助电子档案袋、学习系统等平台记录学生过程性学习数据，注重收集和记录学生在其他课程中运用信息科技的相关表现，全面客观地评估学生的学习过程和学习态度。

6. 情境真实性原则

约翰·杜威在他的《民主主义与教育》一书中说：教育不能脱离现实环境，不能孤立地、抽象地训练学习者的思维能力。学生的学习行为应在真实问题解决中发生。真实问题内涵丰富，与学生的日常生活、学习紧密相关，符合学生的年龄、心理特征。真实问题取材于能够有效激发学生的学习兴趣，挖掘丰富教学内涵，承载多样化教育功能的学习资源。它来源于学生的生活实际、来源于生产实践或者基于跨学科融合的问题，或是应对未来的挑战项目等。信息技术教育应该注重学生学习与实际生活之间的联系，立足于

---

[1] 李清. 刍议高中信息技术教学评价方式[J]. 新课程(下), 2016(4): 147-148.
[2] 王利中. 信息技术课堂教学评价原则[J]. 中小学电教(下半月), 2014(11): 48.

生活，从真实生活中的问题出发。强调"做中学""学中做"的教学理念，开展基于真实问题情境下的学习。因此教学评价情境创设应基于评价目标，贴近学生学习和生活，反映真实问题，建立情境与问题之间的关联。

7. 慎重公正性原则

该原则是指在实施教学评价时，不能草率行事，必须慎之又慎，力求准确、客观、全面。这是对学生和整个社会负责任的表现，是当前教学评价改革的一项重要任务。应极力避免评价与利害关系挂钩，避免评价功利化，让教学评价成为可以信赖的真实判断。这也是教学评价发挥教学促进作用的基本前提。[①]

二、信息技术教学评价的方法

（一）计算机辅助测验

它是指计算机编制和实施独立于计算机辅助教学的客观性测验。计算机辅助测验系统具有生成测验的功能，教师只要设计并录入试题的具体内容，测验模板就能按照所选择的形式和格式自动生成教师所需要的测验。

教师也可让学生用简单的纸笔完成，应用在对大量学生的短期测试中。但是，上机测试更加贴近于真实的信息技术环境，对学生掌握信息技术工具的熟练程度进行分析，考查学生在真实信息环境下遇到问题的解决能力，更能够突出信息技术学科的特点。计算机可以通过多媒体作业与考试系统提供各种类型的试题库，利用统计分析软件和学习反应信息分析系统分析测试成绩，发掘教学过程信息。学生借助统计图标进行学习水平的自我评价，教师可以通过信息发掘判断学生学习问题，从而及时调整教学。

所以从学科核心素养方面来看，机考测试方式的优势更明显，可以为学生提供真实的测试环境，包括文字、图片、视频、音频等，而且可以利用多种格式的文件和程序解决真实的问题。

（二）SOLO 分类评价方法

SOLO 分类(SOLO taxonomy)，其中 SOLO(Structure of the Observed Learning Outcome)是英文首字母缩写，原意是"观察到的学习结果的结构"。SOLO 的理论基础是皮亚杰的发展阶段学说，由著名教育心理学家比格斯(Biggs)教授及其同事经过长期的研究和探索提出，是一种以等级描述为特

---

① 牛瑞雪. 教学评价研究 40 年回顾、反思与展望[J]. 课程・教材・教法，2018，38(11).

征的质性评价方法。这种方法是通过将学生的水平分成不同层次，并对每种层次学生应有的水平进行描述。比格斯和科林斯研究团队在对近2000名学生开放式回答的基础上发现儿童的心理发展在不同学科中所处的阶段不同且儿童的心理具有反复性，认为人的思维结构较为复杂但可以被观察，从而总结出SOLO分类评价理论。因此，SOLO分类评价法就是能够对学生在解决问题时所表现出的思维进行分析的一种评价方法。

SOLO分类评价理论注重评价学生的"质"，其各个分类层次表现出各阶段学生经过学习后所具有的思维水平，这种评价理论较为注重学生在经过学习之后的思维水平所能达到的层次。

比格斯等人发现每一种表征方式中，个体的反应都一致表现出循环出现的结构复杂性层次增加的水平，即：前结构的、单点结构的、多点结构的、关联的和拓展抽象的，这些反应的水平说明了某种表征方式下，从新手到专家的发展过程。[①] 因此，SOLO分类评价理论将学生的学习结果进行划分，具体分成五个层层递进的水平，每个水平的具体特点[②]如下表7-1所示：

表7-1 SOLO分类评价示例

类型	特点
前结构水平	是一种低于目标方式的反应，学习者被情景中无关的方面所迷惑或误导，不能以任务中所涉及的表征（或功能）方式处理任务。如：错误地理解问题，缺乏回答问题所需的简单知识，为以前所学的无关知识所困扰，关注问题中某些偶然的不相关的信息，回答问题逻辑混乱或同义反复。
单点结构水平	学生关注主题或问题，但只使用一个相关的线索或资料，找到一个线索就立即跳到理论上去。这一水平有两个特点，一是快速回答问题的愿望，二是对反应内部可能出现的矛盾的忽视。
多点结构水平	学生使用两个或多个线索或资料，却不能觉察到这些线索或资料之间的联系，不能对线索或资料进行整合。主要特点是：学生找到了越来越多的正确的相关特征，回答问题时，能联系多个孤立事件，但却缺乏有机整合的能力，常常给出一些支离破碎的信息。例如，在数学中这一水平的典型反应是：学生只能遵循严格的包含大量步骤的算法程序来反应，当忘记了其中的某一个步骤，或某一步做错时，学生就不知该如何做下去了。

---

① 蔡永红. SOLO分类理论及其在教学中的应用[J]. 教师教育研究，2006(1)：34—40.
② 蔡永红. SOLO分类理论及其在教学中的应用[J]. 教师教育研究，2006(1)：34—40.

续表

类型	特点
关联结构水平	学生能够使用所有可获得的线索或资料，并将它们编入总体的联系框架中，总体成为在已知系统中内在一致的结构。主要特点是：能够从整体上把握刺激题目的要求，并将各种相关信息整合成有机整体；能够联想多个事件，并将多个事件联系起来回答或解决较为复杂的具体问题；能够检查错误和矛盾；能重建算法中缺少的元素；能够进行反向操作。
拓展抽象结构水平	学生超越资料进入一种新的推理方式，并能概括一些抽象特征。主要特点是：使用外部系统的资料和更抽象的知识；会归纳问题，在归纳中概括考虑了新的和更抽象的特征；结论具有开放性且更抽象；能拓展问题本身的意义。它代表了一种更高水平的学习能力，这一反应水平的学生有更强的钻研精神和创造意识。

信息技术环境下的教学评价不应该只关注知识记忆的评价，更应该对知识理解水平进行评价。依据 SOLO 分类评价理论制定的评价量规，能够评价学生的思维结构与学习情况，促进学科核心素养的培养。而以 SOLO 分类评价理论为基础制定教学评价策略能够显示学生对是否学会了知识，对知识的认知处于何种程度，为教师更好地进行教学提供依据。另一方面，如果将上述五个层次赋予不同的等级分数，那么学生对问题回答的质量就可以被量化，量化的分数可以作为终结性评价的依据。

（三）量规

1. 含义

量规是种结构化的定量评价标准，往往是从与评价目标相关的多个方面详细规定评价指标，具有操作性和准确性高的特点。应用量规可以有效降低评价的主观随意性，不但可以教师评，而且可以让学生自评或同伴互评。如果事先公布量规，还可以对学习起到导向作用。随着教育信息化的发展，越来越多的试题或学习任务以非客观性的方式呈现。传统的客观性评价方法已被证明具有较大的局限性，因此，量规这种评价工具的应用逐渐受到重视。

2. 量规的组成要素

（1）评价准则，指决定表现性任务、行为或作品质量的各个评价量规指标。

（2）等级标准，说明学生在表现任务中处于什么样的水平。

（3）具体说明，描述评价准则在质量上从差到好（或从好到差）的序列，评价准则在每个等级水平上的表现是什么样的。

3. 量规设计的原则

(1)要根据教学目标和学生的水平来设计机构分量。

(2)根据教学目标的侧重点确定各机构分量的权重。

(3)具体的描述语言要具有可操作性。

(四)作品分析

1. 含义

作品分析评价通常指在课堂教学场域中,教师针对学生运用所学的知识和技能解决实际问题的策略或创作代表性作品,如科技小论文、实验报告、手工制作等进行搜集、整理、分析和评价的评价方法。

2. 评价要求

(1)进行作品分析评价时,学生自己必须创造出问题解决方法(即答案)或用自己的行为表现来证明自己的学习过程和结果,而不是选择答案。

(2)进行作品分析评价时,评价者必须观察学生的实际操作或记录学业成果。作品分析评价需要记录学生的实际操作(如学生的口头陈述、表演或舞蹈等在问题解决过程中的外显行为)或学业成果(如论文、方案设计等),以此评价学生的操作能力。

(3)进行作品分析评价时,学生在实际操作中学习知识和发展能力。因为它重视学生参与评价过程,很重视学生在教师的协商和帮助下自定目标、自我评价、自我调整,从而促进学生学习与掌握非结构性知识。

3. 评价周期

在作品分析评价中,学生从设计作品、准备、实施、反馈等过程,到最终作品呈现的整个过程,是需要花较长时间的,所占时间跨度大,贯穿学习过程始终。学生在此过程中,有足够时间和空间对作品进行设计、修改、完善和评价。同时,学生也可以避免传统考试的压力和紧张,在真实的情境中完成自己感兴趣的作品创作。[①]

(五)电子成长档案袋

1. 定义

美国巴莱特(H. C. Barrett)将电子档案袋概括为"档案袋开发者运用电子技术,以多媒体形式收集、组织档案袋的内容,包括音频、视频、图片和文本等。基于标准的档案袋采用数据库或者超级链接,使自身成长目标、典

---

① 乔磊. 作品分析评价的理论与实践[J]. 才智,2013(17):101-102.

型作业和教学反思之间的关系清晰地呈现出来。"

2. 分类(见表7-2)

表7-2 电子成长档案袋类型

类型	目的
全套档案型	以选拔或晋升为目的,是进入某专业领域所需的成就的展示,或是被要求而收集的较为详尽的成就汇报。
培训型	在一段学习期间或一项课程方案里所收集的学生努力程度的展示。
反思型	所收集的证据显示了学生的最佳作品或者是某些重要的能力,通过有效的反思,以了解学生随着时间推移以及在不同背景下所取得的成就情况。
个人发展型	在较长的时期内对自身专业成长进行反思记录的档案袋,反映学生自我认识、自我提炼和自我激励的过程。
过程型	一般指诊断学生在学习过程中所取得成绩及存在的问题,记录学生在学习某一领域上的进步过程或成长历程,帮助学生发展对自己的学习过程或经历进行思考和评估的能力。
目标型	一般是指过程型档案袋中所涉及的内容外,还允许学生学会制订计划与选择目标,培养学生自我监控学习的反思能力等。
展示型	也称为最佳成果型档案袋,指的是为了展示学生在某一学期或学年,在某一学科领域中取得的成果。
评估型	在较长的时期内对自身专业成长进行反思记录的档案袋,反映学生自我认识、自我提炼和自我激励的过程。

3. 七要素

电子成长档案袋的七要素为学习目标、材料选择的原则和量规、教师和学生共同选择的作品范例、教师反馈与指导、学生自我反思、清晰的作品评价标准、标准和范例(好作品的范例)。

4. 优点

(1)资料的管理和收集更方便、高效。

(2)有利于档案资料的长久储存和反复使用。

(3)为学生对自己阶段性学习过程中作品或作业查询和反思提供了便利,易于操作并找到有关学生作品的资料和影像。

(4)为多元评价主体互动交流提供了便利,实现了教师、学生和家长之间的档案袋资源共享。除此之外,电子档案袋还能激发学生学习兴趣,改善课程,辅助学生电脑技术的学习。

5.缺点

(1)电子档案袋评价对计算机技术的依赖高,电子档案的原件容易被篡改,电子档案中负责人难以留下印记来证明材料的权威性和真实性。

(2)目前电子档案袋评价没有统一的软件或者标准,不便于不同资源的传递和保存。

(六)教学支持软件或平台

信息技术学科的发展,网络环境的完善,使得教师开展正常化的多种教育评价活动越来越便捷。这是目前的发展趋势,是充分利用网络的机会。数据库系统真实记录学生的发言和评价,鼓励学生认真客观地发表自己的看法,讨论积极健康的话题,形成正确的在线交流方式。

教学软件和教学平台的优势就是便捷性,为克服由学生到教师的单向性教学评价提供了可能。任课教师在第一时间获得学生围绕课堂教学评价的各项指标及数据后,可以及时反馈,实现了教师与学生的互动。例如:学生针对教学知识点的评价,可以让任课教师及时掌握学生相关知识点掌握程度,从而进行教学进度管理。又如,学生对课堂教学活动的评价,可以让任课教师进行教学环节的重新组织和优化等。

请你思考

请结合自己的具体教学事例,选取以上任意一种评价方式论述在信息技术课程中如何实施。

_____

_____

_____

第三节 信息技术课程教学评价案例与分析

上一节对四类教学评价方法做了详尽的描述,本节内容挑选了三个信息技术教学评价案例,对上述的评价方法做案例讲解,以期读者能更深刻理解不同评价方法在各种情景中的使用,在今后的实践中可以更好地挑选到适合当前教学情境的评价方法,更好地促进学生信息技术课程的学习与教师教学能力的增长。

一、测验评价案例与分析

测验评价是使用最广泛又方便的一种评价方法,几乎在所有的教学评价中都需要用到它,但是这一测试方法具有很大局限性,尤其对于信息技术这一偏实践性的课程,这一评价方法很难反映出学生的真实水平,所以一般搭配其他评价方法一起使用。比如使用测验评价方法做阶段性知识掌握程度考核或终结性学业考核,然后把这些考核结果作为信息技术课程评价的一部分来反映学生的学业水平,在电子成长档案案例中会有这一评价方法的使用,所以在此不做单独的案例说明。

二、电子成长档案案例与分析[①]

研究者在天津市新华南路小学的五年级选取两个班级——实验组五(1)班与对照组五(3)班为研究对象,分别采用电子成长档案评价方法与传统的评价方法来做评价对比,以此探索电子成长档案评价方法是否在信息技术这一课程中会有更好的评价效果及对教学效果有更好的促进作用(见图7-1)。

该系统中,学生登录后可进行以下操作:

1.上传自己的作品(老师布置的任务及学习日志等);2.自我评价,与同学互评作品,对班级作品投票并可以查看排名;3.复习已学课程或预习新课程,对学过课程有疑问的可以通过反复学习来掌握;4.下载资源与素材用于创作;5.自我水平测验,通过阶段性测试来了解自己的水平,学生可以通过反馈来调整学习计划。

教师登录后可以使用以下功能:

1.备课;2.查看并评价学生作品,了解学生作品完成情况;3.查看学生信息,学生数量庞大时可以准确对应每个人,更好地拉近与学生的距离;4.上传资源,把适合学生使用的素材上传到平台,学生学习与作品创作时可以更好地获取需要的资源;5.添加测试题目,单元知识性的测验内容通过这个模块发布,可以及时检测学生对信息技术课程知识性内容掌握的情况。

实验中,实验组的班级使用该平台进行教学评价,对照组的班级则采取传统的评价方式,两组的教学过程与内容保持一致。以下为具体实施过程:

教学案例:Flash补间动画。

[①] 单伟红.小学信息技术课程过程性评价的实践研究[D].天津师范大学,2012.

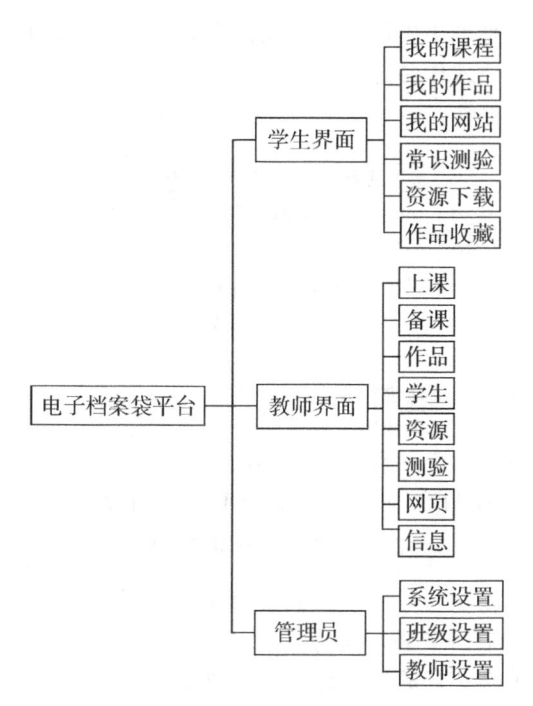

图 7-1 电子档案袋平台框架图

学习对象：五年级学生，对信息技术有浓厚学习兴趣，对计算机操作熟练程度不一样，都有一定基础，可以熟练使用电子档案平台。知识面不广，但是具备一定的发散思维能力和较强的交流能力。根据学生的特点，采用小组合作学习与相互交流评价的方式。

教学过程：教师带领学生欣赏精彩的 Flash 动画，学习有关的 Flash 基础知识，通过商量讨论、演示等方式学习了翱翔的飞机动画制作过程。学生登录电子档案袋平台，通过"资源下载"下载作品制作素材，独立完成该作品并在作品完成后上传到自己的电子档案成长平台。作品提交后有三种评价。首先是学生自我评价，根据老师给出的评价指导（如下图 7-2），学生对自己的作品做出评价。其次是教师评价，教师在平台上可以实时看到所有学生上交的作品，浏览作品的同时可以及时对学生的作品做出评价，另外可以根据学生在课堂上的表现（与师生的谈论、互动等）对学生学习过程的情感态度价值观等做出评价，可以及时指出当前学生的问题并提出建设性的意见，为学生进一步学习指明方向。最后是互评，学生可以浏览同班同学的作品并对其进行评价，这种评价方式可以提高学生的评价能力，增强他们的责任感与自主感。评价之外，每个学生都可以对优秀作品进行投票，每人三票，这些投票可以实时显示并计入作品总分，这一方式可以产生适度的竞争并帮助学生提高完成作业的积极性。

> **活动1：补间动画制作**
>
> 日期：2011/10/19 14:00:15　　课程编号：13　　作品类型：/swf
> 作品提交：　　　　小组合作：
>
> 这是同学们第一次学习Flash动画，制作过程中会遇到不同程度的困难，希望同学们能够克服重重困难，完成自己的作品哦！最后别忘了将作品上传给老师欣赏一下哦！
>
> 评价标准：
> 1. 作品中图片能够流畅地进行移动。
> 2. 充分利用了老师所提供的图片资源。
> 3. 移动方向不单一，不同图片移动的方向不一样。
> 4. 在老师所演示的基础上加入了自己的创作，增加了动画的故事性。

图7-2　补间动画课程说明

经过一学期的教学与评价，研究者对学生的学业做了测试与调查统计，调查结果显示，电子档案袋评价方式可以帮助学生更好地学习信息技术课程，可以给他们带来更好的体验感，在学业上也有一定提高，如下表7-3。

表7-3　实验组与对照组学习成绩汇总

学号	第一单元成绩(分)		第二单元成绩(分)		期末成绩(分)	
	五(1)	五(3)	五(1)	五(3)	五(1)	五(3)
1	67	94	75	96	74	93
2	96	67	82	93	74	92
3	93	77	76	88	76	85
4	88	73	97	85	98	83
5	85	95	93	75	96	75
6	75	85	98	73	96	76
7	73	97	68	71	72	74
8	71	62	88	85	93	84
9	85	86	87	68	82	69
10	68	81	94	91	95	88
11	91	92	82	94	85	80

续表

学号	第一单元成绩(分)		第二单元成绩(分)		期末成绩(分)	
	五(1)	五(3)	五(1)	五(3)	五(1)	五(3)
12	94	83	81	65	78	68
13	65	84	87	82	94	78
14	82	81	94	61	91	72
15	61	86	82	71	80	80
16	71	75	97	87	96	85
17	87	83	96	73	97	72
18	73	82	71	98	74	97
19	98	66	67	99	68	90
20	99	60	91	66	94	68
21	66	95	91	61	92	63
22	61	98	74	65	78	63
23	65	74	86	92	80	91
24	92	85	96	95	93	93
25	95	89	84	78	82	80
26	78	85	83	85	85	85
27	85	76	76	76	84	71
28	76	81	85	80	88	75
29	80	75	68	77	73	80
30	77	58	90	87	91	86
31	87	86	76	97	75	91
32	87	88	84	94	86	93
33	84	78	77	89	77	86
34	89	74	98	86	99	84
35	88	95	97	61	98	63
36	89	85	98	73	99	76
平均成绩	81.14	81.42	85.25	81.03	85.92	80.33

从该案例可以发现，学生通过平台记录作业、作品并进行互动评价，更好地展示了学习过程。学生间的信息交流和展示将更加自由。教师在教学资源的设置上事先考虑到满足不同层次的学生的学习需求，学生可以通过预复习来安排学习的进度。教师每节课会布置一个达到教学目标的具体作品，学生在完成作品时有问题可以直接问老师和学伴。学生按照教师的要求完成作品，然后将作品发布到平台。同时，教师每节课实时反馈评价结果很好地提高了课堂教学的有效性。学生将自己在信息技术课程学习期间形成的"作品"展示出来，这样的电子成长档案形成了以记录学生成长发展的轨迹为载体，呈现了多元的资料，清晰全面地记录了学生成长的历程，反映了学生真实的进步。它为教师最大限度地提供了有关学生成长与发展的重要信息，既有助于教师形成对学生的准确预期，又方便教师检查学生成长的过程和结果，同时可以调整教学策略，对提高信息技术的课堂教学效果有很大的帮助。电子成长档案记录了学生成长过程中的大量信息，有助于学生回顾成长的历程，形成一个良好的自我评价信息库。学生的自我评价是评价的重要组成部分。在自我评价中，学生是评价的主人，既是评价客体又是评价主体，可以以自我为参照，参考他人的评价，或通过与同伴比较，进行自我反思、自我评价。教师要教育学生学会判断自己的进步，反省自身的不足，既感受成功的喜悦，又主动寻求改进的方法，不断自我完善。

学生电子成长档案，是以网络为技术支撑，以记录学生成长发展的轨迹为载体，它通过学生的作业、作品和反思报告以及自己、学伴、教师的评价，记录学生成长过程中的进步与挫折，反映学习的过程。它能够培养学生的自我反思能力和批判性思维，提高学生学习信息技术课的积极性。

三、SOLO 分类评价案例与分析[①]

高中信息技术学科核心素养分为信息意识、计算思维、数字化学习与创新、信息社会责任四个要素，本案例使用 SOLO 分类评价方法分别对四个要素进行评价实践，从而对高中年级学生信息技术学科核心素养所处水平等级进行评定，该评价结果可作为学生信息技术学科核心素养水平等级的评定，也为今后高中信息技术教师对学生的信息技术学科核心素养所处水平提供了参考评价方法。以下对这一评价过程做详细阐述。

---

① 周江柔. 基于学科核心素养的高中信息技术教学评价研究[D]. 杭州师范大学，2019.

（一）信息意识分类评价

根据 SOLO 分类评价方法，该案例把信息意识这一要素做了详细的分类与解读，具体见表 7-4。

表 7-4　信息意识 SOLO 分类评价表

对应水平	水平描述
前结构水平	没有形成信息意识。
单点结构水平	具备低阶水平的信息意识：针对特定的信息问题，仅能通过简单的途径获取信息，简单地从一两个角度分析处理信息，判断信息价值仅从可靠性、内容真伪性等一两个要素进行判断。
多点结构水平	具备一定的信息意识：针对特定的信息问题或学习任务，能甄别不同信息获取方法的优劣选择合适的获取方法，能采用多种方法处理分析信息，具有信息安全意识。
关联结构水平	具备较高水平的信息意识：针对特定的信息问题或学习任务，能系统性地采取一定的策略获取和处理信息，综合分析、评估信息、挖掘信息的核心价值。
拓展抽象结构水平	具备高阶水平的信息意识：对于生活和学习中的信息问题，能从信息的获取、处理、评估等多维度进行综合分析发现其中内在关联，提出解决方案、提供决策依据。

案例解析：

分析某中学高一年级课后布置的有关信息意识的课后任务学生的完成情况，再运用 SOLO 理论视角下的信息意识对其信息意识水平等级进行评价。

评价过程：

课后任务：请制定一份三亚三日旅游计划。

抽取的样本为高一年级三个班级 111 名同学的完成情况，其中两名学生没有上交作业，对上交的 109 份作业完成情况进行分析，对学生的完成内容情况进行统计归纳，结合 SOLO 分类理论，学生的信息意识对应水平评价如表 7-5 所示。

表 7-5　SOLO 分类理论视角下信息意识水平等级评价

对应水平	水平描述	"旅游计划书"学生完成内容描述
前结构水平	没有形成信息意识。	没有任何内容，或者只有简单几个景点的名字或信息。

续表

对应水平	水平描述	"旅游计划书"学生完成内容描述
单点结构水平	具备低阶水平的信息意识：针对特定的信息问题，仅能通过简单的途径获取信息，简单地从一两个角度分析处理信息，判断信息价值仅从可靠性、内容真伪性等一两个要素进行判断。	有一个简单的流程安排，有对应的时间线和景点信息。
多点结构水平	具备一定的信息意识：针对特定的信息问题或学习任务，能甄别不同信息获取方法的优劣选择合适的获取方法，能采用多种方法处理分析信息，具有信息安全意识。	有一个完整的流程安排包括了出行方式和住宿，对应的时间线有多个景点的选择。
关联结构水平	具备较高水平的信息意识：针对特定的信息问题或学习任务，能系统性地采取一定的策略获取和处理信息，综合分析、评估信息、挖掘信息的核心价值。	形成了一个具体的三亚旅游方案。
拓展抽象结构水平	具备高阶水平的信息意识：对于生活和学习中的信息问题，能从信息的获取、处理、评估等多维度进行综合分析发现其中内在关联、提出解决方案、提供决策依据。	形成了一个具体的三亚旅游方案，计划的各个环节形成内在关联，并对应不同天气和情况有不同的旅游方案和旅游预算。

此次样本评价结果如表 7-6 评价结果所示。

表 7-6 评价结果

信息意识水平等级	SOLO 分类评价对应水平	"旅游计划书"学生完成内容	对应学生人数(人)
无	前结构水平	只有简单几个景点的名字或信息。	6
预备级	单点结构水平	有一个简单的流程安排，有对应的时间线和景点信息。	28
水平 1	多点结构水平	有一个完整的流程安排，各个环节的计划也有多个选择，但计划的各个环节没有形成内在关联。	41
水平 2	关联结构水平	形成了一个具体的三亚旅游案，计划的各个环节形成了内在关联。	23
水平 3	拓展抽象结构水平	形成了一个具体的三亚旅游方案，计划的各个环节形成内在关联，并对应不同天气和情况有不同的旅游方案和旅游预算。	11

此次课后评价反映极少数学生(6%)还没有形成信息意识,大部分学生(38%)具有一定信息意识处于水平 1,少部分学生(10%)已经具备高阶水平的信息意识处于水平 3。

(二)计算思维分类评价

研究者对计算思维进行解读后结合新课标对计算机思维内涵的描述,梳理总结出计算思维总共有以下四条:1. 确定哪些问题可以用计算机科学领域的相关知识进行解决。2. 运用计算机科学领域的方法和技巧确定解决问题的方法和技巧。3. 通过合理判断、分析信息资源,运用计算思维形成解决问题的方案。4. 在运用计算科学解决问题过程中,总结过程和方法迁移到其他相关问题解决中。具体描述见表 7-7。

表 7-7 SOLO 分类理论视角下计算思维水平等级评价

SOLO 分类评价对应水平	水平描述
前结构水平	没有形成计算思维。
单点结构水平	具备低阶水平的计算思维:只能在简单问题解决中,运用一定的计算思维进行需求分析找出其中的关键问题,针对关键问题能运用简单的数字化工具、算法或编程语言完成。
多点结构水平	具备一定的计算思维:针对特定的问题和学习任务,能运用计算机科学领域的工具、方法和技能形成问题解决方案,在解决问题中能通过评估选择合适的算法、编程语言、工具、方法和技能。
关联结构水平	具备较高水平的计算思维:在作品创作和问题解决中,将其分为各个模块,根据各个模块进行需求分析找出关键问题后形成各个模块的解决方案,再运用数字化工具整合各个模块形成整体的解决方案。
拓展抽象结构水平	具备高阶水平的计算思维:对整体解决问题或是创作作品的方案采用信息系统设计的普遍原则进行评估,并采用恰当的方法优化方案,能将计算思维迁移到其他领域的问题解决和作品创作中去。

案例解析:

选取必修课程模块 1 数据与计算的内容进行计算思维教学设计和教学实践。通过教学过程中学生回答问题的情况和课后任务完成情况对学生的计算思维水平运用 SOLO 分类评价法对计算思维进行评价。该案例的教学对象是高一年级的学生,高中生的思维具有一定的批判性和独立性,对周围的事与物有着自己的见解与认识,兴趣爱好广泛但会根据自身的需求进行选择。

在学习本节内容之前学生已经理解掌握了信息与数据的概念和特征，掌握了一种简单的程序语言知识。

教学目标：

根据问题需求，运用枚举算法形成解决问题的方案。教学重难点在于掌握枚举算法并根据问题需求用枚举算法的程序来解决问题。

教学过程采用四个环节来引入并实现枚举算法的程序实现，根据整体学生在课堂中的行为表现和课堂中问题回答情况，运用 SOLO 分类评价方法评定整体学生学科核心素养水平。最终得出以下结论，见表 7-8 计算思维水平等级评价结果。此次课后作业反映大部分学生处于水平 1 等级和水平 2 等级。

表 7-8　计算思维水平等级评价结果

计算思维水平等级	SOLO 分类评价对应水平	学生课后作业完成程度	对应学生人数（人）
无	前结构水平	列举的问题不能运用枚举算法解决。	4
预备级	单点结构水平	列举了能运用枚举算法解决的问题，但没有正确写出或没有写解决问题的具体步骤，如自然语言和流程图。	6
水平 1	多点结构水平	列举了能运用枚举算法解决的问题，正确画出了解决问题的流程图，但没有相应的程序语言与流程图形成关联。	14
水平 2	关联结构水平	列举了能运用枚举算法解决的问题，正确画出相应的流程图，有相应的程序语言与流程图形成关联。	13
水平 3	拓展抽象结构水平	列举了能运用枚举算法解决的问题，并画出相应的流程图和写出相应的程序语言进行了上机调试，能够运行。	4

（三）数字化学习与创新分类评价

本案例要求高三年级的学生运用所学习的移动应用设计知识设计一款移动阅读 App，从而帮助同学们利用闲暇、碎片时间进行阅读，省去携带厚重书本的不便。项目活动给学生提供一个数字化的学习环境，学生通过协作学习使用数字化工具完成一个移动应用的模块功能设计并介绍小组所设计的功能。该教学活动目的在于提升学生的数字化学习与创新的实践能力。项目选择高三年级的三个班组织了此次学习活动，三个班级共有 109 名学生，一共分成了 54 组。

活动要求：

1. 两人一组，利用数字化环境学习查找资料，设计移动阅读 App 的功能模块。

2. 利用数字化工具绘制功能模块图、制作动画视频等，对设计的移动阅读 App 功能进行讲解介绍。

3. 组织共享和交流活动，要求小组一人进行移动阅读 App 功能讲解介绍，另一人进行此次活动的总结。

根据 SOLO 分类方法及案例需求，设计如下数字化学习与创新水平等级评价表，见表 7-9。

表 7-9　SOLO 分类理论视角下数字化学习与创新水平等级评价

对应水平	水平描述	学生"移动阅读 App"功能设计模块描述
前结构水平	还没具备数字化学习与创新能力。	没有任何功能设计，或者是设计了一些无关功能。
单点结构水平	具备低阶水平的数字化学习与创新能力：知道数字化学习的优势和不足，能适应数字化学习的环境，进行单一的知识创新。	只有基本功能设计，或者只有工具类功能的设计。
多点结构水平	具备一般的数字化学习与创新能力：针对不同的学习任务能创设不同的数字化学习环境进行学习，但相互之间难以建立内在的关联性，不能做到知识的协同创新。	在基本功能设计的基础上有工具类功能的设计。
关联结构水平	具备较高水平的数字化学习与创新能力：在数字化学习环境中能协同学习创作建构知识网络，使用数字化工具完成学习任务和创造性地解决问题，形成整体创新。	在基本功能设计和工具类功能设计的基础上有优化用户体验和推广性功能设计。
拓展抽象结构水平	具备高阶水平的数字化学习与创新能力：针对不同的学习任务，提炼出内在联系的知识结构，创设内在关系紧密的协同学习环境，达到知识意义的整体建构，实现知识的协同创新，并能拓展到相关问题的解决中。	有详细的基础类、工具类和推广类功能，并在其基础上对主要模块功能进行了详细的子功能设计。

经过实验评定，通过此次评价评定 2 名学生没有形成数字化学习与创新

能力，16名学生数字化学习与创新处于预备级水平，31名学生数字化学习与创新能力处于水平1等级，39名学生数字化学习与创新能力处于水平2等级，21名学生处于水平3等级。

（四）信息社会责任分类评价

根据SOLO分类法对学生的信息社会责任水平做如下分类，见表7-10。

表7-10　SOLO分类理论视角下信息社会责任水平等级评价

对应水平	水平描述
前结构水平	没有形成信息社会责任。
单点结构水平	具备低阶水平的信息社会责任：能够认识到信息活动中单一的信息社会责任的重要性，能直观地遵守。
多点结构水平	具备普通的信息社会责任：能够认识到信息活动中多方面的信息社会责任的重要性，但不能掌握其相互之间的关联性。
关联结构水平	具备较高水平的信息社会责任：能够认识到信息活动中多方面的信息社会责任的重要性，而且知道相互之间的内在联系，能够承担整体的信息社会责任。
拓展抽象结构水平	具备高阶水平的信息社会责任：能够综合分析各种信息活动中需要承担的信息社会责任，能深刻理解信息社会责任的内涵、不遵守信息社会责任的后果及其危害。

本案例采用两个材料分析题来测试高二年级四个班149名学生的信息社会责任水平，测试结果显示：5人还没有形成信息社会责任，39人达到预备级，53人处于水平1等级，45人处于水平2等级，7人达到水平3等级。详情见表7-11。

表7-11　信息社会责任SOLO分类评价结果

信息社会责任水平	SOLO分类评价对应水平	学生答题描述	对应学生人数（人）
无	前结构水平	没有任何内容，或者只回答了一两个简单的内容。	5
预备级	单点结构水平	简单回答了材料反映的一两个问题，提出了相应的建议。	39
水平1	多点结构水平	能从信息活动多方面做出回答提出建议，但回答的各个方面没有形成关联。	53

续表

信息社会 责任水平	SOLO 分类 评价对应水平	学生答题描述	对应学生 人数（人）
水平 2	关联结构水平	能从信息活动多方面做出回答提出建议，这些回答的各方面形成了内在关联。	45
水平 3	拓展抽象结构水平	能够综合分析材料反映的问题，提出系统合理的建议。	7

四、基于"慧学云"平台的教学评价案例与分析[①]

"慧学云"平台是分豆教育研发的教学辅助工具，平台设有教学平台、学生端与家长端三部分。该平台依托大数据与云计算，对学生小数据、生态大数据进行行为全记录，从而做到因材施教和个性化培养，逐步实现教育公平。

（一）"慧学云"平台的教学评价依据

教学平台涵盖了预复习系统、高效课堂系统、教学资源库、试卷平台、大数据中心、管理服务系统六大模块。其中预复习系统和高效课堂系统中生成的教学数据可作为教学评价依据，帮助评价者做出更科学的评价。

预复习和高效课堂两大系统可应用在以下 3 个场景并获取教学反馈数据：

1. 课前预习。教师通过预复习系统推送相应课程预习任务给学生，学生完成任务后生成的反馈数据给教师，教师根据学生的预习反馈情况调整上课内容。

2. 课中练习。教师通过授课交互系统进行课堂检测，实时掌握学情，根据学情调整教学重点。

3. 课后复习。教师综合课前预习和课中学习情况，有针对性地给学生推送复习任务。学生完成任务后，生成复习数据反馈给教师。

在教师使用"慧学云"平台进行教学后，评价者可依托以上大数据，对全班学生的学习效果进行分析，从学生的学情观测到教师教学的准确性和合理性。《"慧学云"平台教学评价方案》一文中就以教师为评价对象介绍了"慧学云"平台关于教学评价的内容。

---

① 杨云，郭一然."慧学云"平台教学评价方案[J]. 中国现代教育装备，2017(2)：71—74.

(二)"慧学云"平台的教学评价内容

"慧学云"平台教学评价内容包括教学理念评价、预习策略评价、教学设计评价、课堂教学评价、复习策略评价、教学效果评价几个方面。

1. 教学理念评价

以学生发展为中心，时时关注学生学习状态。依据学生已有认知结构与学习需求，制订教学计划，实施教学方案，调整教学进程。

2. 预习策略评价

(1)教材分析

教师对教材进行分析，对课程标准、教材基本内容等逐层进行分析，做到完整把握教材内容与课标要求，深入分析教材重难点及关键点。

(2)预习任务发布

教师在进行教材分析后，根据教学目标，利用"慧学云"平台发布预习任务。预习任务的内容应适合初学者。学生完成预习任务后，教师应根据形成的预习报告进行学情分析，掌握学生学习盲点。

3. 教学设计评价

(1)学情分析

通过对"慧学云"平台的学情数据分析，把握学生已有知识经验，对学生已有认知与"最近发展区"有充足认识。通过观察、了解学生整体学习状态、学习习惯、学习方法，在对学情数据纵向综合分析的基础上把握整体学情。

(2)教学内容与过程

教学内容明确具体，学生学习活动所需材料与导学教案准备充足。教学步骤明确具体，各活动环节转换自然；教学方法、管理方法灵活有效；紧扣教学目标，有利于目标达成。教学内容与教学过程各环节设计恰当，符合学生的认知规律和教学实际，教学环境的创设既有利于学生身心健康，又有利于教学目标的实现。

(3)教学方法与手段

教学方法：灵活运用"慧学云"平台，保证课堂授课的完整，将讲授法、情景教学法、讨论法等教学方法运用到课堂教学，在教学中依托"慧学云"平台合理穿插小组合作学习、分层教学等教学模式。

教学手段：综合利用多媒体和"慧学云"平台等，精心设计课程内容，在电子教案、课件中插入展示动画，增强视频和声效演示效果，提高学生学习兴趣和积极性。在课堂检测中利用"慧学云"平台进行实时检测，根据数据分析学生知识薄弱点，即时讲授薄弱知识点。

4. 课堂教学评价

依据"慧学云"平台的课堂交互数据报告对学生的学习活动进行针对性指导，既面向全体学生，又注意个体差异，因材施教。根据学生学情创设恰当的问题情景，及时采用积极、多样的评价方式，充分调动学生学习的积极性。能够根据"慧学云"平台的课堂反馈数据对教学内容、教学难度进行合理调整，恰当处理学生疑难点。课堂学习活动科学、有效，既注重教学目标的达成，又重视学生良好学习习惯的培养。利用"慧学云"平台进行分组合作、分组讨论，对小组进行有针对性的指导，加强师生互动与交流。

5. 复习策略评价

课后复习阶段，教师应根据课堂教学检测的数据，分析学生学习掌握情况，根据学情布置复习任务。此阶段的重点在于教师能否根据数据分析学情，能否根据学情布置任务。在学生任务完成后，教师能否针对复习任务的完成情况，对个别未达到教学目标的学生进行个别辅导。

6. 教学效果评价

通过衡量三维目标——知识与能力、过程与方法、情感态度与价值观的达成度，评定教师的教学效果。

(1)绝大多数学生学习积极主动，基础知识与基本能力扎实，学习目标达成度高。

(2)绝大多数学生在学习和解决问题过程中都能形成一定的能力和方法，学生学习习惯好，学习能力强。

(3)教学中，学生情感态度价值观等方面能得到相应的发展，学生有进一步学习的良好愿望，能初步形成对事物正确的价值判断。

(三)"慧学云"平台的教学评价方法

1. 主要方式

教学数据分析——通过"慧学云"平台大数据中心保存的常态学情数据，观测教师的教学设计、教学实施、教学效果对学生"最近发展区"的指导，根据教师教学信息反馈和学生学习信息反馈等渠道，观测教学中的动态问题，检验教师对问题的反馈、矫正和调控，对教师的整体教学进行数据分析评价。

2. 辅助方式

(1)实地观察。以听课、参观等手段，有目的、有计划地对整体教学环境、学习氛围进行观察研究。通过实地考察，对教学过程进行监控与评价，并就影响教学质量的原因进行深入的分析。

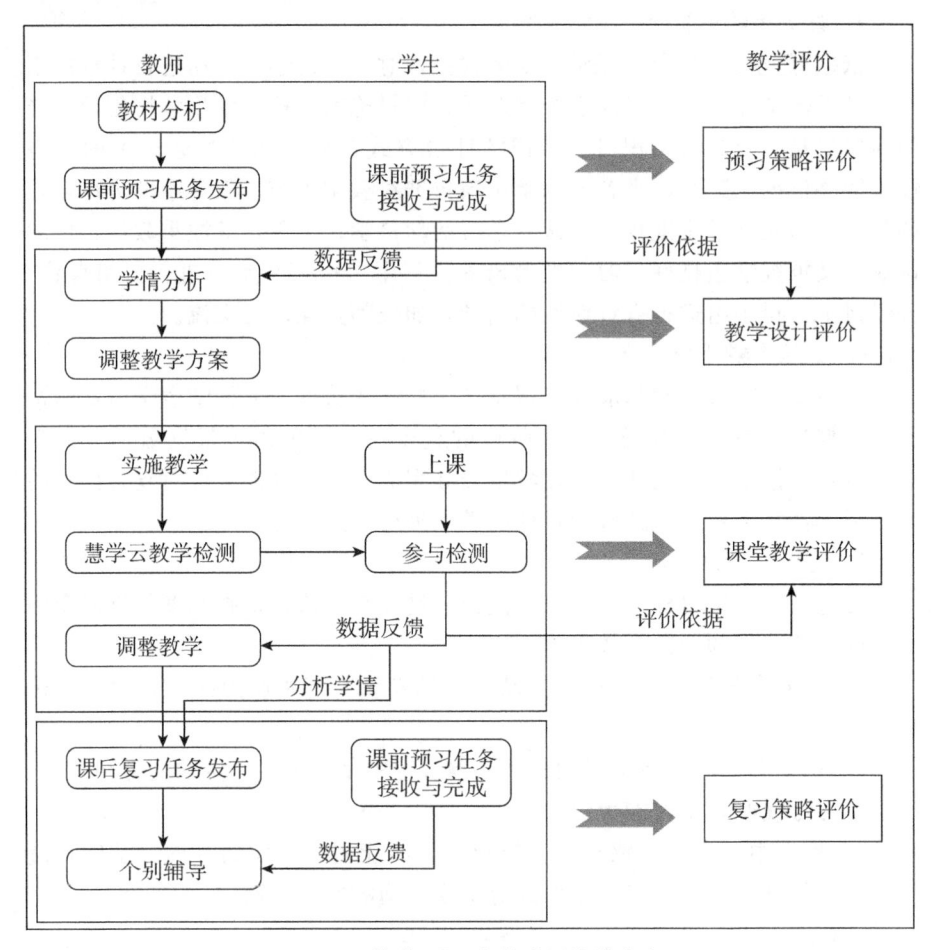

图 7-3 "慧学云"平台教学评价的内容

（2）访谈。评价者事先设计好访谈提纲，通过与教师、学生的访谈交流，有目的、有计划地了解教师的教育教学能力和专业成长状况、学生的思想和学业发展水平等思想性内容。

（四）"慧学云"平台的教学评价作用

1. 改善教学质量

公开上报教学评价会对教师有警示作用，引起教师的反思，有利于促进教师的成长。通过教学评价，教师自评与他评，教师也会更了解自我教学状态，改进教学工作，提高教学质量。

2. 完善评价体系

教学评价结果可作为督导、评价的一环，丰富教师的评价体系。

五、信息技术课程教学评价案例总结

上一节分别对测验、SOLO 分类评价方法、电子成长档案及云平台的评价案例在信息技术课程中的应用做了详解，可以看到，除了测验方法，其他三种方法都属于过程性评价方法的案例，这些方法很好地记录并保存了学习过程的数据，弥补了以往仅靠测试不能全面评价学生真实水平的问题。过程性评价的数据半公开状态，可以更好地激励学生与老师重视学习过程，有效提高了教学效果，既提升了学生的积极性与学习动机，又对教师的教学有更好的督促，引起教师的反思，有利于促进教师的成长。

教学评价体系作为督导、评价整个教学的一环，使用合适与否，对整个教学起着极其重要的作用。尤其是信息技术这样比较新又发展迅速的课程，一定要与时俱进，及时丰富内容与方法，才能让信息技术这一课程真正学而能用。

第四节 信息化教学评价中存在的问题及发展方向

当前，我国教育评价的基本制度体系，总体上反映了我国教育事业发展从外延式发展到内涵式发展、从教育大国向教育强国转变的阶段性特点，对改革开放以来我国教育事业发展起到了积极支持和引导作用。但是，随着教育在经济社会发展和人的发展中的地位和作用越来越重要，尤其是经济全球化、社会信息化、文化多样化和科学技术的日新月异，对国民素质和创新性人才培养提出新挑战新要求。有学者认为，现行的教育评价体系越来越不适应人自身的发展要求，与广大人民群众对优质公平教育的美好期盼不相符，与加快实现教育现代化、建设教育强国、实现中华民族伟大复兴的战略需求不一致，亟须对其加以改革。[1]

一直以来，我国对教育评价十分重视，但是过于关注学生对书本知识的掌握，重成绩，轻实际能力的培养；重技能教育，轻思维和价值观的训练和

---

[1] 石中英. 回归教育本体——当前我国教育评价体系改革刍议[J]. 教育研究，2020，41(9)：4—15.

教育。信息技术课程与其他学科课程有很大的区别，它的技术性、应用性都很强，不仅要求学生能够很好地掌握理论知识，而且还要把所学的知识快速地应用到实践中去。但是信息技术课大多数没有考试压力，学生不会像对待考试科目那样重视，上课时学生容易出现不认真听讲，课堂纪律松散的问题，甚至部分学生上信息技术课就是为了玩游戏，这些问题导致信息技术课的课堂教学效果不是很理想。这样往往忽视学生的积极性和个性发展，所以在信息技术环境下课堂评价面临着新问题的探究和解决。通过了解实际课堂和与一线教师的沟通，不难发现信息技术教学评价中仍然存在以下问题：

（1）评价认识上的"缺位"。虽然信息技术已成为中小学的一门必修课，但是对于信息技术教学评价没有给予足够的重视。信息技术课程作为升学考试非主要参考科目，在"唯分数""唯升学"的某些地区和学校，单一化的教学评价标准使得信息技术课程教学评价并未作为一项教学工作进行研究。

（2）评价方法上的"越位"。所谓"越位"，就是忽视了信息技术课程的根本特点——实践性，而是过多地强调信息技术原理，以传统测试为主的学业水平考试的终结性评价代替了信息技术教学的过程性评价和终结性评价相结合的评价方式，只专注于学生信息技术知识类掌握情况和操作类技能水平，忽视了对学生核心素养的考查。

（3）评价结果使用上的"僭位"。各种各样的教学评价会对教育系统和具体的教育行为产生巨大影响的直接原因就是教育评价结果的使用高度功利化。教育评价结果与评价对象的利益诉求直接挂钩，评价结果决定着评价对象获得欲求利益的有无或大小。教育评价结果高度功利化使得教育违背其发展的客观规律，将教学禁锢在效率的铁笼中，最终背离教育培养德智体美劳全面发展的人的目标。

随着信息技术的不断发展以及与教育教学的深度融合，基于信息技术的教学评价正逐步走向常态化。信息技术教学评价应当以促进学生全面发展、促进教师水平提高、促进课程不断完善作为实施目标。2020年，中共中央、国务院印发了《深化新时代教育评价改革总体方案》，吹响了教育综合改革的号角，对教育评价深化改革、科学转型，具有引领指导作用，也为信息技术课程教育评价未来的科学发展提供了方向。

《深化新时代教育评价改革总体方案》中明确要求："树立科学的教育发展观、人才成长观、选人用人观"，"充分发挥教育评价的指挥棒作用，引导确立科学的育人目标，确保教育正确发展方向"，"坚持科学有效，改进结果评价，强化过程评价，探索增值评价，健全综合评价，充分利用信息技术，提高教育评价的科学性、专业性、客观性","针对不同主体和不同学段、不同类型教育特点，分类设计、稳步推进","引导教师潜心育人的评价制度更加健全，促进学生全面发展的评价办法更加多元，社会选人用人方式更加科学"。利用信息化手段完善以发展素质教育为导向的中小学生综合素质评价体系，提高教育评价的科学性、专业性、客观性，促进学生全面发展。

自主学习

自行登录中国知网，查阅或阅读下表中所提供的有关信息技术课程建设及其教学评价文献或其他资料，通过阅读对比与分析，增进对于信息技术教学评价的理解。

序号	参考文献
1	谢忠新，王其冰，贾晶晶. 基于移动终端课堂教学评价与指导系统的设计与实现——以中小学信息技术学科为例[J]. 现代远距离教育，2013，149(5)：40—48.
2	周振军. 中小学信息技术课程教学评价的深层思考[J]. 教学与管理，2008，364(3)：112—113.
3	李怡明. 论信息时代教师教学技术体系的范式变革[J]. 课程·教材·教法，2021，41(5)：47—53.
4	任友群. 新时代，中小学需要怎样的信息技术课[J]. 人民教育，2019，800(1)：26—29.
5	周忠林. 信息技术课程要有最新技术的动态"接口"[J]. 人民教育，2021，853(Z2)：127.

分析总结

通过对文献的阅读和有关资料的查找，请你结合自身学习、工作经验谈一谈，信息技术课程的教学评价的实施现状、存在问题及未来发展方向。